J. Philipp Siemer

Vertikale Integration oder Kooperation?

GABLER EDITION WISSENSCHAFT

J. Philipp Siemer

Vertikale Integration oder Kooperation?

Optimale strategische Entscheidungen im
Spannungsfeld von Spezifität und Know-how

Mit einem Geleitwort von Prof. Dr. Mathias Erlei

Deutscher Universitäts-Verlag

Bibliografische Information Der Deutschen Bibliothek
Die Deutsche Bibliothek verzeichnet diese Publikation in der Deutschen
Nationalbibliografie; detaillierte bibliografische Daten sind im Internet über
<http://dnb.ddb.de> abrufbar.

Dissertation Technische Universität Clausthal, 2003

1. Auflage Juli 2004

Alle Rechte vorbehalten
© Deutscher Universitäts-Verlag/GWV Fachverlage GmbH, Wiesbaden 2004

Lektorat: Brigitte Siegel / Stefanie Loyal

Der Deutsche Universitäts-Verlag ist ein Unternehmen von
Springer Science+Business Media.
www.duv.de

Das Werk einschließlich aller seiner Teile ist urheberrechtlich geschützt. Jede Verwertung außerhalb der engen Grenzen des Urheberrechtsgesetzes ist ohne Zustimmung des Verlags unzulässig und strafbar. Das gilt insbesondere für Vervielfältigungen, Übersetzungen, Mikroverfilmungen und die Einspeicherung und Verarbeitung in elektronischen Systemen.

Die Wiedergabe von Gebrauchsnamen, Handelsnamen, Warenbezeichnungen usw. in diesem Werk berechtigt auch ohne besondere Kennzeichnung nicht zu der Annahme, dass solche Namen im Sinne der Warenzeichen- und Markenschutz-Gesetzgebung als frei zu betrachten wären und daher von jedermann benutzt werden dürften.

Umschlaggestaltung: Regine Zimmer, Dipl.-Designerin, Frankfurt/Main
Druck und Buchbinder: Rosch-Buch, Scheßlitz
Gedruckt auf säurefreiem und chlorfrei gebleichtem Papier
Printed in Germany

ISBN 3-8244-8156-1

Geleitwort

In den vergangenen zwanzig Jahren hat die mikroökonomische Forschung eine wissenschaftliche Revolution erlebt. An die Stelle einfacher Tauschgleichgewichte auf vollkommenen oder unvollkommenen Märkten hat sich eine vertragsorientierte Sichtweise der Transaktionen in Märkten und in Unternehmen gesetzt. Nicht wenige Ökonomen sehen in dieser Schwerpunktverlagerung die einmalige Chance, eine realitätsnähere und problemadäquatere Analyse wirtschaftlicher Geschehnisse zu verwirklichen.

Im Zentrum dieser institutionenökonomischen Perspektive steht die Bedeutung der Allokation der Eigentums- und Verfügungsrechte: Wer besitzt welche Rechte, und welche Auswirkungen hat diese Verteilung der Eigentumsrechte auf die Effizienz von Transaktionen in Märkten oder in Unternehmen? Der große Erfolg der neuen Sicht ökonomischer Transaktionen wird nicht zuletzt daran deutlich, daß sich der Ansatz auch außerhalb der Volkswirtschaftslehre, in der Politikwissenschaft und der Betriebswirtschaftslehre, längst etabliert hat.

Ein viel diskutiertes Problem der Institutionenökonomik besteht in der Make-or-buy-Entscheidung, also der Frage nach der vertikalen Integration oder Desintegration von Transaktionen. Aufbauend auf den Ideen des Nobelpreisträgers Ronald Coase hat hier Oliver Williamson ein Theoriegebäude, die *Transaktionskostentheorie*, errichtet. Diese untersucht die Rolle der Spezifität von Investitionen im Hinblick auf die bestmögliche Organisation von Transaktionen. Zunächst als formale Analyse des Transaktionskostenansatzes konzipiert, hat sich die *Theorie unvollständiger Verträge* inzwischen als eigenständiges Forschungsgebiet durchgesetzt.

Die vermutlich wichtigste konkurrierende Theorie zur Erklärung der Institution „Unternehmung" ist der *Kompetenzansatz*. In seiner überzeugendsten Variante stellt er die Eigenschaften der Ähnlichkeit und Komplementarität von Aktivitäten in den Vordergrund der Analyse. Seine Bedeutung kommt vielleicht am besten zum Ausdruck, wenn man auf den mit dem Kompetenzansatz verbundenen Begriff der Kernkompetenzen von Unternehmen verweist, dessen Verwendung in der Diskussion um den Zuschnitt von Unternehmen inzwischen nicht mehr wegzudenken ist.

J. Philipp Siemer stellt in diesem Buch die theoretischen Grundlagen beider Forschungsstränge detailliert dar und führt sie schließlich in zwei eigenen Ansätzen zusammen. Dabei erzielt er einige bemerkenswerte Ergebnisse: Zum einen modifiziert er den Williamsonschen Transaktionskostenansatz in einer sehr fruchtbaren Art und Weise, die den zentralen ökonomischen Tradeoffs deutlich näherkommen dürfte als die isolierten Ansätze. Zum anderen zeigt er, daß die Ergebnisse der Theorie unvollständiger Verträge nur unter bestimmten Annahmen gelten, nämlich denjenigen, daß die zu untersuchenden Transaktionen durch Aktivitäten gekennzeichnet sind, die als ähnlich zu bezeichnen sind, die also im wesentlichen auf dieselben Kernkompetenzen zurückgreifen.

Diese ausgezeichnete Arbeit wird dem theoretisch interessierten Leser nicht nur einen qualitativ hochwertigen Einstieg in aktuelle Strömungen der institutionenökonomischen Forschung vermitteln und neue Forschungsergebnisse präsentieren, sondern sie wird ihm auch die Wichtigkeit einer umfassenden Sichtweise des Problems der vertikalen Integration verdeutlichen.

Prof. Dr. Mathias Erlei

Vorwort

Der Governancekosten- und der Property-Rights-Ansatz bilden als Erklärungsmuster der strategischen Entscheidung über Kaufen und Selbermachen den ökonomischen Mainstream. Allerdings sprechen nicht nur empirische Befunde, sondern auch theoretische Überlegungen dafür, die Ansätze zu modifizieren. Eine besonders treffende Kritik formuliert der Kompetenzansatz, der den transaktionskostentheoretischen Ansatz auf mehreren Ebenen angeht. Die vorliegende Arbeit zeigt, daß ein Zusammengehen transaktionskosten- und kompetenzbasierter Überlegungen möglich und erforderlich ist, um die Make-or-Buy-Entscheidung ganzheitlicher zu erklären: Nicht allein Transaktionen, sondern auch die betroffenen Produktionsaktivitäten sind in der Entscheidung über eine vertikale Integration zu berücksichtigen.

Die Arbeit entstand in meiner Zeit als Wissenschaftlicher Mitarbeiter in der Abteilung Volkswirtschaftslehre am Institut für Wirtschaftswissenschaft der Technischen Universität Clausthal. Sie wurde im Herbst 2003 von der Fakultät für Bergbau, Hüttenwesen und Maschinenwesen unter dem Titel „Unternehmung, Transaktionen und Kompetenzen. Eine kompetenzbasierte Anreicherung des Transaktionskostenansatzes" als Dissertation angenommen.

Besonders herzlich möchte ich meinem Doktorvater, Univ.-Professor *Dr. Mathias Erlei*, danken. Er hat mich auf wichtige methodische

Strömungen in der Volkswirtschaftslehre aufmerksam gemacht und mein Interesse an industrieökonomischen und wettbewerbspolitischen Fragestellungen geweckt. Seine Argumente und Anregungen, seine Offenheit in Diskussionen, seine Bereitschaft, Freiräume zu schaffen, und vor allem seine eigene Freude an der Volkswirtschaftslehre waren für mich fachlich und persönlich sehr wichtig und hilfreich. Danken möchte ich auch Frau Univ.-Professorin *Dr. Heike Y. Schenk-Mathes* für ihre vielfältige Unterstützung. Sie hat mir immer wieder wertvolle Anregungen gegeben und das Zweitgutachten übernommen.

Viele weitere gute Vorschläge und Hinweise verdanke ich Univ.-Professor *Dr. Christian Wey*, *Christian Langer*, *Dominique Linder*, *Jens-Peter Springmann* und *Dr. Martin Kröger*. Für die angenehme Arbeitsatmosphäre und die gute Zusammenarbeit in unserer Abteilung und am Institut danke ich *Jens-Peter Springmann* und allen anderen (ehemaligen) Kolleginnen und Kollegen ganz herzlich.

Meine *Eltern* und meine Schwester *Joanna* haben die gesamte Arbeit Korrektur gelesen, Fehler beseitigt und Stilblüten ausgezupft. Dafür und für alle sonstige Unterstützung danke ich ihnen und meinen anderen Geschwistern *Thaddäus*, *Maria* und *Clemens* von Herzen.

Meinen Kindern *Charlotte* und *Leopold* danke ich für ihre ansteckend unverwüstliche Lebensfreude. Am wichtigsten von allen war meine unvergleichlich wunderbare Frau *Carina*: Ihr Zuhören, Lesen und Fragen hat die Arbeit entscheidend vorangebracht. Ihr verdanke ich, daß die Promotionszeit auch in der letzten Phase so schön war. Dir, Carina, widme ich die Arbeit.

J. Philipp Siemer

Inhaltsverzeichnis

Abbildungsverzeichnis	XIII
Tabellenverzeichnis	XV
Abkürzungsverzeichnis	XVII
Symbolverzeichnis	XIX

1 Die Fragestellung 1

2 Der Transaktionskostenansatz 3
  2.1 Der springende Punkt: Die Kosten der Marktbenutzung . . . 4
    2.1.1 Coase über das Wesen der Unternehmung 4
    2.1.2 Kritik 6
  2.2 Das theoretische Fundament 9
    2.2.1 Williamson über die ökonomischen Institutionen des Kapitalismus 9
    2.2.2 Kritik 18
    2.2.3 Empirische Ergebnisse 21
  2.3 Hold-up und suboptimale spezifische Investitionen 29
    2.3.1 Klein/Crawford/Alchian und das Hold-up-Problem 29
    2.3.2 Eigentumsrechte und Investitionsanreize 33
      2.3.2.1 Grossman/Hart/Moore und der Property-Rights-Ansatz 33
      2.3.2.2 Die deMeza-Lockwood-Kritik an GHM: No-Trade-Payoffs als Outside-Options . . . 44
      2.3.2.3 Ein experimenteller Vergleich 48

		2.3.2.4	Weitere Modelle	55

    2.3.3 Vertragsstrafen und Investitionsanreize 59
           2.3.3.1 Die Edlin-Reichelstein-Kritik an GHM: Ein einfacher Liefervertrag 59
           2.3.3.2 Gegeneinwand: Kooperative Investitionen . 66
           2.3.3.3 Weitere Modelle 70
    2.3.4 Kooperative Investitionen und Eigentumsrechte . . . 72
           2.3.4.1 Drohpunkte als Inside-Options 72
           2.3.4.2 Drohpunkte als Outside-Options 85
    2.3.5 Kritik 88
           2.3.5.1 Zusammenfassung und Bewertung der Ergebnisse 88
           2.3.5.2 Grundlagen unvollständiger Verträge 91
  2.4 Ein Fazit zum Transaktionskostenansatz 99

3 Der Kompetenzansatz 101
  3.1 Die Unternehmung als Bündel an Kompetenzen 102
    3.1.1 Penrose zum Wachstum der Unternehmung 102
    3.1.2 Richardson zur „organisation of industry" 104
    3.1.3 Richardson (1972) als Alternative zu Williamson in der Interpretation von Coase (1937) 108
  3.2 Coasesche Spuren im Kompetenzansatz 110
    3.2.1 Coase und die Kompetenzen des Unternehmers . . . 110
    3.2.2 Demsetz und die Kosten der Wissensspezialisierung 112
    3.2.3 Kritik 116
  3.3 Die Entwicklungsstränge des Kompetenzansatzes als Kritik am Governancekostenansatz 119
    3.3.1 Der Vorwurf statischer Enge 120
    3.3.2 Der Vorwurf individualistischer Engführungen . . . 121
           3.3.2.1 Individualismus und Opportunismus . . . 121
           3.3.2.2 Diskussion der Gegenentwürfe 123
    3.3.3 Der Vorwurf technologischer Blindheit 132
           3.3.3.1 Transaktion, Produktion und beschränkte Rationalität 132
           3.3.3.2 Diskussion der Zusammenführungsentwürfe 134
    3.3.4 Empirische Ergebnisse 149
  3.4 Ein Fazit zum Kompetenzansatz 151

4 Transaktion, Kompetenz und Governanceformen   **153**
    4.1   Kompetenzen und Aktivitäten im Governancekostenansatz   155
    4.2   Kompetenzen und Aktivitäten im Property-Rights-Ansatz . 159
           4.2.1   Modellüberblick 159
           4.2.2   Das First-best-Optimum 163
           4.2.3   Die Investitionsentscheidungen 164
           4.2.4   Die Wahl der Technologien 166
                    4.2.4.1   Die Nichtintegration 167
                    4.2.4.2   Die B-Integration 172
                    4.2.4.3   Die S-Integration 177
           4.2.5   Optimale Integrationsformen 182
           4.2.6   Kritische Diskussion 197
    4.3   Ein Fazit zum erweiterten TKA 199

5 Zusammenfassung und Ausblick   **201**

Literaturverzeichnis   **205**

Abbildungsverzeichnis

2.1 Der optimale Integrationsgrad bei Coase 6
2.2 Heuristik zur Bestimmung der optimalen Governanceform . 14
2.3 Governancekosten als Funktion der Faktorspezifität 16
2.4 Die optimale Governanceform als Funktion von Unsicherheit und Spezifität 17
2.5 Die optimale Governanceform als Funktion von Häufigkeit und Spezifität 18
2.6 Strukturgleichungsmodell des GKA 29
2.7 Zeitliche Struktur einer Hold-up-Situation 30
2.8 Set-up des Modells von Hart (1995, Fig. 2.1) 34
2.9 Zeitlicher Verlauf der Transaktion bei Hart (1995) 35
2.10 Investitionsniveau und Eigentumsstruktur aus Sicht von B im Modell von Hart (1995, Fig. 2.2) 40
2.11 Investitionshöhe und Eigentumsstruktur aus Sicht von S im Modell von Hart (1995, Fig. 2.3) 41
2.12 Inside-Options versus Outside-Options 49
2.13 Zeitlicher Verlauf der Transaktion im Modell von Edlin/Reichelstein (1996) 60

3.1 Der optimale Integrationsgrad bei Langlois (1992) 138
3.2 Der optimale Integrationsgrad bei unbeschränkten Kompetenzen und positiven Governancekosten 139
3.3 Der optimale Integrationsgrad bei beschränkten Kompetenzen und Governancekosten von null 140
3.4 Der optimale Integrationsgrad bei Silver (1984, 45) 145
3.5 Veränderung des optimalen Integrationsgrads im Zeitablauf 146

4.1	Transaktions-Aktivitäts-Folge einer Wertschöpfungskette	155
4.2	Optimale Governanceformen im Governancekostenansatz	155
4.3	Optimale Governanceformen im modifizierten Governancekostenansatz	157
4.4	Die optimale Governanceform als Funktion von Spezifität und Ähnlichkeit	158
4.5	Zeitlicher Aufbau des Modells	160

Tabellenverzeichnis

2.1 Stärken-Schwächen-Profil der Governancestrukturen 12
2.2 Klassifizierung von Hold-up-Modellen 32
2.3 Mögliche Eigentumsstrukturen bei Hart (1995) 35
2.4 Hypothesen zum Investitions- und Verhandlungsverhalten . 51
2.5 Hypothesen und Evidenz im Experiment von Sonnemans et al. 54
2.6 Übersicht zur Implementierbarkeit First-best-optimaler Verträge 97

3.1 Sinnvolle Organisationsformen im Ansatz von Richardson . 107
3.2 Die kompetenzbasierte Wahl der Organisationsform 128

4.1 Mögliche Informationsszenarien 167

5.1 Ergebnissynopse 203

Abkürzungsverzeichnis

CM	Complex Mechanism
DMO	„Deal-Me-Out"-Regel
GHM	Grossman/Hart/Moore
GKA	Governancekostenansatz
KA	Kompetenzansatz
mod.	modifiziert
NCC	Non-Contingent Contract
NIÖ	Neue Institutionenökonomik
OC	Option Contract
OO	Outside-Option
PRA	Property-Rights-Ansatz
PRT	Property Rights Theory
PT	Produktionstechnologie
STD	„Split-The-Difference"-Regel
TCE	Transaction Cost Economics
TKA	Transaktionskostenansatz
TP	Threat-Point

Symbolverzeichnis

$a1, a2$	physische Produktionsfaktoren	x	Transaktion
a_i	Aktivitäten	Z	Zwischenprodukt
B	Käufer	β	Produktionstechnologien des Käufers
b	spezifische Investition des Käufers	γ	Verteilungsparameter
C	Produktionskosten	Δ	Unähnlichkeit der Aktivitäten
c	Produktionskosten		
E	Umsatz	θ	Umweltzustand
h^i	Informationskosten	Λ_i	erwartete Ineffizienz von Technologie i
M	Unternehmungstransaktionskosten	μ	Durchschnittsoperator
p	Preis für das Zwischenprodukt Z	Π	Unternehmungsgewinn
		π_i	Payoffs
q	Handelsmenge	ρ	Produktivitätsparameter
q^i	Informationswahrscheinlichkeiten	σ	Produktionstechnologien des Verkäufers
RS	Nachverhandlungsüberschuß	Φ	Handelsüberschuß
		ψ_i	No-Trade-Payoffs
s	spezifische Investition des Verkäufers	$\mathfrak{S}_i$	Menge der Produktionstechnologien
S	Verkäufer		
T	Markttransaktionskosten		
t	Transferzahlung		
V	Zahlungsbereitschaft		
v	Zahlungsbereitschaft		

Kapitel 1

Die Fragestellung

Der Markt ist nach Hayek (1945) unübertroffen in der Koordination ökonomischer Aktivitäten und in der Allokation knapper Ressourcen. Doch warum spielt sich das weltweite Wirtschaftsleben dann nicht ausschließlich zwischen Ein-Personen-Unternehmungen ab, warum wird ein Großteil der Wertschöpfungsaktivitäten über Hierarchien koordiniert, und warum unterscheiden sich die Unternehmungen in ihrer Größe? Zu den meistgehörten Antworten auf diese Fragen zählen der *Transaktionskostenansatz* und der *Kompetenzansatz*.

Dreh- und Angelpunkt des *Transaktionskostenansatzes* ist Coase' Beobachtung (1937/1988), daß der Markt nicht unter allen Umständen geringere Koordinationskosten aufweist als die Unternehmung. Die derzeit profilierteste Ausarbeitung dieser Beobachtung ist der Governancekostenansatz Williamsons (1975; 1985; 1996). Williamson formt aus nur wenigen Elementen eine Theorie über die Transaktionskostendeterminanten in Markt und Unternehmung. Ergänzt um ein entscheidendes Argument von Klein et al. (1978) entwickeln Grossman/Hart (1986) daraus den Property-Rights-Ansatz.

In Konkurrenz zum TKA steht der *Kompetenzansatz*. Er entstammt Arbeiten von Penrose (1959/1995) und insbesondere Richardson (1972).

Richardson sieht die Wissens- und Kompetenzspezialisierung als unvermeidliche Konsequenz der Arbeitsteilung und als ausschlaggebende Bestimmungsgröße in der Entscheidung zwischen Eigen- und Fremderstellung. Von dieser Idee leben die meisten Arbeiten zum KA bei der Formulierung weiterführender Gedanken und ihrer Kritik am TKA.

Empirisch hat der TKA dem KA einiges voraus, doch erklärt auch er nicht alle Daten. Die vorliegende Arbeit argumentiert, daß der TKA von einigen Überlegungen des KA nachhaltig profitieren könnte, und entwickelt einen integrierten Ansatz, der zukünftigen empirischen Studien als theoretisches Fundament dienen kann. Dazu sind einige Vorarbeiten nötig: Das zweite Kapitel zeichnet die Entwicklung des TKA von Coase über Williamson, Klein et al. hin zum Property-Rights-Ansatz kritisch nach. Der Beitrag dieser Arbeit besteht insbesondere darin, einen Argumentationsstrang des Property-Rights-Ansatzes modellbasiert abzurunden.

Das dritte Kapitel stellt die Richtungen des KA vor. Er ist bislang in den stärker neoklassisch geprägten Arbeiten des TKA weitgehend unbeachtet geblieben. Umgekehrt jedoch spielt der TKA in den Arbeiten zum KA eine zentrale Rolle: Man kann sagen, daß der bestimmende Charakterzug des KA weniger eine methodische und inhaltliche Geschlossenheit als vielmehr die Kritik am TKA ist. Zudem gibt es – von einer Ausnahme abgesehen – keine interne Kritik, kein Ringen um den besseren kompetenzbasierten Ansatz. Die vorliegende Arbeit systematisiert zentrale Abhandlungen des KA, stellt ihre Argumentation dar und – das wird das Entscheidende sein – hinterfragt sie kritisch. Daneben arbeitet sie einige Verbindungsglieder zwischen TKA und KA heraus, die die Literatur bisher vernachlässigt hat.

Vor dem Hintergrund der Diskussion in den Kapiteln zwei und drei faßt Kapitel vier zunächst die relevanten Argumente beider Ansätze zusammen und entwickelt daraus ein neues Modell, das die grundlegende Idee des KA in den theoretischen Kontext des TKA integriert. Kapitel fünf faßt die Ergebnisse zusammen.

Kapitel 2

Der Transaktionskostenansatz

Der TKA kritisiert den Umgang der Neoklassik mit Institutionen.[1] Vater dieser Kritik ist unbestritten Coase (Abschnitt 2.1). Seine Arbeit über das Wesen der Unternehmung (1937) bildet die Grundlage für Williamsons großangelegte Theorie der Organisation (1975; 1985; 1996), den Governancekostenansatz (GKA). In ihm spielen die Coaseschen Fragen nach der Existenz und den Grenzen der Unternehmung eine zentrale Rolle (Abschnitt 2.2).

Klein et al. (1978) schlagen ein weiteres Kapitel in der Diskussion um die Frage der vertikalen Integration auf (Abschnitt 2.3.1). Ihre Arbeit ist Ausgangspunkt des auf Grossman/Hart (1986) zurückgehenden Property-Rights-Ansatzes (Abschnitt 2.3.2). Er hat Modelle und Gegenmodelle hervorgebracht (Abschnitt 2.3.3). Unumgänglich scheint ein ergebnisordnender Überblick, der eine Theorielücke entdeckt und zu schließen versucht (Abschnitt 2.3.4).[2]

---

[1] Der TKA ist Teil des Forschungsprogramms der Neuen Institutionenökonomik (NIÖ). Vgl. zu einem Überblick über die verschiedenen Äste der NIÖ Erlei (1998, 26).

[2] Der neben dem GKA in der Coaseschen Tradition stehende und auf Alchian/Demsetz (1972) und Barzel (1982, 1989) zurückgehende Meßkostenansatz wird in dieser Arbeit nur in seinen jüngeren Varianten und am Rande eine Rolle spielen. Er galt zunächst als Rivale des GKA, spätestens seit Alchian (1984) jedoch als dessen Partner. Die ersten Integrationsbemühungen (z.B. Alchian/Woodward, 1987, 1988) blieben indes weitgehend erfolglos (vgl. auch Erlei, 1998, 63-67). Erst die neueren meßkostentheo-

2.1 Der springende Punkt: Die Kosten der Marktbenutzung

2.1.1 Coase über das Wesen der Unternehmung

Coase (1937/1988) fragt, warum in einer arbeitsteilig organisierten Volkswirtschaft wirtschaftliche Aktivitäten sowohl durch Märkte und damit Preissignale koordiniert werden als auch durch Unternehmungen und damit Anordnungen. „[A] clear definition of the word 'firm'"[3] soll klären helfen, „why a firm emerges at all in a specialized exchange economy"[4], warum also überhaupt der Markt als Allokationsmechanismus unterlegen sein kann. Eine Unternehmung – so seine Definition – ist eine Hierarchie mit einem weisungsberechtigten Unternehmer und wenigstens einem weisungsgebundenen Angestellten. Handlungssignal des Angestellten ist nicht ein relevanter Preis, sondern eine relevante Anordnung:

> „It can, I think, be assumed that the distinguishing mark of the firm is the supersession of the price mechanism. It is, of course, as Robbins points out, 'related to an outside network of relative prices and costs', but it is important to discover the exact nature of this relationship."[5]

> „When the direction of resources (within the limits of the contract) becomes dependent on the buyer [...], that relationship which I term a "firm" may be obtained." [6]

> „A firm, therefore, consists of the system of relationships which comes into existence when the direction of resources is dependent on an entrepreneur." [7]

Daß mit der Unternehmung neben dem Markt ein weiteres Allokationsinstrument existiert, läßt sich – so seine entscheidende Beobachtung – mit

---

retischen Arbeiten von Holmström/Milgrom (1991, 1994) (vgl. Erlei, 1998, 141) lassen sich recht überzeugend mit dem GKA verknüpfen und stellen ihn auf ein formal solideres Fundament (vgl. Tadelis, 2002, 435).

[3] Coase (1937/1988, 33).
[4] Coase (1937/1988, 37).
[5] Coase (1937/1988, 36).
[6] Coase (1937/1988, 40).
[7] Coase (1937/1988, 41-42).

2.1. Der springende Punkt: Die Kosten der Marktbenutzung 5

den „costs of using the price mechanism"[8] erklären. Genauer versteht er darunter erstens die Kosten „of discovering what the relevant prices are"[9], zweitens Opportunitätskosten in Form von *mehreren kurzfristigen vollständigen* Verträgen anstelle *eines langfristigen unvollständigen*[10] sowie drittens die Kosten, die die Suche eines möglichen Vertragspartners, die Aushandlung des Vertrags sowie die Abwicklung und die Überprüfung des vertraglich Vereinbarten mit sich bringen[11].

Wenn nun die Abwicklung von Transaktionen zwischen Unternehmungen Kosten verursacht, kann die Koexistenz von Markt und Unternehmung nur darauf zurückzuführen sein, daß auch die Abwicklung von Transaktionen *innerhalb* einer Unternehmung mit Kosten verbunden ist. Und diese Kosten haben nach Coase drei Ursachen:[12]

1. „decreasing returns to the entrepreneur function, that is, the costs of organizing additional transactions within the firm may rise"

2. „it may be that, as the transactions which are organized increase, the entrepreneur fails to place the factors of production in the uses where their value is greatest, that is, fails to make the best use of the factors of production"

3. „the supply price of one or more of the factors of production may rise, because the "other advantages" of a small firm are greater than those of a large firm".

Nur aus dem Vergleich von Markttransaktionskosten mit unternehmungsinternen Transaktionskosten kann also die optimale Organisationsgröße bestimmt werden. Coase nimmt einerseits an, daß die Markttransaktionen homogen sind und jede Transaktion gleich hohe Kosten verursacht (konstante Transaktionsgrenzkosten), und andererseits, daß Unternehmungstransaktionen nicht homogen sind und deshalb

---

[8] Coase (1937/1988, 38).
[9] Coase (1937/1988, 38).
[10] Vgl. Coase (1937/1988, 38-39).
[11] Vgl. Coase (1960/1988, 114). Dahlman (1979, 147-148) faßt letztere in drei Klassen zusammen: (1) Such- und Informationskosten, (2) Verhandlungs- und Entscheidungskosten und (3) Kontroll- und Durchsetzungkosten.
[12] Coase (1937/1988, 43).

die Transaktionsgrenzkosten mit zunehmender Integrationstiefe steigen (steigende Managementgrenzkosten).[13] Ein Unternehmen wird folglich solange Transaktionen integrieren, „until the costs of organizing an extra transaction within the firm become equal to the costs of carrying out the same transaction by means of an exchange on the open market or the costs of organizing in another firm"[14] (vgl. auch Abbildung 2.1).

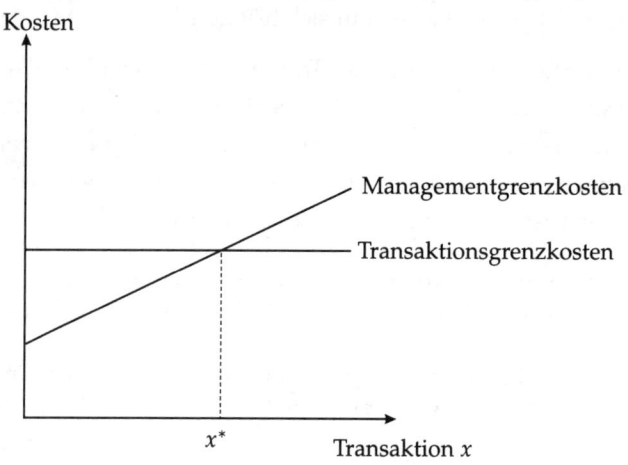

Abbildung 2.1: Der optimale Integrationsgrad bei Coase

2.1.2 Kritik

Coase' Aufsatz von 1937 (und auch der Aufsatz von 1960) hat weitreichende Konsequenzen: Im Markt einen Kostenfaktor zu sehen,[15] ist von entscheidender Bedeutung für die effiziente Koordination ökonomischer Aktivitäten. Darüber hinaus spielt auch der Hinweis auf die Substitutionalität von kurzfristigen vollständigen Verträgen und langfristigen unvollständigen Verträgen in der weiteren Entwicklung des TKA eine nicht zu vernachlässigende Rolle.

---
[13] Vgl. Coase (1937/1988, 43, Fn. 25).
[14] Coase (1937/1988, 44).
[15] Eigentlich müßte es 'wiederentdecken' heißen, weil die Geldtheorie die Transaktionskosten der doppelten Koinzidenz stets thematisiert hat. Sie sinken zwar signifikant mit der Einführung eines anerkannten Zahlungsmittels, nicht aber zwangsläufig auf null.

2.1. Der springende Punkt: Die Kosten der Marktbenutzung

Allerdings wirft die Coasesche Analyse auch Fragen auf: Wer trägt im Fall einer Markttransaktion die „costs of using the price mechanism"? Sieht sich der zukünftige Angestellte nach einem Unternehmer um oder ein zukünftiger Unternehmer nach einem Angestellten? Wer ist nach einer Integration Unternehmer und wer Angestellter? Wer vereinnahmt die Integrationsgewinne? Antworten darauf treiben Coase' Analyse weiter voran: Wenn beispielsweise der Verkäufer die Transaktionskosten des Marktes zu tragen hat, kann er durch eine Integration des Käufers diese Transaktionskosten sparen. Damit der Käufer sich aber integrieren läßt, muß sein Nutzen nach der Integration höher sein als vor der Integration. Das erfordert vom Verkäufer die Fähigkeit, gute unternehmerische Entscheidungen zu fällen, also zusätzliche Ressourcen unternehmungsintern optimal zu allozieren. Diese Fähigkeit bestimmt letztlich den Verlauf der Unternehmungsgrenze. Nähme hingegen der Käufer die Unternehmerposition ein, bestimmten *seine* Kompetenzen die Unternehmungsgrenzen.

Auch läßt sich fragen, wie in Abbildung 2.1 auf der vorherigen Seite die Ordinate zu interpretieren ist. Bildete sie das eigentliche Arbeitsgebiet des Unternehmers (man könnte sagen: die Kernaktivität) vor der Integration ab und wären die Annahmen bezüglich der Transaktionskosten auch für eine Rückwärtsintegration gültig, würde sich die optimale Größe der Unternehmung auf $2x^*$ verdoppeln. Würde man dann noch eine stetige Variation der Ausdehnungsrichtungen der Unternehmung annehmen (d.h. nicht nur vorwärts und rückwärts, sondern auch seitwärts), dann würde sich die optimale Integrationstiefe der Unternehmung um ein Vielfaches vergrößern.

Zudem merkt Coase zwar die Restriktivität der Annahme *homogener* Transaktionen an,[16] führt aber nicht aus, was er unter *Heterogenität* von Transaktionen versteht. Dazu müßte er zunächst genauer begründen, warum dieselben homogenen Transaktionen einerseits vom Markt zu konstanten Grenzkosten, von der Unternehmung jedoch zu steigenden Grenzkosten abgewickelt werden. Dabei könnte sich herausstellen, daß der Begriff der Heterogenität unpassend ist, weil es Coase nicht um

---

[16] Vgl. Coase (1937/1988, 45).

Transaktionsmerkmale geht, sondern um marktliche und unternehmerische Koordinationsfähigkeiten: Erstere haben keine abnehmenden Skalenerträge, letztere schon.

Ein weiterer Punkt: Mit seiner Definition der Unternehmung als Hierarchie läßt Coase Ein-Personen-Unternehmungen außen vor. Dieser Kritik läßt sich zwar recht einfach entgegnen, daß sie nicht erklärungsbedürftig sind, weil es dort keine „supersession of the price mechanism" gibt; allerdings macht diese Rechtfertigung immerhin deutlich, daß man die Frage nach der Existenzberechtigung von Unternehmungen auch als Frage nach der Ursache von Spezialisierung und Arbeitsteilung formulieren könnte. Denn daß die Spezialisierungsgewinne die Kosten der Marktbenutzung prinzipiell aufwiegen, ist nicht gesagt: Zu anderen Zeiten oder mit anderen Institutionen (in einem Hobbesschen Urzustand beispielsweise) könnten Markttauschhandlungen und Spezialisierungen ökonomisch untragbar sein. Coase nimmt also implizit an, daß produktive Spezialisierung möglich ist, und damit setzt er zumindest in einer Richtung das zu Erklärende voraus. Sein Thema ist also mehr oder minder *ausschließlich* die Frage nach der vertikalen Integrationstiefe einer Unternehmung.

Das Kernproblem der Coaseschen Argumentation steckt jedoch in der Konzeptualisierung der Unternehmung: Coase erklärt nicht, warum der unvollständige Arbeitsvertrag nicht auch als langfristiger unvollständiger Liefervertrag formuliert werden kann. Er meint zwar, daß sich die Autorität des Unternehmers gegenüber seinem Angestellten von der gegenüber einem unabhängigen Zulieferer unterscheidet,[17] doch kann er diesen Unterschied theoretisch nicht fundieren. Nicht von ungefähr halten Alchian/Demsetz (1972) daher eine autoritätsbasierte Unterscheidung von Markt und Unternehmung insgesamt für grundlegend verfehlt:

> „It is common to see the firm characterized by the power to settle issues by fiat, by authority, or by disciplinary action superior to that available in the conventional market. This is delusion. The firm does

---

[17] Vgl. Coase (1937/1988, 40).

2.2. Das theoretische Fundament

not own all its inputs. *It has no power of fiat, no authority, disciplinary action any different in the slightest degree from ordinary market contracting between any two people.*"[18]

Mit dieser Einschätzung legen Alchian und Demsetz eine ungeschützte Stelle in der Coaseschen Argumentation frei (nicht ohne jedoch geradezu beiläufig auf die eigentumsrechtliche Dimension der Autoritätsfrage zu verweisen, den Dreh- und Angelpunkt des Property-Rights-Ansatzes).[19]

Wenn man also Coase an seinem Ziel mißt, die Existenz von Unternehmungen erklären zu können, muß man ihm vorhalten, daß er das für ihn zentrale Charakteristikum der Unternehmung, die Hierarchie, nicht überzeugend begründen kann. Mißt man ihn an der Entdeckung positiver Marktbenutzungskosten und unvollständiger Verträge, ist seine Arbeit wohl kaum hoch genug einzuschätzen.

2.2 Das theoretische Fundament: Spezifität, Unsicherheit und Opportunismus

2.2.1 Williamson über die ökonomischen Institutionen des Kapitalismus

Williamson nimmt mit seinem Ansatz Coase' Einschätzung ernst, daß

> „[i]n fact, nothing could be more diverse than the actual transactions which take place in our modern world. This would seem to imply that the costs of carrying out exchange transactions through the price mechanism will vary considerably, as will the costs of organizing these transactions within the firm. It seems therefore possible that, quite apart from the question of diminishing returns, the costs of organizing certain

---

[18] Alchian/Demsetz (1972, 777, Hervorhebungen JPS). Ihrer Meinung nach ist eine Unternehmung ein Vertragsnetz mit einer zentralen Figur, dem „residual claimant" (Alchian/Demsetz, 1972, 783).

[19] Beide Autoren kommen in den achtziger Jahren (Alchian, 1984; Demsetz, 1988) schließlich doch zu der Einschätzung, daß Autorität in der Unternehmung etwas anderes ist als Autorität im Markt (vgl. mit Bezug zu Demsetz (1988) – wenn auch nicht übermäßig klar – Hodgson (1998c, 51, Endnote 4)).

transactions within the firm may be greater than the costs of carrying out the exchange transactions in the open market."[20]

Williamson verläßt sich nicht auf stetig verlaufende Transaktions- oder Managementgrenzkostenkurven, sondern fordert die Einzelanalyse jeder Transaktion. Eine Transaktion – so Williamson – „... occurs when a good or service is transferred between technologically separable stages. One stage of activity terminates and another begins"[21]. In drei Dimensionen lassen sich Transaktionen analysieren: Faktorspezifität, Unsicherheit und Häufigkeit.

Die Faktorspezifität mißt die Wertdifferenz eines Produktionsfaktors zwischen beabsichtiger und nächstbester Verwendung: Je höher die Faktorspezifität, desto größer die Werteinbuße bei intentionsfremder Nutzung. Typen der Faktorspezifität sind beispielsweise Standortspezifität, Sachkapitalspezifität, Humankapitalspezifität, Widmungsspezifität, Markennamenkapital sowie zweckgebundene Sachwerte.[22] Unter Unsicherheit versteht Williamson die Unvorhersehbarkeit des ökonomischen Umfelds; je größer sie ist, desto teurer wird die Formulierung eines vollständigen Transaktionsvertrags, d.h. eines Vertrags, der bis ins Kleinste die Reaktionen auf alle zukünftigen Entwicklungen festschreibt, bzw. desto wahrscheinlicher wird die Anpassungsnotwendigkeit eines unvollständigen Vertrags. Unter Häufigkeit versteht Williamson die Frequenz, mit der eine bestimmte Transaktion durchgeführt wird. Hohe Faktorspezifität, hohe Unsicherheit und große Häufigkeit sprechen tendenziell für die unternehmungsinterne Abwicklung einer Transaktion.

Neben den Eigenschaften einer Transaktion sind zwei Verhaltensannahmen von Bedeutung: Opportunismus und beschränkte Rationalität. Opportunismus bedeutet blanke Eigennutzorientierung. In Anlehnung an Erlei (2002) könnte man Opportunismus als Abwesenheit sozialer Präferenzen interpretieren, oder in Abgrenzung zu neuen experimentellen Erkenntnissen als Freiheit der Nutzenfunktion von

---

[20] Coase (1937/1988, 45, Hervorhebungen JPS).
[21] Williamson (1985, 1).
[22] Vgl. Williamson (1996, 105-106).

2.2. Das theoretische Fundament

Fairneß- oder Reziprozitätsgedanken.[23] Unter beschränkter Rationalität versteht Williamson – ausgehend von Simon (1957) – beabsichtigtes, aber unvollkommenes Rationalverhalten.

In bestimmten Situationen können Spezifität, Unsicherheit, Opportunismus und beschränkte Rationalität marktstrukturändernd wirken:[24] Verkäufer S will Käufer B ein Zwischenprodukt Z verkaufen. Um seine Produktionskosten zu senken, kann er spezifisch investieren, d.h. die Investition entfaltet ihren vollen Wert allein in der Transaktion mit B, in einer Transaktion mit anderen Käufern ist sie weniger wert. Aus diesem Grund ist S vor seiner Investition in der Wahl seines Transaktionspartners freier als nachher (fundamentale Transformation). Die Bindungsintensität hängt positiv von der Quasirente ab, der Differenz zwischen dem Wert der Investition bei Handel mit B und ihrem Wert bei Handel mit dem zweitbesten Käufer.[25]

Treten nach Durchführung der Investition vertraglich nicht geregelte Umstände ein, wird B in der Nachverhandlung damit drohen, Z von einem anderen Anbieter zu kaufen, sollte S einer Umverteilung der Quasirente zugunsten von B nicht zustimmen. Da die Investitionsaufwendungen zu diesem Zeitpunkt nicht mehr entscheidungsrelevant sind, bleibt S als Alternative zur Umverteilung nur der Verkauf von Z an einen anderen Käufer. S wird der Umverteilung zustimmen, wenn die resultierende Gewinneinbuße geringer ist als die Quasirente. Dieses Verhalten bezeichnet Williamson als Hold-up.[26] Allerdings wird S diese Gefahr schon vor dem Abschluß des ursprünglichen Vertrags heraufziehen sehen und sich zu schützen versuchen: entweder durch eine vertikale

---

[23] Vgl. beispielsweise Bolton/Ockenfels (2000).
[24] Vgl. Williamson (1985, 61).
[25] Wenn sowohl B als auch S spezifisch investieren, wandelt sich das Polypol in ein beidseitiges Monopol.
[26] Eingeführt wurde der Begriff in anderem Zusammenhang von Goldberg (1976, 439-441) und im vorliegenden Kontext von Klein et al. (1978, 301-2).

Integration von B, durch Errichtung einer hybriden Organisationsform[27] oder durch ein suboptimales Ausmaß an spezifischen Investitionen. Welches Absicherungsinstrument optimal ist, ergibt sich aus einem Vergleich der jeweiligen Summen aus Produktions- und Transaktionskosten.[28] Anhand der Checkliste zur Kostenwirkung dieser Governancestrukturen (Tabelle 2.1) müssen das zugrundeliegende Vertragsrecht, die Anreizintensität und die Kontrollmöglichkeiten sowie die Möglichkeiten zu autonomen bzw. koordinierten Anpassungen geprüft werden.[29]

	Governancestruktur		
Dimension	Markt	Hybrid	Unternehmung
Vertragsrecht	++	+	0
Instrumente			
Anreizintensität	++	+	0
Administrative Kontrolle	0	+	++
Leistungsmerkmale			
Autonome Anpassung	++	+	0
Koordinierte Anpassung	0	+	++
++ = stark; + = mittel; 0 = schwach			

Tabelle 2.1: Stärken-Schwächen-Profil der Governancestrukturen (Williamson, 1996, 105)

Die Governancestrukturen unterliegen unterschiedlichen Rechtsregimen: So gilt für den Markt das Schuldrecht und für die Unternehmung das Arbeitsrecht. Entsprechend der Rechtstopologie von MacNeil (1978) werden Streitigkeiten zwischen Marktpartnern auf der Basis des sogenannten klassischen Vertragsrechts beigelegt, Streitigkeiten in hybriden Kooperationsformen auf der Basis des neoklassischen Vertragsrechts, und Streitig-

---

[27] Hybride Organisationsformen enthalten sowohl marktliche als auch hierarchische Elemente, sie verpflichten die Transaktionspartner bei weitgehender Wahrung rechtlicher und wirtschaftlicher Unabhängigkeit. Zu ihnen zählen F&E-Kooperationen, Franchisesysteme, Joint-Ventures, langfristige Verträge mit Sicherungsklauseln, private Schiedsgerichte und Faustpfandregelungen (vgl. Williamson, 1985, Kap. 7 und 8).
[28] Vgl. Williamson (1985, 25).
[29] Vgl. Williamson (1996, 101-105).

2.2. Das theoretische Fundament

keiten in der Unternehmung über relationale Verträge.[30] Nach Williamsons Meinung folgt daraus, daß der flexibelste oder unvollständigste Vertrag der Arbeitsvertrag ist und der unflexibelste der klassische Kaufvertrag.[31]

Kostenbestimmend ist aber auch die Fähigkeit der verschiedenen Governancestrukturen, sich nach Änderungen des ökonomischen Umfelds anpassen zu lassen. Es können entweder autonome oder koordinierte Anpassungen erforderlich sein. Der Markt ist eine optimale Organisationsform für autonome Anpassungen: Jeder Marktteilnehmer kann unabhängig reagieren. Bei koordinationsbedürftigen Anpassungen hat die Unternehmung aufgrund ihrer hierarchischen Struktur einen Vorteil gegenüber dem Markt, weil Anpassungen im vertraglich vereinbarten Rahmen einseitig diktiert werden können.

Im Hinblick auf die Anreizintensität ist der Markt gegenüber der Unternehmung im Vorteil: Leistung und Lohn hängen eng zusammen. In einer Unternehmung können Verantwortlichkeiten für Gewinne und Verluste nicht eindeutig zugeschrieben werden; außerdem hat die Zentrale die Möglichkeit, über eine Anpassung der internen Verrechnungspreise Abteilungsgewinne zu verändern. Insgesamt also sinkt die Anreizintensität in der Organisationsform 'Unternehmung', was höhere Bürokratiekosten zur Folge hat. Die Möglichkeiten zur administrativen Kontrolle sind in der Unternehmung zahlreicher als im Markt, weil einzelne Produktionsteilschritte beobachtet und bewertet werden können.

Die Hybridformen nehmen in jeder Dimension eine Mittelstellung ein: Sie erhalten einerseits die eigentumsrechtliche Eigenständigkeit der beteiligten Unternehmungen, schwächen aber andererseits die Anreizintensität über die Installation des verwaltungstechnischen Apparates und vertraglicher Sicherungselemente. Hinsichtlich autonomer Anpassungen sind sie wegen der vertraglichen Abhängigkeit teurer als der Markt, hinsichtlich koordinierter Anpassungen wegen des höheren Verhandlungsaufwands teurer als die Unternehmung.

---

[30] Vgl. zu dem Hinweis auf MacNeil (1978) Boerner/Macher (2001, 4).
[31] Vgl. Williamson (1991a, 280).

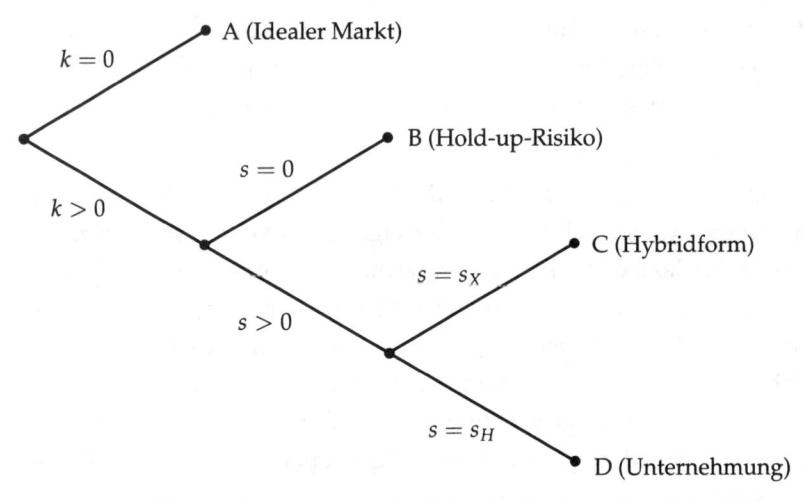

Abbildung 2.2: Heuristik zur Bestimmung der optimalen Governanceform (Williamson, 2000b, 602)

Mit diesem Stärken-Schwächen-Profil kann Williamson nun die optimale Organisationsform für konkrete Transaktionen bestimmen (vgl. Abbildung 2.2): S hat die Wahlmöglichkeit zwischen einer spezifischen ($k > 0$) und einer generischen Technologie ($k = 0$). Entscheidet er sich für die generische Technologie, entstehen keine Quasirenten und folglich kein Hold-up-Risiko, da B auch ex post, d.h. nach der Investition, kostenlos austauschbar ist. Ein klassischer Marktvertrag ist hier die günstigste Governanceform: „Sharp in by agreement, sharp out by performance."[32]

Entscheidet sich S hingegen für die spezifische Technologie, entsteht ein Hold-up-Risiko, das die Investition total oder marginal unrentabel machen kann. Sichert er die Transaktion nicht ab ($s = 0$), ist er gegen jeden Hold-up-Versuch schutzlos. Seine Kosten ergeben sich aus den Nachverhandlungen sowie den Kosten der Umverteilung der Quasirente. Sichert

---

[32] MacNeil (1974, 738), zit. nach Williamson (1985, 68). An dieser Stelle sei darauf hingewiesen, daß auch der klassische Marktvertrag erst einmal 'produziert' werden mußte. Seine relative Vorteilhaftigkeit bei unspezifischen Transaktionen liegt also nicht zuletzt in erheblichen economies of scale von Rechtsinstitutionen wie der Rechtsetzung und der Rechtsprechung. Es gibt keinen vernünftigen Grund zu meinen, daß nicht auch andere Rechtsinstitutionen von dieser Entwicklung profitieren würden und den relativen Nachteil gegenüber dem klassischen Marktvertrag aufholen könnten.

2.2. Das theoretische Fundament 15

er die Transaktion über die Installation einer hybriden Organisationsform ($s = s_X$) oder über eine Integration ab ($s = s_H$), entstehen Kosten ex ante und ex post: *Ex ante* fallen Kosten für Vertragsentwurf, Verhandlungen und Absicherung an, *ex post*, bei notwendig werdenden Anpassungen, entstehen Kosten aufgrund von Fehlanpassungen, durch die Einrichtung und den Betrieb von Kontrollsystemen sowie durch Absicherungbemühungen gegen das Brechen von Zusagen.[33]

Die Integration geht einen Schritt weiter als hybride Organisationsformen: Sie eliminiert das Hold-up-Risiko, erhöht jedoch die Organisations- bzw. Bürokratiekosten der integrierenden Unternehmung: fehlende Sorgfalt im Umgang mit dem eingesetzten Sachkapital (fehlende Wartung), Schwierigkeiten bei der verursachungsgerechten Zuschreibung von Kosten und Leistungen, Fehler bei Interventionen der Zentrale sowie Nachsichtigkeit mit schlechten Leistungen sind hier zu nennen.[34] Williamson bezeichnet daher die Unternehmung als „governance structure of last resort"[35].

Dementsprechend ist die optimale Governanceform von der Transaktionsspezifität abhängig (Abbildung 2.3 auf der nächsten Seite): Ist die Transaktion unspezifisch ($k = 0$), liegen die Governancekosten der Unternehmung über denen der Hybridformen und noch weiter über denen des Marktes. Mit steigender Spezifität nehmen alle Governancekosten zu. Allerdings ist die Zunahme beim Markt am stärksten ($M(k)$) und in der Unternehmung am geringsten ($H(k)$). Bei Hybridformen liegt sie dazwischen ($X(k)$). Die untere Umhüllende der drei Kurven gibt folglich die transaktionskostenminimale Governanceform in Abhängigkeit von der Faktorspezifität an. Berücksichtigt man zusätzlich die Wirkung der Unsicherheit auf die optimale Governanceform, so ergibt sich folgendes Bild (Abbildung 2.4 auf Seite 17): Gibt es keine Unsicherheit, determinieren die kritischen Spezifitätswerte $\bar{k}_1$ und $\bar{k}_2$ die optimale Governanceform. Mit zunehmender Unsicherheit jedoch werden die Hybridformen problematisch, weil die wechselseitige Abhängigkeit

---

[33] Vgl. Williamson (2002b, 183).
[34] Vgl. Williamson (1985, Kap. 6) und für einen Überblick auch Erlei et al. (1999, 184-188).
[35] Williamson (2000a, 26).

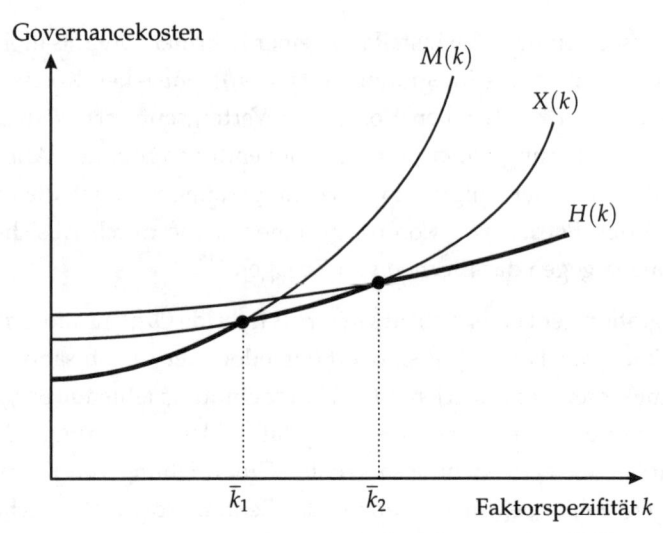

Abbildung 2.3: Governancekosten als Funktion der Faktorspezifität (Williamson, 1991a, 284)

Konsens in der Reaktion auf exogene Schocks erfordert. Dies wird mit zunehmender Unsicherheit kostenintensiv, so daß ab einem gewissen Unsicherheitsniveau Markt und Unternehmung die Hybridformen zu dominieren beginnen.

Die Analyse der Transaktionsfrequenz führt zu folgenden Ergebnissen (vgl. Abbildung 2.5 auf Seite 18): Sind sie und die Faktorspezifität hoch, wird die Transaktion effizienterweise innerhalb einer Unternehmung abgewickelt. Findet die Transaktion hingegen nur gelegentlich statt, kommt neben der Integration auch die trilaterale Kontrolle in Frage. Dabei bleiben B und S rechtlich unabhängige Unternehmungen und bestellen eine dritte Unternehmung als Schiedsinstanz in Streitfällen. Diese Konstruktion ist dann effizient, wenn die hohen Fixkosten einer Unternehmungsorganisation durch die Häufigkeit der Transaktion nicht amortisiert werden. Ist die Faktorspezifität nur mäßig und die Transaktionsfrequenz gering, ist wiederum die trilaterale Kontrolle effizient. Ist die Transaktionsfrequenz hingegen hoch, ist die bilaterale Kontrolle das Absicherungsinstrument der Wahl. Darunter faßt Williamson Sicherungsklauseln in Verträgen, die

2.2. Das theoretische Fundament

Frequenz der exogenen Schocks

Markt　　　　Unternehmung

Hybridform

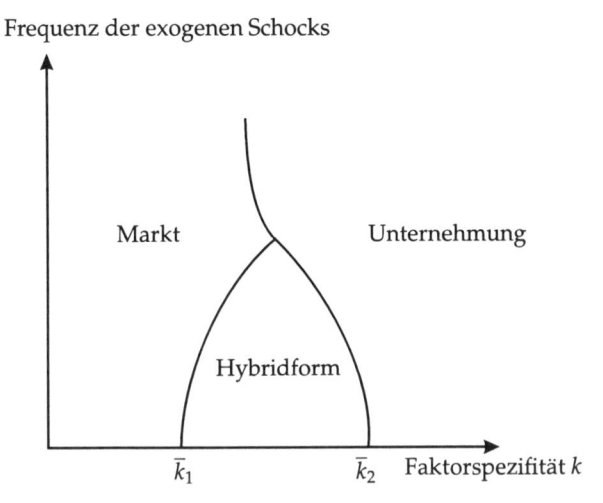

$\bar{k}_1$　　$\bar{k}_2$　Faktorspezifität k

Abbildung 2.4: Die optimale Governanceform als Funktion von Unsicherheit und Spezifität (Williamson, 1991a, 292)

auf eine Interessenharmonisierung zwischen B und S hinwirken sollen, wie insbesondere hybride Organisationsformen.

Zusammenfassend sagt der Governancekostenansatz also, daß bei Spezifität der Transaktion die Entscheidung für eine Integration, eine bilaterale oder eine trilaterale Absicherung vom Ausmaß der Spezifität, der Unsicherheit und der Transaktionsfrequenz abhängt. Integriert wird dann, wenn Unsicherheit, Spezifität und Häufigkeit sehr groß sind. Haben Unsicherheit und Spezifität ein mittleres Niveau, wird eine häufig durchgeführte Transaktion bilateral abgesichert, eine nur gelegentlich durchgeführte Transaktion trilateral. Instrumente einer bilateralen Governancestruktur sind (notwendigerweise unvollständige) Verträge, gemeinsames Eigentum an spezifischen Produktionsfaktoren, ein Austausch von Faustpfändern und der Aufbau einer Reputation.

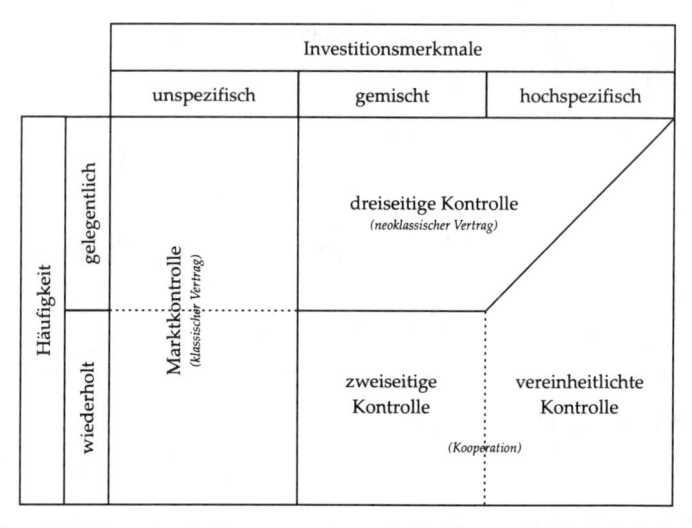

	Investitionsmerkmale		
	unspezifisch	gemischt	hochspezifisch
Häufigkeit — gelegentlich	Marktkontrolle *(klassischer Vertrag)*	dreiseitige Kontrolle *(neoklassischer Vertrag)*	
Häufigkeit — wiederholt	Marktkontrolle *(klassischer Vertrag)*	zweiseitige Kontrolle *(Kooperation)*	vereinheitlichte Kontrolle

Abbildung 2.5: Die optimale Governanceform als Funktion von Häufigkeit und Spezifität (Williamson, 1985, 79)

2.2.2 Kritik

In der Operationalisierung der Coaseschen Grundidee liegt zweifelsohne die große Stärke des GKA: Williamson arbeitet die Kategorien heraus, die die Höhe der Transaktionskosten in den unterschiedlichen Governanceformen Markt, Hybrid und Unternehmung maßgeblich bestimmen. Doch gleichzeitig beschneidet dies den Erklärungsansatz von Coase in drei Punkten: Erstens drängt Williamson die Tatsache an den Rand, daß die Integration einer Transaktion immer auch die Integration einer „stage of activity" nach sich zieht und damit *produktionskosten*relevant ist. Eine optimale Governancestruktur soll zwar die Summe aus *Produktions-* und Transaktionskosten minimieren, aber das Prüfschema hält zur Wirkung der Governanceformen auf die Produktionskosten nur wenig Verwertbares bereit. Sie betreten die Szene nur an der Hand der Spezifitätswahl. Williamson nimmt beispielsweise in seinem heuristischen Modell an, daß das Produktions- und Technologiewissen frei verfügbar ist und daß die Produktionskostendifferenz zwischen Fremd- und Eigenerstellung negativ mit der Höhe der Spezifität korreliert ist, also die internen Produkti-

2.2. Das theoretische Fundament

onsgrenzkosten bei steigener Spezifität schneller fallen als die externen;[36] das kann aber prinzipiell auch anders sein.

Darüber hinaus macht Williamson die Integrationsentscheidung allein von den Transaktionscharakteristika abhängig. Bei Coase jedoch sind (auch) die Unternehmerfähigkeiten der betroffenen Transaktionspartner von Belang. Der GKA würde in der Analyse des Coase-Szenarios (homogene Transaktionen) feststellen, daß es zwischen den Transaktionen keine Kostenunterschiede gibt. Die Governancevoraussage wird für jede Transaktion identisch sein mit der Folge, daß Coase' Ergebnis einer festen optimalen Unternehmungsgröße nicht rekonstruiert wird. Coase verwendet – so darf man schließen – einen weiteren Transaktionsbegriff als Williamson; implizit rechnet er ein, daß die Integration einer *Transaktion* die Integration einer *Produktionsstufe* nach sich zieht. Steigende unternehmungsinterne Transaktionskosten erklärt Coase mit qualitativ schlechteren unternehmerischen Entscheidungen bei Erweiterung der Unternehmung und folglich nicht mit den Merkmalen der Transaktion.

Zweitens spielt in der Williamsonschen Argumentation die Richtung der Integration keine Rolle: Allein entscheidend für den Verlauf der Unternehmungsgrenzen sind die für beide Transaktionspartner identischen Charakteristika der grenzüberschreitenden Transaktion, nicht die Entscheidungskompetenzen des Eigentümers, der seine eigene Unternehmung leitet.[37]

Drittens führt die Unvollständigkeit der Verträge bei Williamson immer zu einer *Erhöhung* der Transaktionskosten, und nicht wie bei Coase zu einer Senkung. Dieser Widerspruch ist auf die unterschiedlichen Annahmen zurückzuführen, von denen Coase und Williamson ausgehen: Coase vergleicht eine Situation mehrerer aufeinanderfolgender, vollständiger und kurzfristiger Lieferverträge mit der Situation eines unvollständigen langfristigen Arbeitsvertrags. Er geht davon aus, daß die Langfristigkeit eines Vertrags hauptverantwortlich für dessen Unvollständigkeit ist. Letz-

---

[36] Vgl. Williamson (1985, 92-95).
[37] In einer Reaktion auf den Property-Rights-Ansatz, in der die Richtung der Integration wie schon bei Coase bedeutsam ist, wehrt sich Williamson (2002a, 442) ohne nähere Begründung dagegen, diese Frage für wichtig zu halten.

tere stellt in seinen Augen jedoch keinen Nachteil dar; vielmehr können – in hierarchisch organisierten Beziehungen – ihretwegen die Kosten des wiederholten Aushandelns kurzfristiger Verträge eingespart werden. Williamson indes geht bei großer ökonomischer Unsicherheit von einer unvermeidlichen Unvollständigkeit eines Vertrags zwischen selbständigen Unternehmungen aus und fragt, ob ein (ebenso) unvollständiger Arbeitsvertrag transaktionskostenmindernd wäre (was dann aber nicht kausal mit der Unvollständigkeit zusammenhinge).

Neben diesen Verengungen der Ursprungsidee finden sich weitere Ansatzpunkte für Kritik. Beispielsweise sprechen wenigstens zwei Gründe dafür, die isolierte Analyse von Einzeltransaktionen aufzuweichen: Erstens sind Bürokratie- und Hierarchiekosten nicht immer eindeutig einzelnen Transaktionen zurechenbar.[38] Zweitens kann die Entscheidung über die Governancestruktur von Transaktion X von der Entscheidung über die Governancestruktur einer anderen Transaktion abhängen. Hierbei lassen sich wieder zwei Aspekte unterscheiden:[39] Zum einen gibt es Situationen, in denen eine Unternehmung die Governanceform einer bestimmten Transaktion nicht von heute auf morgen zu ökonomisch vertretbaren Kosten ändern kann. Gründe dafür können längerfristige und exklusive Lieferverträge sein, die eine vertikale Integration unmöglich machen. Zum anderen kann eine Unternehmung verpflichtet sein, für eine bestimmte Transaktion den Governance-Typus X zu wählen, weil sie mit einem anderen Transaktionspartner ebenfalls den Governance-Typus X gewählt hat. Beispielsweise findet man in Unternehmen keine Differenzierung in der Berechnung der internen Verrechnungspreise. Prinzipiell böte sich für generische Transaktionen der Vergleich mit üblichen Marktpreisen an und für spezifische Transaktionen kostenbasierte Verrechnungspreise. Tatsächlich aber werden in der Regel überall kostenbasierte Verrechnungspreise verwendet, um unternehmungsinterne Motivationsprobleme zu vermeiden.

---

[38] Vgl. Holmström/Roberts (1998, 77).
[39] Vgl. zu den folgenden beiden Punkten Argyres/Liebeskind (2000).

Sodann läßt sich an Williamson kritisieren, daß er Reputationsmechanismen nur eine untergeordnete Rolle in der Absicherung wiederholter und hochspezifischer Transaktionen zubilligt.[40] Indes zeigen gerade neuere Modellierungen, daß Reputationsmechanismen in Superspielsituationen von Bedeutung sind.[41] Nach Williamsons Meinung jedoch können Reputationsmechanismen allein in kleinen Unternehmungsnetzwerken mit einer gemeinsamen ethnischen Basis Wirkung entfalten und scheiden daher als umfassend wirkendes Instrument zur Absicherung spezifischer Transaktionen aus.[42]

Abschließend kann man Williamson vorwerfen, bei der Wirkungsanalyse der Integration unvollständig zu bleiben: Nach Abbildung 2.2 (S. 14) sichert die Integration eine Transaktion gegen jeden Hold-up-Versuch ab, doch wird nicht klar, warum innerhalb einer Unternehmung Hold-up-Versuche unterbleiben. Williamson zählt zwar einige Instrumente zur Hold-up-Verhinderung auf,[43] doch erklärt er nicht, welche Handhabe die Unternehmung gegenüber ihren Angestellten hat, d.h. warum ein Angestellter eine selektive Intervention in sein Arbeitsfeld tatsächlich hinnehmen sollte: „If there is less haggling and hold-up behaviour in a merged firm, it is important to know *why*."[44] Trotz dieser Kritikpunkte fundiert und operationalisiert Williamson in entscheidender Weise die Coasesche Theorie der Unternehmung und führt sie damit in die Reichweite empirischer Untersuchungen.

2.2.3 Empirische Ergebnisse

Für Williamson steht außer Frage, „that transaction cost economics is an empirical success story"[45].[46] Denn die empirischen Ergebnisse

---
[40] Williamson (1991b).
[41] Vgl. beispielsweise Kreps (1990a, 761-767).
[42] Vgl. Williamson (1991a, 115-116).
[43] Vgl. Williamson (1996, 104).
[44] Hart (1995, 28). Vgl. zu weiteren Kritikpunkten auch Milgrom/Roberts (1992, 33-34).
[45] Williamson (2000a, 28).
[46] Dabei verweist er auf die Überblicke von Shelanski/Klein (1995), Lyons (1996), Crocker/Masten (1996) und Rindfleisch/Heide (1997).

„[have] been broadly corroborative of the predictions of transaction cost economics."[47] Diesem aus naheliegenden Gründen sehr positiven Urteil fehlt es allerdings an Selbstbescheidung: Die neueren Überblicke von Chiappori/Salanié (2002), Masten (2002) und Boerner/Macher (2001) zeigen neben Licht auch Schatten. Daneben macht die Methodenkritik von Carter (2002) deutlich, wie weit man noch davon entfernt ist, die etwas feinerkörnigen Aussagen des TKA zu prüfen, geschweige denn zu belegen.

Chiappori/Salanié (2002, 24-27) stellen zunächst fest, daß einige Arbeiten eine Reihe an GKA-basierte Hypothesen empirisch bestätigen, wie die positive Korrelation von Vertragslänge und Spezifität (Joskow, 1987; Crocker/Masten, 1988; Crocker/Reynolds, 1993), die positive Korrelation zwischen der Höhe der Quasirente und der Entscheidung zur vertikalen Integration (Monteverde/Teece, 1982) sowie auch weniger offenkundige Implikationen des GKA, wie ein Zusammenhang zwischen Umweltunsicherheit und Vertragslänge auf der einen und den Regeln zur Strukturierung einer Nachverhandlung des Preises auf der anderen Seite (Crocker/Masten, 1991) oder auch der negative Zusammenhang zwischen Vertragslänge und Größe des Marktes (Hubbard, 1999).

Doch diese positiven Resultate bewerten Chiappori/Salanié (2002, 27-28) sehr zurückhaltend, zu unscharf erscheint ihnen die Definition zentraler Kategorien, wie beispielsweise 'Quasirente' und 'Unsicherheit': Treffende und überzeugende Proxy-Größen seien nur schwer zu finden, aber darüber hinaus schienen einige verwendete Proxies Annahmen des Ansatzes zu verletzen: Beispielsweise nutzten viele Arbeiten häufig die Volatilität des Preisindexes als Proxy-Größe der Unsicherheit. Die jedoch sei gerade verifizierbar. Also müßten die Arbeiten erklären, warum die Volatilität nicht als Bemessungsgröße im untersuchten Vertrag auftaucht. Daneben werfen Chiappori/Salanié der empirischen Literatur im allgemeinen und Joskow (1987) im besonderen vor, mögliche Endogenitäten der erklärenden Variablen, wie der Spezifität von Investitionen, nicht zu beachten: Die Spezifität von Investitionen könne doch durchaus eine Funk-

---

[47] Williamson (2000a, 28). Vgl. auch Williamson (2002b, 181-182).

2.2. Das theoretische Fundament

tion der zugrundeliegenden Governanceform sein und nicht umgekehrt. Wäre dies der Fall, seien die Regressionsergebnisse Joskows anders zu interpretieren.

In seinem Überblick stellt *Masten (2002, 429)* fest, „[that] [a]lthough relationship-specific investment is certainly not the only determinant of organizational form [...], one can now assert with a high degree of confidence that asset specificity, especially in combination with uncertainty or complexity, is an important correlate with the decision to integrate." Gleichwohl konzediert er, daß ein positiver Test von Hypothesen, abgeleitet aus der reduzierten Form des GKA, eine relativ schwache Bestätigung sei.[48] Der theoretisch positive Zusammenhang von Spezifität, Opportunismus und Integrationsentscheidung könne empirisch zu bestehen scheinen, ohne tatsächlich zu existieren; man könne eben nicht alle Wirkungen der Spezifität kontrollieren: Beispielsweise könnte eine hohe Spezifität die unternehmungsinternen Koordinationskosten reduzieren, die Koordinationskosten des Marktes jedoch nicht beeinflussen; dies würde die Wahrscheinlichkeit einer Integration erhöhen und sich empirisch in einer höheren Integrationsrate widerspiegeln, ohne daß jedoch der transaktionskostentheoretische Mechanismus – Vermeidung eines Hold-up aufgrund von Opportunismus – tatsächlich die Ursache wäre.

Den mit über 600 analysierten empirischen Arbeiten bei weitem umfassendsten Überblick liefern *Boerner/Macher (2001)*. Ihre Studie umfaßt sowohl 'Business'- als auch 'Non-Business'-Tests des GKA. Im folgenden soll es nur um erstere gehen. Diese 'Business'-Tests sind sieben Gruppen zugeordnet: Ökonomik, Marketing, Bilanzierung, Finanzierung, Organisationstheorie, Internationales Business und Strategisches Management. Die Methodik der analysierten Arbeiten ist sehr unterschiedlich: Neben qualitativen Fallstudien finden sich quantitative Fallstudien für einzelne Branchen sowie ökonometrische Querschnittsstudien.

---

[48] In der reduzierten Form sieht der GKA – wie oben beschrieben – die Governanceform als Funktion der Variablen Spezifität, Unsicherheit und Transaktionshäufigkeit. Vgl. zu den theoretischen Voraussagen die Abbildungen 2.3, 2.4 und 2.5 auf den Seiten 16 bis 18.

Alles in allem zeigen die Arbeiten – so Boerner/Macher –, daß die von Williamson identifizierten Transaktionscharakteristika wichtige Determinanten der gewählten Governancestruktur sind: „The central hypothesis that governance choice is largely determined by the cost of transacting and that these costs are influenced by observable characteristics of the underlying transactions receives overwhelming support in our assessment."[49] Die Wichtigkeit der einzelnen Transaktionscharakteristika variiert jedoch beträchtlich: Während ein positiver Zusammenhang zwischen Spezifität und Integrationsentscheidung vielfach bestätigt werden kann, ist die Transaktionshäufigkeit nicht mit der Integrationswahrscheinlichkeit signifikant korreliert. Im Hinblick auf die Bedeutung der Unsicherheit für die Integrationsentscheidung sind die Ergebnisse uneinheitlich: das kann, so Boerner/Macher (2001, 6), zum einen an der Unterschiedlichkeit der verwendeten Proxy-Größen liegen, zum anderen daran, daß Unsicherheit nur in Verbindung mit Faktorspezifität sinnvoll untersucht werden kann; das lege auch die theoretische Überlegung nahe, derzufolge nur dann eine Integration wahrscheinlicher wird, wenn neben die Unsicherheit vertragliche Risiken aufgrund von Faktorspezifität träten.

Ihr im Grundsatz positives Zeugnis relativieren Boerner/Macher jedoch am Ende ihrer Ausführungen: Erstens dürften die Ungenauigkeiten bei der Messung und der Wirkungsanalyse der Schlüsselvariablen 'Unsicherheit' und 'Faktorspezifität' nicht vernachlässigt werden. Beispielsweise seien die verwendeten Proxies für die Faktorspezifität zum Teil nur bei äußerster Nachsicht als Näherungsgrößen akzeptabel. Sie machten die stichhaltige Interpretation der empirischen Ergebnisse äußerst schwer, denn wenn sie signifikant auf die zu erklärende Variable einwirkten, ließe sich kaum sagen, worauf genau diese Wirkung zurückzuführen sei. Boerner/Macher räumen zwar ein, daß geeignete Proxy-Größen schwierig zu finden seien, bemängeln aber den laxen und unkritischen Umgang mit den verwendeten Variablen.

---

[49] Boerner/Macher (2001, 35).

2.2. Das theoretische Fundament

Zweitens zeigen sich Boerner/Macher (2001, 38) erstaunt, daß nur wenige Studien die Interaktion der Schlüsselvariablen untereinander und mit weiteren möglichen relevanten Faktoren thematisieren. Vielfach würden Dummy-Variablen für einzelne Vertragsbestimmungen eingeführt, um deren Wirkung auf die abhängige Variable isoliert untersuchen zu können. Dies vereinfache zwar die ökonometrische Handhabung, die analytische Präzision jedoch komme zu kurz. Ein wichtiges Ergebnis der Vertragsforschung sei es schließlich, daß Vertragsklauseln simultan gewählt würden und folglich subtil verbunden seien.

Mit noch größerem Nachdruck als Chiappori/Salanié (2002) kritisieren sie drittens den Umgang mit Endogenitätsproblemen, gerade hinsichtlich der Faktorspezifität: „Virtually all of the studies examined in this paper treat the specificity of assets and the level of a firm's investment in those assets as exogenous. However, these are, in fact, choice variables (Riordan and Williamson 1985). Firm managers make decisions regarding whether or not to invest in specialized assets and the scale of those investments. Strictly speaking, these variables should therefore be treated as endogenous."[50]

Viertens merken sie an, daß trotz der zentralen Stellung der Opportunismusannahme bisher kaum Versuche unternommen wurden, das Ausmaß an Opportunismus zu messen, oder zu untersuchen, in welcher Weise institutionelle Arrangements das Auftreten opportunistischer Verhaltensweisen beeinflussen. Dieser letztere Zusammenhang würde insbesondere von Soziologen für relevant gehalten.[51]

Fünftens würde zwar ein Gutteil der empirischen Studien bestätigen, daß Transaktionskostenüberlegungen einen bedeutenden Einfluß auf die Wahl der *optimalen* Organisationsform haben, aber nur wenige widmeten sich der Erklärung der Kosten, die mit der Wahl einer *suboptimalen* Organisationsform verbunden seien.[52] Diese wenigen Studien allerdings zeigten eine erhebliche Auswirkung suboptimaler Governancestrukturen auf die

---

[50] Boerner/Macher (2001, 38).
[51] Vgl. Boerner/Macher (2001, 37-38).
[52] Vgl. Boerner/Macher (2001, 38-39).

Leistungskurve einer Organisation. Aus diesem Grund fordern sie eine stärkere empirische Beschäftigung mit den leistungsrelevanten Organisationselementen, den Faktoren, die die Anpassungsgeschwindigkeit von Governancestrukturen bestimmen, sowie mit den Folgen 'schlechter' Organisationsstrukturen.[53]

Sechstens schließlich fordern sie eine bessere Formalisierung der theoretischen Grundlagen des GKA, eine Forderung, die auch Williamson mit Hinweis auf die seiner Meinung nach unplausible Konstruktion des Grossman-Hart-Modells nachdrücklich unterstützt.[54] Wesentliche Erkenntnisgewinne versprechen sich Boerner/Macher insbesondere von einer klareren Untersuchung des Unsicherheitsbegriffs, der derzeit noch zu unterschiedlich interpretiert werde:[55] einmal als Unsicherheit über zukünftige Umweltzustände, einmal als „behavioral uncertainty, which references the strategic nondisclosure, disguise or distortion of relevant information"[56]. Die Untersuchungen zum Verhältnis von Umweltunsicherheit und vertikaler Integration beispielsweise zeigten sowohl positive als auch negative Zusammenhänge. Weitere Fortschritte versprechen sie sich für die Genauigkeit der theoretischen Voraussagen: Nach der Bestätigung eines Zusammenhangs zwischen Faktorspezifität und Integrationsentscheidung könnten dann engermaschige Theorieaussagen formuliert werden.[57]

---

[53] Vgl. Boerner/Macher (2001, 39). Allerdings würden in jüngerer Zeit zunehmend Zwei-Stufen-Schätzungen zur Organisationsart und Performance durchgeführt. Dabei werde der Einfluß der Transaktionscharakteristika auf die Leistungskurve verschiedener Governancestrukturen ermittelt und vorher um die Auswahlverzerrung korrigiert, die mit der Schätzung der Wirkung der Organisationsart auf die Leistungskurve verbunden ist. Daneben würden auch zunehmend Schätzungen mit Paneldaten durchgeführt. Das habe nicht nur den Vorteil, daß man nichtbeobachtete Heterogenitäten kontrollieren könne, was die Schätzungen verbessere, sondern auch daß sich Hypothesen testen ließen, die in Querschnittsanalysen nicht testbar seien (vgl. Boerner/Macher, 2001, 8).
[54] Vgl. Williamson (1998, 50).
[55] Vgl. Boerner/Macher (2001, 39-40).
[56] Boerner/Macher (2001, 39).
[57] Sykuta (2001) sieht neben der allseits gewünschten Verbesserung der Datensituation in der Intensivierung der interdisziplinären Arbeit, gleichsam in einem 'Runden Tisch' der Ökonomen, Soziologen, Psychologen und Kaufleute, den stärkeren Hebel für eine Verbesserung des Ansatzes. Natürlich kann man das eine tun, ohne das andere zu lassen. Allerdings birgt die Integration weiterer Erklärungsvariablen die Gefahr

2.2. Das theoretische Fundament

Carter (2002) untersucht das methodische Vorgehen der empirischen Studien, und zwar von Studien, die die reduzierte Form des GKA testen.[58] Die diesbezüglichen Tests jedoch legen den Schluß nahe, daß „[i]n relation to vertical integration TCE (sc. GKA, JPS) receives at best mixed support. The hybrid empirical work is almost universally inconclusive and the most instructive lesson from this work is that the TCE framework will probably need significant development before any positive empirical claims can be made for it."[59]

Bezogen auf die vertikale Integration attestiert Carter (2002) nur einer einzigen Studie, tatsächlich den GKA zu testen – aber nicht überzeugend zu bestätigen. Die eine Hälfte der verbleibenden untersuchten Studien testeten und bestätigten nur eine stark verkürzte Version des GKA, die andere Hälfte „[was] judged either to contradict the TCE framework or to have results that were simply inconclusive"[60]. Dieses – auch im Vergleich zu anderen Überprüfungen der empirischen Arbeiten vergleichsweise – negative Urteil rührt nicht zuletzt daher, daß Carter eine positive Korrelation zwischen Spezifität und vertikaler Integration nicht als Bestätigung des GKA wertet: Im Regelfall vernachlässigten die einschlägigen empirischen Studien die Variablen 'Unsicherheit' und 'Transaktionshäufigkeit'; die Studien jedoch, die diese Variablen berücksichtigten, erhielten dem GKA widersprechende Ergebnisse.[61]

Nach Carters Einschätzung ist „the single most consistent message from the hybrid empirical studies [..] that the TCE framework simply does not address this issue adequately; hybrid relationships are complex, take many different forms and are often based on informal noncontractual mechanisms. This is not reflected in the TCE framework."[62] Wiederum nur eine von zwölf Studien lasse sich als Test des GKA qualifizieren, alle anderen

---

eines methodischen Durcheinanders. Da man in Feldstudien ohnehin viele Einflüsse nicht kontrollieren kann, würde die Interpretation der Ergebnisse saft- und kraftlos.
[58] Vgl. zu einer Übersicht über die Ergebnisse von Carter (2002) auch Nooteboom (2002, 11-14).
[59] Carter (2002, 228-229).
[60] Carter (2002, 220).
[61] Vgl. Carter (2002, 220-221).
[62] Carter (2002, 222).

seien mehr oder weniger unvereinbar mit dem GKA: „The results of the empirical work simply offer virtually no guidance as to the relevance or accuracy of the predictions of the TCE framework as applied to hybrid relationships. As already stressed, the key conclusion from this work is that the TCE framework is in need of major theoretical development to explain the manifest empirical results."[63]

Vor diesem Hintergrund hält Carter es für unangemessen, den GKA als „empirical success story" zu bezeichnen, im Gegenteil: „TCE is not an empirical success story. TCE has not been broadly corroborated, confirmed or falsified."[64] Er schlägt vor, für weitere empirische Studien auf Strukturgleichungsmodelle des GKA zurückzugreifen, und nicht auf den Ansatz in reduzierter Form. Zudem sollten neue Studien prinzipiell auch andere Theorien zur Erklärung vertikaler Integration und hybrider Governanceformen testen, um den Erklärungsmehrwert des GKA zu belegen.

Nooteboom (2002) verweist denn auch auf die empirischen Tests von Strukturgleichungsmodellen des GKA (vgl. Abbildung 2.6 auf der nächsten Seite). Zwei Kausalbeziehungen kennzeichnen diese Modelle: (A) Das gleichzeitige Auftreten von Spezifität und Unsicherheit generiert ein Hold-up-Risiko, gegen das sich die beteiligten Parteien in irgendeiner Form absichern müssen. (B) Welche Governancestruktur dabei gewählt wird, hängt vom Ausmaß des Hold-up-Risikos und der Transaktionshäufigkeit ab. Nach Nooteboom ist die Kausalbeziehung (A) in einigen wichtigen Studien bestätigt worden, die Kausalbeziehung (B) hingegen nicht.[65] Seiner Meinung nach bedarf der GKA einer theoretischen Ergänzung, um auch die empirischen Befunde dieser Kausalbeziehung erklären zu können.

Welcher Schluß läßt sich für die empirische Validität des GKA aus diesen unterschiedlichen Befunden ziehen? Man kann m.E. festhalten, daß seine Hypothesen empirisch nicht widerlegt ist. Da es derzeit keinen intensiver getesteten Ansatz gibt, verdient er uneingeschränkt Beachtung. Aller-

---

[63] Carter (2002, 223).
[64] Carter (2002, 228).
[65] Vgl. Nooteboom (2002, 13).

2.3. Hold-up und suboptimale spezifische Investitionen

```
                    Kausalbeziehung A

   ┌───────────┐
   │ Spezifität │─────┐
   └───────────┘     │    ┌──────────────┐      ┌──────────────┐
                     ├───▶│ Hold-up-Risiko │────▶│  Governance   │
   ┌──────────────┐  │    └──────────────┘      │    nötig      │
   │ Unsicherheit │──┘                          └──────────────┘
   └──────────────┘                                     │
                                                        ▼
                                                 ┌──────────────┐
                                                 │Governanceform│
                                                 └──────────────┘
                                                        ▲
                           ┌──────────────┐             │
                           │  Häufigkeit  │─────────────┘
                           └──────────────┘

                    Kausalbeziehung B
```

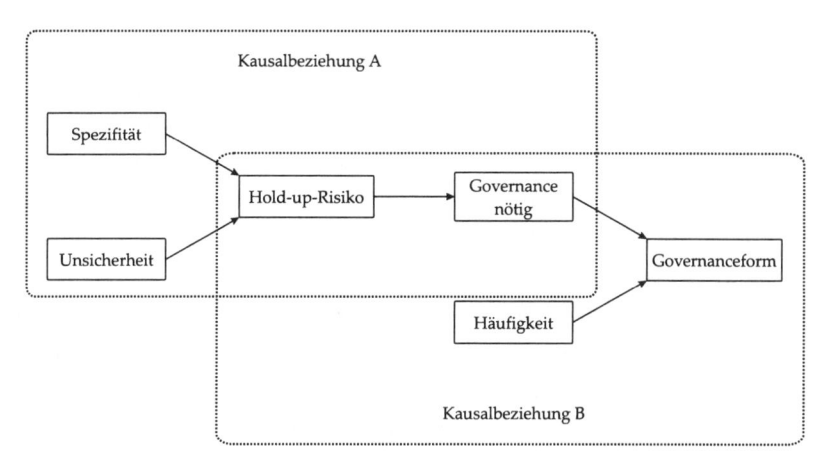

Abbildung 2.6: Strukturgleichungsmodell des GKA (Nooteboom, 2002, 22, Fig. 2)

dings muß man die Kritik am empirischen Vorgehen und der Interpretation der Ergebnisse ernstnehmen, sie stößt sich nicht an Kleinigkeiten: Die ungeklärte Endogenitätsfrage, problematische Proxygrößen, uneindeutige Wirkungen von Unsicherheit und Transaktionshäufigkeit, die Definitionsvielfalt beim Unsicherheitsbegriff sowie fragwürdige Theoriemodifikationen und Ansatzverkürzungen lassen es geraten erscheinen, die Entwicklung des GKA nicht für abgeschlossen zu halten.

2.3 Hold-up und suboptimale spezifische Investitionen

2.3.1 Klein/Crawford/Alchian und das Hold-up-Problem

Der Transaktionskostenansatz hat mit der Arbeit von Klein et al. (1978) eine wesentliche und für seine weitere Entwicklung wegbestimmende Wendung genommen. Während Williamson – zumindest anfangs – eher in den Ex-post-Kosten des Hold-up-Problems die bestimmende Größe für die Wahl der Governancestruktur sieht, lenken Klein et al. den Blick auf eine entscheidende Konsequenz dieser Ex-post-Kosten:

auf Ex-ante-Kosten in Form suboptimaler spezifischer Investitionen. Da der Käufer B und der Verkäufer S aufgrund spezifischer Investitionen aneinander gebunden sind, können sie bei Eintritt vertraglich nicht geregelter Situationen versuchen, sich einen größeren Anteil an der Quasirente des anderen zu sichern. Der Transaktionspartner mit der größeren Quasirente trägt dabei das größere Hold-up-Risiko. Diese Gefahr ist bei Vertragsabschluß abzusehen, so daß B und S weniger spezifisch investieren werden und mögliche Effizienzgewinne verlorengehen. Eine Lösung ist nach Klein et al. (1978) die Integration von B und S: In diesem Fall könnte die integrierte Unternehmung den Hold-up-Versuch nur gegen sich selbst richten, was selbstredend unsinnig wäre.

In der formalen Version des gerade beschriebenen Hold-up-Problems spielen zwischen den Transaktionspartnern B und S fünf Zeitpunkte eine Rolle (vgl. Abbildung 2.7).[66] In $t = 1$ schließen B und S einen unvollständigen Vertrag über Produktion und Lieferung eines noch nicht näher spezifizierten Zwischenprodukts Z. In $t = 2$ kann S spezifisch investieren, in $t = 3$ erfahren B und S, von welcher Art Z sein muß, und in $t = 4$ verhandeln sie über den Preis. In $t = 5$ findet der Handel von Z statt, und die Payoffs werden ausgezahlt.

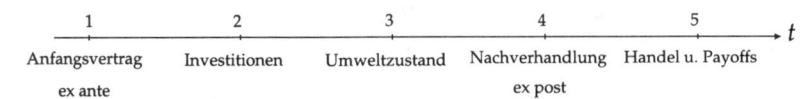

```
        1              2              3              4              5
        •              •              •              •              •───────▶ t
  Anfangsvertrag  Investitionen  Umweltzustand  Nachverhandlung  Handel u. Payoffs
     ex ante                                        ex post
```

Abbildung 2.7: Zeitliche Struktur einer Hold-up-Situation

B hat eine Zahlungsbereitschaft für Z in Höhe von $V = \overline{V}$. S kann die Herstellungskosten von Z ($C(s)$) durch spezifische Investitionen $s \in \mathbb{R}_+$ senken: $C_s < 0$, $\lim_{s \to 0} C_s(\cdot) \to -\infty$, $\lim_{s \to \infty} C_s(\cdot) \to 0^-$ und $C_{ss} > 0$; s gibt nicht nur das Niveau, sondern auch die Kosten der Investition an. Ein Handel zwischen B und S ist ex post immer effizient, d.h. $\overline{V} \geq C(s)$, $s \in \mathbb{R}_+$. Die Payoffs bei Nichthandel sind null: $\psi_i(s) = 0$, $s \in \mathbb{R}_+, i \in \{B, S\}$: s ist also vollkommen spezifisch in Bezug auf B. Die Nachverhandlung in $t = 4$ verläuft effizient (Coase-Theorem), und die Verhandlungsmasse

---

[66] Vgl. zu ersten Formalisierungen des Hold-up-Problems Grout (1984) und Tirole (1986).

2.3. Hold-up und suboptimale spezifische Investitionen

wird gemäß der Nash-Verhandlungslösung im Verhältnis 1 : 1 geteilt. Die Spezifikation von Z sowie $\overline{V}, C$ und s können ex post allein von B und S beobachtet werden, sind aber nicht verifizierbar, so daß der Vertrag in $t = 1$ unvollständig bleibt.[67,68]

Wäre in $t = 1$ der Abschluß eines Vertrags möglich, in dem Z genau spezifiziert werden könnte und in dem sich B zur Zahlung von $\overline{V}$ verpflichtete, könnte das First-best-Ergebnis garantiert werden. S würde folgenden Ex-ante-Payoff maximieren:

$$\pi_S^{ea}(s) = \overline{V} - C(s) - s \to \max_s!$$

Die Bedingung erster Ordnung lautete:

$$-C_s(s) = 1.$$

Das eindeutige optimale Investitionsniveau sei mit s^* bezeichnet; es gilt $0 < s^* < \infty$.

Der Abschluß eines vollständigen Vertrags ist nun aber *ex ante* nicht möglich. In $t = 4$ wird B also eine Nachverhandlung erzwingen. Dort hat S bereits spezifisch investiert, so daß $s = \bar{s}$ und die Verhandlungsmasse $\overline{V} - C(\bar{s})$ beträgt. Da die Drohpunktpayoffs annahmegemäß 0 sind, belaufen sich die Ex-post-Payoffs von B und S auf

$$\pi_i^{ep} = \frac{1}{2}\left[\overline{V} - C(\bar{s})\right], \; i = B, S.$$

Dies berücksichtigt S bei seiner Investitionsentscheidung in $t = 2$:

$$\pi_S^{ea}(s) = \frac{1}{2}\left[\overline{V} - C(s)\right] - s \to \max_s!$$

Die Bedingung erster Ordnung für ein Gewinnmaximum ist folglich

$$-\frac{1}{2}C_s(s) = 1.$$

---

[67] Die Unvollständigkeit des Vertrags wird auf eine der folgenden drei Ursachen zurückgeführt (vgl. Tirole, 1999, 743-4, und Maskin, 2002, 726): Kosten der Vertragsniederschrift, Nichtverifizierbarkeit der Umweltzustände, Nichtvorhersehbarkeit von Umweltzuständen.

[68] Dieses Modell ist insofern vereinfacht, als die Investition s den Umweltzustand in $t = 3$ determiniert. Es gibt also keine Unsicherheit im Sinn moralischen Wagnisses, doch hebt gerade dies das Kernproblem der Vertragsunvollständigkeit ins Licht.

Der eindeutige Maximierer sei mit s^{sb} bezeichnet. Da die Kostensenkungswirkung der Investition mit steigendem Investitionsniveau abnimmt ($-C_{ss} < 0$), liegt das individuell-optimale Investitionsniveau unter dem First-best-Niveau:

$$s^{sb} < s^*.$$

Weil kein vollständiger Vertrag abgeschlossen werden kann, muß S damit rechnen, daß B in $t = 4$ erfolgreich einen Hold-up-Versuch unternehmen wird und sich eine spezifische Investition im First-best-Umfang marginal nicht amortisiert. Folglich wird er sein Investitionsniveau nach unten anpassen.[69]

Um dieses Unterinvestitionsproblem in den Griff zu bekommen, sind viele Vorschläge gemacht worden. Sie sind im wesentlichen entweder Property-Rights-Modelle (im folgenden: 'Integrationsmodelle') oder 'Vertragsmodelle'. Die Art der untersuchten Investitionen ist entweder eigennützig oder kooperativ.[70] Die Integrationsmodelle lösen das Hold-up-Problem über die Zuteilung an Verfügungsrechten (Integration), die Vertragsmodelle über Strafen bei Vertragsbruch. Tabelle 2.2 faßt die Klassifizierung zusammen und ordnet jeder Zelle ein Modell zu.

	Eigennützige Investitionen	Kooperative Investitionen
Integrationsmodelle	Hart (1995)	Abschnitt 2.3.4 (S. 72)
Vertragsmodelle	Edlin/Reichelstein (1996)	Che/Hausch (1999)

Tabelle 2.2: Klassifizierung von Hold-up-Modellen

---

[69] Transaktionskosten der Coaseschen und Williamsonschen Art – aufgrund langwieriger Vertragsverhandlungen, problematischer Durchsetzung der Vertragsbestimmungen, aufgrund von Fehlanpassungen oder Absicherungsanstrengungen – werden mit dem Hinweis auf die Gültigkeit des Coase-Theorems ausgeblendet. Die einzige Transaktionskostenquelle ist die Unvollständigkeit des Vertrags und die daraus resultierende Suboptimalität der spezifischen Investition.

[70] Eine Investition ist streng eigennützig, wenn sie eine direkte, positive Wirkung auf den Payoff des Investors hat, aber keine oder eine negative direkte Wirkung auf den Payoff des Transaktionspartners. Eine Investition ist streng kooperativ, wenn sie eine direkte, positive Wirkung auf den Payoff des Transaktionspartners hat, aber keine oder eine negative auf den Payoff des Investors. Eine Investition ist hybrid, wenn sie eine direkte, positive Wirkung auf den Payoff des Investors *und* des Transaktionspartners hat. Vgl. zu dieser Terminologie Che/Hausch (1999, 126) und Tirole (1999, 747).

Die nächsten Abschnitte stellen zentrale Integrationsmodelle und Vertragsmodelle kritisch vor. Dabei wird sich zeigen, daß eine Integrationslösung bei sehr plausiblen Annahmen nur für den Fall kooperativer Investitionen sinnvoll ist.

2.3.2 Eigentumsrechte und Investitionsanreize

2.3.2.1 Grossman/Hart/Moore und der Property-Rights-Ansatz

Grossman/Hart (1986), Hart/Moore (1990) und Hart (1995) (im folgenden GHM) formalisieren den Vorschlag von Klein et al. (1978), suboptimale Investitionsniveaus durch eine Integration zu verhindern.[71] Im Zentrum ihrer Argumentation steht die Interpretation des Integrations*objektes*. GHM sagen, daß bei einer Integration Unternehmung *A* alle physischen oder nichtmenschlichen Produktionsfaktoren von Unternehmung *B* erwirbt. Das sind Maschinen, Lagerbestände, Gebäude, Grundstücke, Patente, Kundenstämme usw. Das Humankapital hingegen ist und bleibt vor wie nach der Integration im Eigentum der Angestellten.

Wenn Verträge unvollständig sind, verleiht – so GHM – die Verfügungsgewalt über physische Produktionsfaktoren Macht über menschliche Produktionsfaktoren. Denn dann gibt es Situationen, in denen der Vertrag nicht festlegt, wie das Sachkapital eingesetzt werden soll. Und in diesen Situationen entscheidet der Eigentümer. Eigentum besteht folglich in der Ausübung *residueller Kontrollrechte*; sie ergeben sich, wenn man von der verfassungsmäßigen Summe der Eigentumsrechte die gesetzlich und vertraglich festliegenden abzieht. Es liegt auf der Hand, daß die Menge der residuellen Kontrollrechte leer ist, wenn ein vollständiger Vertrag geschlossen wird. Residuelle Kontrollrechte können also nur dann ausgeübt werden, wenn Gesetze offen und Verträge unvollständig sind.[72]

Bezogen auf das Hold-up-Problem sagen GHM nun, daß Eigentum die Investitionsanreize beeinflußt: Ein Mehr an Kontrollrechten stärkt die Ver-

---
[71] Dieser Abschnitt lehnt sich eng an Hart (1995, Kap. 2 und 3) an.
[72] Vgl. auch Foss (1999b, 44).

handlungsposition des Investors in der Nachverhandlung, der erhandelbare Anteil am Gesamtpayoff wächst und damit der (marginale) Investitionsrückfluß. Der Investor wird folglich mehr investieren, was das Hold-up-Problem entschärft.

Das folgende Modell illustriert dieses Ergebnis: S kann mit Hilfe des Produktionsfaktors $a2$ ein Zwischenprodukt Z produzieren, das B mit Hilfe des Produktionsfaktors $a1$ zu einem marktfähigen Endprodukt verarbeiten will (vgl. Abbildung 2.8).

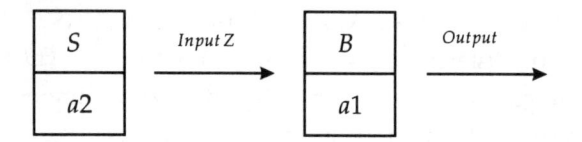

S		B	
$a2$	$\xrightarrow{Input\,Z}$	$a1$	$\xrightarrow{Output}$

Abbildung 2.8: Set-up des Modells von Hart (1995, Fig. 2.1)

B und S gehen dabei eine Geschäftsbeziehung über fünf Zeitpunkte ein (vgl. Abbildung 2.9 auf der nächsten Seite). In $t = 1$ schließen B und S einen vollständigen Vertrag über die Kontrollrechte an $a1$ und $a2$ sowie einen unvollständigen Vertrag über Produktion und Lieferung von Z:[73] Zu diesem Zeitpunkt ist noch nicht klar, welche Art Z B tatsächlich benötigt; dies wird erst in $t = 3$ bekannt. Das Aufsetzen eines bindenden langfristigen Vertrags ist unmöglich, denn die Festlegung eines Preises für Z ist bedeutungslos, wenn Z nicht ex ante beschrieben werden kann.

In $t = 2$ können B und S in Höhe von b bzw. s spezifisch investieren. In $t = 3$ löst sich die in $t = 1$ bestehende Unsicherheit über die Beschaffenheit von Z auf. In $t = 4$ verhandeln B und S über den Preis für Z. Den Verlauf dieser Nachverhandlung und die resultierenden Payoffs antizipieren sie vollständig *vor* der Durchführung ihrer spezifischen Investitionen. In $t = 5$ findet schließlich die Transaktion von Z statt, und B und S erhalten ihre Payoffs.

---

[73] Die Unvollständigkeit des Vertrags garantiert, daß die Menge an residuellen Kontrollrechten positiv ist. Im vorliegenden Modell nehmen GHM zudem einen derart unvollständigen Vertrag an, daß die Summe der Eintrittswahrscheinlichkeiten der geregelten Eventualitäten gegen null geht.

2.3 Hold-up und suboptimale spezifische Investitionen

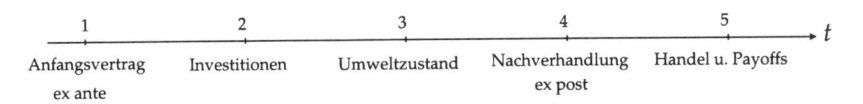

```
  1         2           3             4              5
  |─────────|───────────|─────────────|──────────────|─────────→ t
Anfangsvertrag  Investitionen  Umweltzustand  Nachverhandlung  Handel u. Payoffs
  ex ante                                     ex post
```

Abbildung 2.9: Zeitlicher Verlauf der Transaktion bei Hart (1995)

B und S sind risikoneutral und haben ausreichend Anfangsvermögen, um in $t = 1$ die effiziente Zusammenstellung an Produktionsfaktoren zu erwerben. Ihre Diskontfaktoren sind eins. Da per Annahme B und S die Nutzung für $a1$ und $a2$ nicht erschöpfend regeln können, bestimmt der jeweilige Eigentümer über deren Einsatz. Drei Eigentumsstrukturen werden betrachtet:

Bezeichnung	Bedeutung	Formale Darstellung
Nichtintegration	B (S) Eigentümer von $a1$ ($a2$)	$A_B = \{a1\}, A_S = \{a2\}$
B-Integration	B Eigentümer von $a1$ und $a2$	$A_B = \{a1, a2\}, A_S = \emptyset$
S-Integration	S Eigentümer von $a1$ und $a2$	$A_B = \emptyset, A_S = \{a1, a2\}$

Tabelle 2.3: Mögliche Eigentumsstrukturen bei Hart (1995)

Wenn beispielsweise also B Eigentümer beider Produktionsfaktoren ist ($A_B = \{a1, a2\}$), dann liegt eine Integration vor, und B benötigt einen separaten Manager für den Betrieb von $a2$. Das ursprüngliche Hold-up-Problem zwischen den zwei unabhängigen Unternehmungen B und S wird ersetzt durch ein Hold-up-Problem in Unternehmung B.[74]

B kann in $t = 2$ eine spezifische Investition $b \in \mathbb{R}_+$ durchführen; b bezeichnet das Investitionsniveau sowie die Investitionskosten und erhöht B's Wertschätzung im Fall eines Handels mit S wie eines Handels mit einem anderen Zulieferer. Bei Handel beträgt B's Wertschätzung $V(b)$ und B's Ex-post-Payoff $V(b) - p$; p bezeichnet den in $t = 4$ ausgehandelten Preis für Z. Der Ex-ante-Payoff von B enthält zudem die Investitionskosten in Höhe von b. Kommt es nicht zu einer Einigung zwischen B und S, kauft B ein unspezifisches Zwischenprodukt $\overline{Z}$ auf dem freien Markt zum Preis $\overline{p}$: $v(b; A_B)$ bezeichnet in diesem Fall seine Wertschätzung, und sein Ex-post-Payoff beträgt $v(b; A_B) - \overline{p}$.

---
[74] Vgl. auch Chiu (1998, 884-885).

Analog bezeichnet $s \in \mathbb{R}_+$ die spezifische Investition von S nach Niveau und Kosten; s senkt die Produktionskosten von S sowohl bei Handel mit B als auch im Fall eines Handels mit einem anderen Abnehmer. Wenn es zu einer Einigung kommt, belaufen sich die Produktionskosten auf $C(s)$, und der *Ex-post*-Payoff von S beträgt $p - C(s)$. Einigen sich S und B nicht, verkauft S Z auf dem freien Markt zum Preis von $\bar{p}$. Im diesem Fall bezeichnet $c(s; A_S)$ seine Produktionskosten, so daß sich sein *Ex-post*-Payoff auf $\bar{p} - c(s; A_S)$ beläuft.[75]

Der totale *Ex-post*-Überschuß bei Handel beträgt $\Phi(b,s) = V(b) - p + p - C(s) = V(b) - C(s)$, und der totale *Ex-post*-Überschuß für den Fall, daß sich B und S nicht einig werden, $\psi_B(b; A_B) + \psi_S(s; A_S)$ mit $\psi_B(b; A_B) = v(b; A_B) - \bar{p}$ und $\psi_S(s; A_S) = \bar{p} - c(s; A_S)$. Ein großgeschriebenes V (C) kennzeichnet also, daß S (B) auf das Humankapital von B (S) zugreifen kann, und ein kleingeschriebenes v (c), daß dies nicht möglich ist. Da $\psi_B(b; A_B)$ ($\psi_S(s; A_S)$) unabhängig von s (b) ist, ist s (b) eine Humankapitalinvestition. Außerdem wird angenommen:

ANNAHME 1   Handel ist *ex post* immer effizient:
$\Phi(b,s) > \psi_B(b; A_B) + \psi_S(s; A_S) \geq 0 \; \forall \; b, s, A_B, A_S$
$A_B \cap A_S = \emptyset$ und $A_B \cup A_S = \{a1, a2\}$ ⓞ

ANNAHME 2   Der Grenzertrag einer Investition ist (streng) positiv und umso höher, je mehr Kontrollrechte der Investor hat:
$V_b(b) > v_b(b; a1, a2) \geq v_b(b; a1) \geq v_b(b; \emptyset) \geq 0, \quad 0 < b < \infty$
$-C_s(s) > -c_s(s; a1, a2) \geq -c_s(s; a2) \geq -c_s(s; \emptyset) \geq 0, \quad 0 < s < \infty$[76] ⓞ

ANNAHME 3 $V(\cdot)$ ist streng konkav, $v(\cdot)$ konkav, $C(\cdot)$ streng konvex und $c(\cdot)$ konvex: $V_{bb} < 0$, $v_{bb} \leq 0$, $0 < b < \infty$, und $C_{ss} > 0$, $c_{ss} \geq 0$, $0 < s < \infty$. ⓞ

---

[75] Es handelt sich also bei b und s um streng eigennützige Investitionen. Außerdem implizieren die Annahmen, daß B auch ohne $a1$ ein Endprodukt produzieren und S auch ohne $a2$ Z herstellen kann. $a1$ und $a2$ sind folglich lediglich Produktionsfaktoren, die das Leben leichter machen, aber nicht unverzichtbar sind.

[76] Außerdem gilt: $\lim_{b \to 0} V_b(\cdot) \to \infty$, $\lim_{b \to \infty} V_b(\cdot) \to 0^+$; $\lim_{s \to 0} C_s(\cdot) \to -\infty$, $\lim_{s \to \infty} C_s(\cdot) \to 0^-$.

2.3. Hold-up und suboptimale spezifische Investitionen

ANNAHME 4 V, v, C, c sowie b und s können von B und S beobachtet werden, sind aber nicht verifizierbar und können damit nicht Aufhänger gerichtsfester Vertragsklauseln sein. ⊚

Annahme 1 impliziert, daß es sich für B und S unabhängig von den Investitionsniveaus b und s und unabhängig von der Integrationsform immer lohnt, Z zu handeln. Nimmt man noch die Gültigkeit des Coase-Theorems für die Nachverhandlung an, werden B und S *immer* eine Einigung erzielen; der implizit drohende Abbruch der Verhandlung wird also *nie* wahrgemacht. Annahme 2 bedeutet aufgrund der strikten Ungleichheitszeichen, daß die Investitionen zumindest partiell humankapitalspezifisch sind.

Zur Bestimmung des teilspielperfekten Gleichgewichts ist das Spiel rückwärts zu lösen: In $t = 4$ findet die Nachverhandlung über p statt. Bei gegebener Eigentumsstruktur ($A_B = \overline{A}_B, A_S = \overline{A}_S$) und gegebenen Investitionen ($b = \overline{b}, s = \overline{s}$) werden B und S die *Ex-post*-Transaktionsgewinne in Höhe von $(V - C) - (v - c)$ gemäß der Nash-Verhandlungslösung im Verhältnis 1 : 1 untereinander aufteilen. *Ex post* erhalten B bzw. S dann:[77]

$$\pi_B^{ep} = V - p = v - \overline{p} + \frac{1}{2}\Big[(V - C) - (v - c)\Big] \qquad (2.1)$$

$$= -\overline{p} + \frac{1}{2}\Big(V + v - C + c\Big), \qquad (2.2)$$

$$\pi_S^{ep} = p - C = \overline{p} - c + \frac{1}{2}\Big[(V - C) - (v - c)\Big] \qquad (2.3)$$

$$= \overline{p} - \frac{1}{2}\Big(C + c - V + v\Big). \qquad (2.4)$$

Der Preis für Z beträgt also

$$p = \overline{p} + \frac{1}{2}\Big(V - v + C - c\Big).$$

Jede Steigerung von V und v (bzw. Senkung von C und c) wird nur zur Hälfte von B (bzw. S) vereinnahmt: Ursache ist die simultane Veränderung von p.

---

[77] Die folgenden Gleichungen führen nicht explizit auf, daß V und C von b und s und v und c zudem von A_B und A_S abhängen.

In einer Idealwelt könnten B und S einen vollständigen Vertrag über die Durchführung von First-best-Investitionen formulieren:

$$\Phi^{ea}(b,s) = V(b) - b - C(s) - s \to \max_{b,s}!$$

Die unter den getroffenen Annahmen notwendigerweise einzige Lösung des Maximierungsproblems sei mit (b^*, s^*) bezeichnet. Die Bedingungen erster Ordnung lauten:

$$V_b(b^*) = 1 \qquad (2.5)$$

$$-C_s(s^*) = 1 \qquad (2.6)$$

In einer Welt unvollständiger Verträge jedoch werden B und S ihre jeweiligen Investitionsniveaus nichtkooperativ bestimmen. Aus den Gleichungen 2.1 und 2.3 ergeben sich die *Ex-ante*-Payoffs durch Subtraktion der Investitionskosten:

$$\pi_B^{ea} = \pi_B^{ep} - b = -\overline{p} + \frac{1}{2}\Big[V(b) + v(b; A_B) - C(s) + c(s; A_S)\Big] - b$$

$$\pi_S^{ea} = \pi_S^{ep} - s = \overline{p} - \frac{1}{2}\Big[C(s) + c(s; A_S) - V(b) + v(b; A_B)\Big] - s$$

Die Bedingungen erster Ordnung für gewinnmaximale Investitionsniveaus lauten entsprechend:

$$\frac{1}{2}\Big[V_b(b) + v_b(b; A_B)\Big] = 1 \qquad (2.7)$$

$$-\frac{1}{2}\Big[C_s(s) + c_s(s; A_S)\Big] = 1 \qquad (2.8)$$

Für die drei möglichen Eigentumsstrukturen bedeutet das im einzelnen:

Nichtintegration (Integration vom Typ 0):

$$\frac{1}{2}\Big[V_b(b_0) + v_b(b_0; a1)\Big] = 1, \qquad (2.9)$$

$$-\frac{1}{2}\Big[C_s(s_0) + c_s(s_0; a2)\Big] = 1 \qquad (2.10)$$

B-Integration (Integration vom Typ 1):

$$\frac{1}{2}\Big[V_b(b_1) + v_b(b_1; a1, a2)\Big] = 1, \qquad (2.11)$$

$$-\frac{1}{2}\Big[C_s(s_1) + c_s(s_1; \varnothing)\Big] = 1 \qquad (2.12)$$

2.3. Hold-up und suboptimale spezifische Investitionen

S-Integration (Integration vom Typ 2):

$$\frac{1}{2}\Big[V_b(b_2) + v_b(b_2;\varnothing)\Big] = 1, \tag{2.13}$$

$$-\frac{1}{2}\Big[C_s(s_2) + c_s(s_2;a1,a2)\Big] = 1 \tag{2.14}$$

ERGEBNIS 1.
Jede Art von Integration führt zu suboptimalen spezifischen Investitionen: b und s aus den Gleichungen 2.7 und 2.8 liegen unterhalb von b^* und s^*: $b_i < b^*$, $s_i < s^*$, $i \in \{0,1,2\}$.

BEWEIS (Hart, 1995, 41): Erfüllen b und s die Bedingungen 2.7 und 2.8, dann gilt aufgrund von Annahme 2

$$V_b(b) > \frac{1}{2}\Big[V_b(b) + v_b(b;A_B)\Big] = 1$$

$$-C_s(s) > -\frac{1}{2}\Big[C_s(s) - c_s(s;A_S)\Big] = 1.$$

Unter Berücksichtigung von $V_{bb} < 0$ und $C_{ss} > 0$ folgt das Ergebnis. ∎

Diese Suboptimalität läßt sich darauf zurückführen, daß jede (infinitesimale) Erhöhung von beispielsweise b den Gesamtpayoff zwar um V_b erhöht, B's eigenen Payoff aber nur um $\frac{1}{2}V_b(b) + \frac{1}{2}v_b(b;A_B) < V_b(b)$. B erhält also nicht den gesamten Grenzertrag seiner Investition, sondern muß einen Teil an S abgeben. Aufgrund fehlender Präferenzen für soziale Effizienz internalisiert B diesen positiven Effekt seiner Investition auf den Payoff von S nicht und investiert aus sozialer Sicht zu wenig. Gleiches gilt für S.

Die Abbildungen 2.10 (S. 40) und 2.11 (S. 41) zeigen die Investitionsniveaus für alle Eigentumsstrukturen sowie den First-best-Fall: Ausgehend von der Nichtintegration erhöht die Integration vom Typ 1 die Investitionsanreize von B und die Integration vom Typ 2 die Investitionsanreize von S. Für die Investitionsniveaus gilt also folgende Rangfolge:

$$b^* > b_1 \geq b_0 \geq b_2, \tag{2.15}$$

$$s^* > s_2 \geq s_0 \geq s_1. \tag{2.16}$$

Das First-best-Ergebnis ist nicht erreichbar. Um die Second-best-Eigentumsstruktur zu ermitteln, sind die folgenden Ex-ante-Gesamtpayoffs miteinander zu vergleichen:

$$\Phi_0^{ea} = V(b_0) - b_0 - C(s_0) - s_0$$
$$\Phi_1^{ea} = V(b_1) - b_1 - C(s_1) - s_1 \quad (2.17)$$
$$\Phi_2^{ea} = V(b_2) - b_2 - C(s_2) - s_2$$

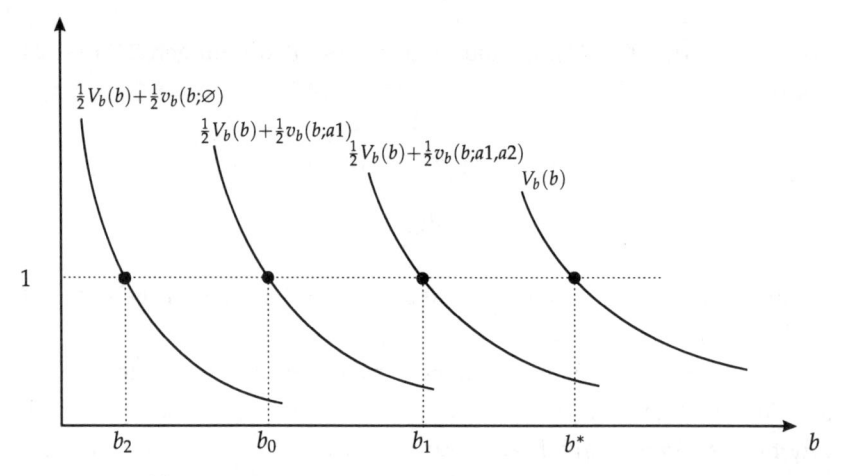

Abbildung 2.10: Investitionsniveau und Eigentumsstruktur aus Sicht von B im Modell von Hart (1995, Fig. 2.2)

GHM nehmen an, daß sich B und S in $t = 1$ auf die Integrationsform einigen, die im Gleichgewicht zum höchsten Gesamtpayoff Φ^{ea} führt. Welche Eigentumsstruktur das ist, hängt von verschiedenen Faktoren ab. GHM untersuchen unter anderem folgende Möglichkeiten: unterschiedliche Produktivitäten der Investitionen, Unabhängigkeit der Produktionsfaktoren, Komplementarität der Produktionsfaktoren und Unverzichtbarkeit des Humankapitals.

DEFINITION 1 B's Investition ist relativ unproduktiv, wenn $V(b)$ ersetzt wird durch $\rho V(b) + (1 - \rho)b$ und $v(b; A_B)$ durch $\rho v(b; A_B) + (1 - \rho)b \ \forall \ A_B \in \{a1, a2\}$, wobei $\rho > 0$ klein ist. Die

2.3. Hold-up und suboptimale spezifische Investitionen

Investition von S ist relativ unproduktiv, wenn $C(s)$ ersetzt wird durch $\rho C(s) - (1-\rho)s$ und $c(s; A_S)$ durch $\rho c(s; A_S) - (1-\rho)s \ \forall \ A_S \in \{a1, a2\}$, wobei $\rho > 0$ klein ist. ⊛

DEFINITION 2 Die Produktionsfaktoren $a1$ und $a2$ sind unabhängig, wenn $v_b(b; a1, a2) \equiv v_b(b; a1)$ und $c_s(s; a1, a2) \equiv c_s(s; a2)$. ⊛

DEFINITION 3 Die Produktionsfaktoren $a1$ und $a2$ sind streng komplementär, wenn entweder $v_b(b; a1) \equiv v_b(b; \varnothing)$ oder $c_s(s; a2) \equiv c_s(s; \varnothing)$. ⊛

DEFINITION 4 B's Humankapital (bzw. das von S) ist essentiell, wenn $c_s(s; a1, a2) \equiv c_s(s; \varnothing)$ (bzw. $v_b(b; a1, a2) \equiv v_b(b; \varnothing)$). ⊛

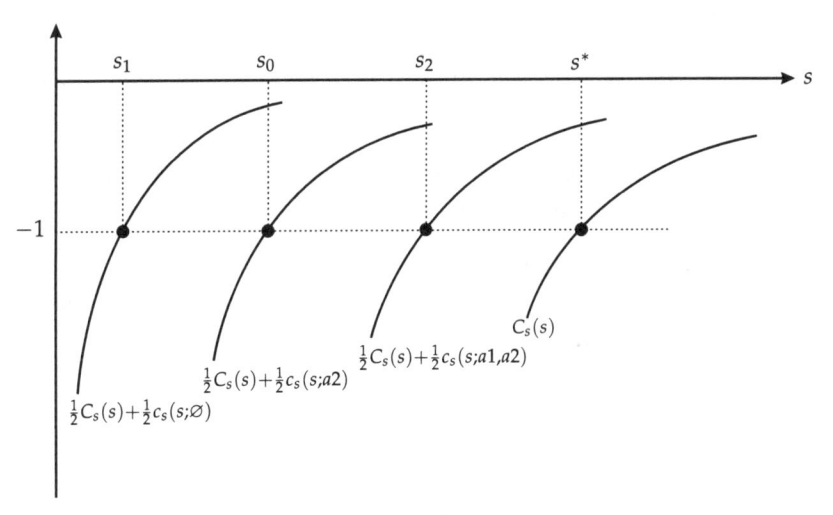

Abbildung 2.11: Investitionshöhe und Eigentumsstruktur aus Sicht von S im Modell von Hart (1995, Fig. 2.3)

Eine unproduktive Investition erhöht den Gesamtpayoff nur wenig. Sind die Produktionsfaktoren unabhängig, steigt die Grenzproduktivität von b (s) nicht, wenn B (S) zusätzlich zu den Kontrollrechten an $a1$ ($a2$) auch noch die an $a2$ ($a1$) bekommt. Streng komplementäre Produktionsfaktoren erhöhen nur dann die Grenzproduktivität einer Investition, wenn sie *gemeinsam* in der Hand des Investors sind. Ist das Humankapital von B (S)

unverzichtbar, sind die transaktionsexternen Investitionsgrenzerträge von
S (B) unabhängig von der Verteilung der Kontrollrechte an den Produktionsfaktoren. Für die Wahl optimaler Eigentumsstrukturen folgt daraus:

ERGEBNIS 2.
1. *Ist die Investition von B (bzw. die Investition von S) relativ unproduktiv und gilt $v_b(b; a1, a2) > v_b(b; a1)$ $\forall$ b (bzw. $-c_s(s; a1, a2) > -c_s(s; a2)$ $\forall$ s), dann sollte für ein hinreichend kleines ρ S (B) alle Kontrollrechte erhalten.*

2. *Sind a1 und a2 unabhängig, ist die Nichtintegration optimal.*

3. *Sind a1 und a2 streng komplementär, ist entweder die B- oder die S-Integration optimal.*

4. *Ist das Humankapital von B (bzw. von S) unverzichtbar, dann ist die B-Integration (bzw. S-Integration) optimal.*

5. *Sind sowohl B's als auch S's Humankapital unverzichtbar, dann ist die Form der Integration bedeutungslos.*

BEWEIS (Hart, 1995, 46-47):
1. Wenn S's Investition relativ unproduktiv ist, ändert sich die entsprechende notwendige Bedingung für ein Gewinnmaximum:

$$-\frac{1}{2}\left[\rho C_s(s) - (1 - \rho) + \rho c_s(s; A_S) - (1 - \rho)\right] = 1$$

und damit zu

$$-\frac{1}{2}\left[C_s(s) + c_s(s; A_S)\right] = 1.$$

Zwar ist S's Investitionsentscheidung unabhängig von ρ, nicht aber der Gesamtpayoff von B und S, denn

$$\Phi^{ea}(b, s; \rho) = V(b) - b - \rho C(s) + (1 - \rho)s - s$$
$$= V(b) - b - \rho[C(s) + s]$$
$$\rightarrow V(b) - b \text{ für } \rho \rightarrow 0.$$

2.3. Hold-up und suboptimale spezifische Investitionen

Wenn p klein ist, zählt für den Gesamtpayoff nur B's Investitionsentscheidung; folglich ist die B-Integration optimal. Umgekehrt ist die S-Integration optimal, wenn b relativ unproduktiv ist (wobei weiterhin $V(b) \geq C(s)$ und $v(b; A_B) \geq \bar{p}$ sein müssen: ein Handel ist andernfalls nicht sinnvoll).

2. Nach der Definition der Unabhängigkeit sind sowohl die Gleichungen 2.9 und 2.11 als auch 2.10 und 2.14 identisch:

$$\frac{1}{2}\Big[V_b(b_0) + v_b(b_0; a1)\Big] = \frac{1}{2}\Big[V_b(b_0) + v_b(b_0; a1, a2)\Big] = 1$$
$$-\frac{1}{2}\Big[C_s(s_0) + c_s(s_0; a2)\Big] = -\frac{1}{2}\Big[C_s(s_2) + c_s(s_2; a1; a2)\Big] = 1$$

Es gilt also $b_0 = b_1$ und $s_0 = s_2$. Da jedoch $s_1 \leq s_0$ und $b_2 \leq b_0$, dominiert die Nichtintegration sowohl die B- wie die S-Integration.

3. Bei strikter Komplementarität ist $v_b(b; a1) = v_b(b; \varnothing)$: Die Lösungen der Gleichungen 2.9 und 2.13 sind gleich, d.h. $b_0 = b_2$. Da aber $s_0 \leq s_2$, dominiert die S-Integration die Nichtintegration. Ein analoges Argument zeigt, daß die Nichtintegration von der B-Integration dominiert wird, wenn $c_s(s; a2) = c_s(s; \varnothing)$. Folglich ist entweder eine B- oder eine S-Integration optimal.[78]

4. Wenn B's Humankapital unverzichtbar ist, ist das optimale Investitionsniveau unabhängig von der Integrationsform. Es gilt: $s_0 = s_1 = s_2$. Weil $b_1 \geq b_0 \geq b_2$, ist die B-Integration optimal. Ist das Humankapital von S unverzichtbar, ist analog die S-Integration optimal.

5. Sind sowohl das Humankapital von B wie das von S essentiell, sind die Lösungen von 2.9, 2.11 und 2.13 sowie von 2.10, 2.12 und 2.14

---

[78] Natürlich kann man die Annahme der Komplementarität ergänzen um die Annahme einer relativ unproduktiven Investition. Bei relativer Unproduktivität von b (s) ist dann die S- (B-)Integration optimal.
Daß komplementäre Produktionsfaktoren in einer Hand sein sollten, erklärt auch, warum *ein* Produktionsfaktor nie *gemeinsames Eigentum* der Transaktionspartner sein sollte: Wenn nämlich B und S gemeinsam die Kontrollrechte über beispielsweise $a1$ ausüben (und sich also einigen müssen), ist das einer Situation vergleichbar, in der $a1$ aus den zwei streng komplementären Teilen $a1_B$ und $a1_S$ besteht. Nach Ergebnis 2.3 sollte in diesem Fall $a1$ vollständig entweder B oder S gehören.

identisch: $b_0 = b_1 = b_2$ und $s_0 = s_1 = s_2$. Die Integrationsform ist irrelevant.[79] ∎

Diese Ergebnisse sind Gegenstand intensiver Diskussionen. Zwei Hauptkritikpunkte lassen sich ausmachen: Zum einen stellen deMeza/Lockwood (1998) und Chiu (1998) fest, daß GHMs Resultate ganz wesentlich von der Art der Nachverhandlung beeinflußt werden. Eine vermeintlich kleinere Änderung des Nachverhandlungsspiels zieht fundamental andere Ergebnisse nach sich. Zum anderen macht beispielsweise das Modell von Edlin/Reichelstein (1996) darauf aufmerksam, daß das Unterinvestitionsproblem zumindest bei den von GHM untersuchten streng eigennützigen Investitionen durch einen einfachen Liefervertrag (inkontingenten Vertrag[80]) behoben werden kann.

2.3.2.2 Die deMeza-Lockwood-Kritik an GHM: No-Trade-Payoffs als Outside-Options

GHM modellieren die Preisverhandlung als kooperative Nash-Verhandlung.[81] Gerechtfertigt wird das regelmäßig mit dem Hinweis auf die gleiche Lösung des nichtkooperativen Rubinstein-Spiels.[82] Nash-Verhandlungslösung und Rubinstein-Lösung stimmen jedoch nur unter bestimmten Bedingungen überein.

---

[79] Hart (1995, 48) erwähnt auch eine Eigentumsform, in der B und S unabhängig voneinander die Kontrollrechte an *beiden* Produktionsfaktoren ausüben, also quasi unbeschränkte Eigentümer an beiden Produktionsfaktoren sind. Die betroffenen Produktionsfaktoren werden dabei typischerweise keine Nutzungsrivalitäten aufweisen, wie z.B. Patente. Diese Governancestruktur dominiert im vorliegenden Modellkontext alle anderen Governanceformen und ist damit optimal (vgl. auch die bei Hart (1995, 48) angegebene Literatur). Hart (1995, 49) diskutiert zudem den Fall einer „'reverse' non-integration", worunter er den Austausch der Kontrollrechte bei Nichtintegration versteht: B ist Eigentümer von $a2$ und S von $a1$. Diese Eigentumsform wird jedoch strikt dominiert von der ursprünglichen Nichtintegration, weil – so Harts Begründung – $a1$ B's eigentliches Vermögensaktivum ist, und $a2$ das eigentliche Vermögensaktivum von S: $v_b(b; a2)$ wird folglich geringer sein als $v_b(b; a1)$ und $c_s(s; a1)$ größer als $c_s(s; a2)$.

[80] Ein *inkontingenter Vertrag* (non-contingent contract) ist ein Vertrag, dessen Bestimmungen nicht an den Eintritt irgendwelcher zukünftiger Umweltzustände gekoppelt sind.

[81] Vgl. Nash (1950).

[82] Wie z.B. bei Erlei et al. (1999, 200).

2.3. Hold-up und suboptimale spezifische Investitionen

Im ursprünglichen Rubinstein-Spiel (Rubinstein, 1982) sind die Drohpunktpayoffs gleich null. Strikt positive Drohpunktpayoffs – wie sie bei GHM vorkommen – gelten bei Rubinstein entweder als *Inside-Options* oder als *Outside-Options*. Sind die Drohpunktpayoffs Inside-Options, erhalten die Verhandlungsparteien am Ende *jeder* Periode, in der sie sich nicht einigen konnten, ihre Drohpunktpayoffs. Auf diese Weise erhält man die Ergebnisse der Nash-Verhandlungslösung:[83] Beide Verhandlungsparteien erhalten ihren jeweiligen Drohpunktpayoff zuzüglich der Hälfte der über die Summe der Drohpunktpayoffs hinausgehenden Verhandlungsmasse.[84] Dieses Aufteilungsverfahren wird auch als „split-the-difference"-Regel (STD) bezeichnet.

Sind die Drohpunktpayoffs hingegen *Outside-Options*, werden sie in den Verhandlungsperioden, in denen man sich nicht einigen kann, nicht ausgezahlt. Die Verhandlungsparteien erhalten diese Drohpunktpayoffs nur, wenn sie die Verhandlung abbrechen. Entsprechend ändern sich die Aufteilungsergebnisse: Liegen beide Drohpunktpayoffs unter der halben Verhandlungssumme, sind die Outside-Options nicht bindend, und beide Parteien erhalten je eine Hälfte der Verhandlungssumme. Liegt jedoch ein Drohpunktpayoff über der halben Verhandlungssumme, ist eine Outside-Option bindend, und die betreffende Verhandlungspartei erhält ihren Drohpunktpayoff und die andere den Rest.[85, 86] Diese Aufteilung wird als „deal-me-out"-Regel (DMO) bezeichnet.

GHM behandeln die No-Trade-Payoffs als Inside-Options. Doch mit wenigstens ebenso großer Berechtigung interpretieren deMeza/Lockwood (1998) die No-Trade-Payoffs als Outside-Options, und das macht ihr Modell zu einer einzigen Antithese: Ein Weniger an Kontrollrechten stärkt die Investitionsanreize, ein Mehr senkt sie. Der Schlüssel zu diesem Ergebnis liegt darin, daß die Outside-Option eines Investors durch die Wegga-

---

[83] Vgl. zum Beweis Binmore et al. (1986).
[84] Es muß nicht zwangsläufig eine 1 : 1-Aufteilung sein. Man kann die prozentualen Anteile auch vom relativen Verhandlungsgeschick der Parteien abhängig machen.
[85] Vgl. zum Beweis Osborne/Rubinstein (1990) oder Binmore et al. (1989).
[86] Liegen beide Drohpunktpayoffs über der halben Verhandlungssumme, ist es für beide Parteien individuell-rational, aus der Verhandlung auszusteigen und die bessere Alternativverwendung wahrzunehmen (kollektiv-rational ist es auch).

be von Kontrollrechten nicht-bindend wird, die des Transaktionspartners hingegen bindend, so daß der Investor die Grenzerträge seiner Investition vollständig vereinnahmen kann.[87]

Folgendes Modell stellt das Argument von deMeza/Lockwood vereinfacht dar:[88] Nur S kann spezifisch investieren, B nicht, d.h. der gemeinsame Ex-post-Payoff beträgt: $\Phi(b,s) \equiv \Phi(s) = \overline{V} - C(s)$. Der – hier als Outside-Option interpretierte – No-Trade-Payoff von B hängt dementsprechend allein von der Anzahl der Produktionsfaktoren ab, über die B verfügt: $\psi_B(b; A_B) \equiv \psi_B(A_B) = v(A_B) - \overline{p}$. B's Outside-Option sei bei B-Integration bindend: $\psi_B(a1, a2) > \frac{1}{2}\Phi(s) > \psi_B(a1) = \psi_B(\varnothing)$, also: $v(a1, a2) - \overline{p} > \frac{1}{2}\left[\overline{V} - C(s)\right] > v(a1) - \overline{p} = v(\varnothing) - \overline{p}$, $0 < s < \infty$. Die No-Trade-Payoffs von S sind nicht bindend: $\frac{1}{2}\Phi(s) > \psi_S(s; a1, a2) > \psi_S(s; a2) = \psi_S(s; \varnothing)$, $0 < s < \infty$, also $\frac{1}{2}\left[\overline{V} - C(s)\right] > \overline{p} - c(s; a1, a2) > \overline{p} - c(s; a2) = \overline{p} - c(s; \varnothing)$. Diese Ungleichungen machen zudem deutlich, daß die Produktionsfaktoren $a1$ und $a2$ streng komplementär sind. Daneben behalten die Annahmen 1 bis 4 (36 bis 36) in entsprechend modifizierter Form ihre Gültigkeit, das heißt insbesondere: ein Handel ist *ex post* immer effizient, der Grenzertrag von s ist höher, je mehr Kontrollrechte S hat, $C(s)$ ist streng konvex und $c(s; A_S)$ konvex, und C, c und s können von B und S beobachtet werden, sind aber nicht verifizierbar.

Das First-best-Investitionsniveau sei mit s^* bezeichnet und erfüllt

$$-C_s(s^*) = 1.$$

Bei Nichtintegration (Typ 0) ist die Outside-Option von B nicht bindend, da $v(a1) < \frac{1}{2}\left[\overline{V} - C(s)\right]$. Der Ex-ante-Payoff von S beläuft sich auf

$$\pi_S^{ea} = \frac{1}{2}\left[\overline{V} - C(s)\right] - s.$$

Das gewinnmaximale Investitionsniveau s_0 wird also die Bedingung

$$-\frac{1}{2}C_s(s_0) = 1$$

---

[87] Chiu (1998) kommt in seinem sehr ähnlichen Modell zu denselben Ergebnissen.
[88] Vgl. Che (2000, 16-17).

2.3. Hold-up und suboptimale spezifische Investitionen

erfüllen.

Da $C_{ss} > 0$, liegt das Investitionsniveau bei Nichtintegration unter dem First-best-Niveau: $s_0 < s^*$.

Bei B-Integration (Typ 1) ist die Outside-Option von B bindend, da $v(a1, a2) - \overline{p} > \frac{1}{2}\left[\overline{V} - C(s)\right]$, $0 < s < \infty$. Der Ex-ante-Payoff von S beläuft sich auf

$$\pi_S^{ea}(s) = \left[\overline{V} - C(s)\right] - \left[v(a1, a2) - \overline{p}\right] - s.$$

Das gewinnmaximale Investitionsniveau s_1 erfüllt

$$-C_s(s_1) = 1.$$

S investiert bei B-Integration im First-best-Umfang ($s_1 = s^*$), weil er den Grenzertrag seiner Investition vollständig erhält.

Bei S-Integration (Typ 2) ist die Outside-Option von B nicht bindend. Der Ex-ante-Payoff von S beträgt

$$\pi_S^{ea}(s) = \frac{1}{2}\Phi(s) - s,$$

und im Gewinnmaximum gilt

$$-\frac{1}{2}C_s(s_2) = 1.$$

S investiert wie im Fall der Nichtintegration nur suboptimal: $s_2 = s_0 < s_1 = s^*$.

Insgesamt nehmen die Investitionsanreize für S (schwach) ab, wenn er über mehr Produktionsfaktoren verfügt, und zu, wenn er Produktionsfaktoren abgibt. Verfügt S über gar keine Produktionsfaktoren, sind seine Investitionsanreize sogar first-best: $s_1 = s^*$,[89] was die Ergebnisse von GHM auf den Kopf stellt: B's No-Trade-Payoff wird bindend, wenn er über alle Produktionsfaktoren verfügt, und der dadurch entstehende Sprung in S's Payoffgleichung macht S zum Residualeinkommensbezieher des Investitionsgrenzertrags. Abbildung 2.12 auf Seite 49 veranschaulicht diesen Unterschied zwischen der GHM- und der deMeza-Lockwood-Lösung.

---

[89] Annahme 1 (S. 36) garantiert $\Phi(s^*) - \psi_B(a1, a2) \geq s^*$.

Fall (a) in Abbildung 2.12 auf der nächsten Seite zeigt die Anreizwirkung der Kontrollrechtsausübung, wenn die Drohpunktpayoffs als Inside-Options verstanden werden (GHM-Modell): B und S erhalten ihre jeweiligen Drohpunkte zuzüglich der Hälfte des verbleibenden Handelsüberschusses. Erhält B auch die Kontrollrechte an $a2$, erhöht sich sein Drohpunktpayoff, sein marginaler Investitionsanreiz jedoch ändert sich im Vergleich zur eigentumsrechtlich schwächeren Position mit nur einem Produktionsfaktor $a1$ nicht.

In Fall (b) sind die Drohpunktpayoffs Outside-Options (deMeza/Lockwood): Solange $A_B = a1$ und $A_S = a2$, gilt $\psi_B(a1), \psi_S(s, a2) < \frac{1}{2}\Phi(s)$, d.h. kein Drohpunktpayoff ist bindend. Die marginalen Investitionsanreize von S sind nicht anders als im Fall (a). Überträgt S aber die Kontrollrechte an $a2$ auf B, erhöht sich der Drohpunktpayoff von B auf $\psi_B(a1, a2) > \frac{1}{2}\Phi(s)$ und wird damit bindend. Zwar muß S B diesen Drohpunktpayoff zahlen, wird aber dadurch zum Residualeinkommensbezieher seiner Investition: er kann die marginalen Erträge seiner Investition vollständig vereinnahmen, seine Investitionsanreize und sein Investitionsniveau sind damit first-best: $s = s^*$.

Die Quintessenz dieser widersprüchlichen Ergebnisse ist die schale Aussage, daß das Eigentum an residuellen Kontrollrechten für Investitionsanreize bedeutsam ist. Doch ob ein Mehr oder ein Weniger an Kontrollrechten die Investitionsanreize erhöht, hängt von den Optionen der Verhandlungspartner in der Nachverhandlung ab.

2.3.2.3 Ein experimenteller Vergleich

Die Hypothesen beider Modelle sind experimentell von Sonnemans et al. (2001) überprüft worden. Zwei Treatments spiegeln die Nachverhandlungsstrukturen des GHM-Modells (No-Trade-Payoffs als Inside-Options: TP-Treatment) und des deMeza/Lockwood-Modells (No-Trade-Payoffs als Outside-Options: OO-Treatment) wider. Das Experiment hat drei Stufen: In der ersten Stufe werden die No-Trade-Payoffs bekanntgegeben (entspricht der Zuteilung der Kontrollrechte an den Produktionsfakto-

2.3. Hold-up und suboptimale spezifische Investitionen

Fall (a): Inside-Options **Fall (b): Outside-Options**

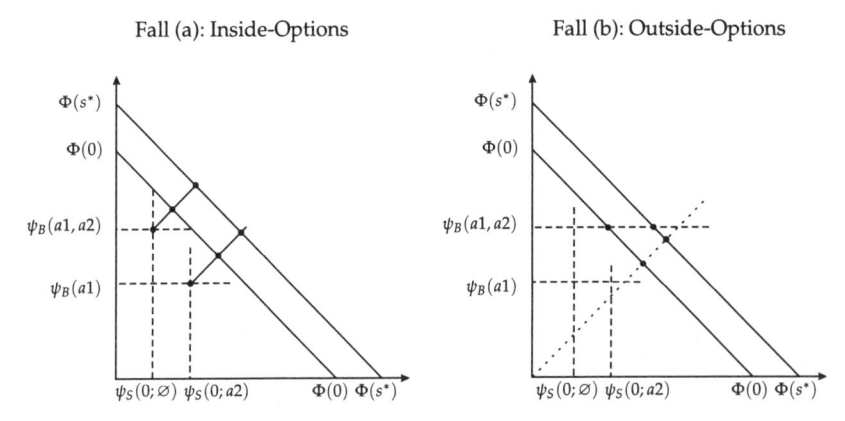

Abbildung 2.12: Inside-Options versus Outside-Options (angelehnt an Sonnemans et al., 2001, 792, Fig. 1)

ren). In Stufe zwei führt B eine spezifische Investition b durch, und in der dritten Stufe verhandeln B und S über den Preis für das Zwischenprodukt Z (Aufteilung des Gesamtpayoffs). Die Produktionskosten für das Zwischenprodukt sind ebenso null wie der Preis, den S auf dem Spotmarkt für das Zwischenprodukt erzielen kann.

Zur Stufe 1: Die No-Trade-Payoffs v_i mit $i \in \{0,1,2\}$ für B sind – anders als im GHM-Standardmodell – von der spezifischen Investition unabhängig. Es gilt: $v_2 = v(\varnothing) = 1.800$ bei S-Integration, $v_0 = v(a1) = 6.800$ bei Nichtintegration und $v_1 = v(a1,a2) = 7.800$ bei B-Integration. Die No-Trade-Payoffs von S sind, unabhängig von der Integrationsform, null.

Zur Stufe 2: B kann in Höhe von b spezifisch investieren. Der Gesamtpayoff beträgt $V(b) = 10.000 + v_i + 100b$, $i = 0,1,2$ im Inside-Option-Fall und $V(b) = 10.000 + 100b$, $i = 0,1,2$ im Outside-Option-Fall. Dieser Unterschied vereinfacht den Vergleich der Experimentalergebnisse. Die Investitionskosten betragen b^2.

Zur Stufe 3: Die Nachverhandlung ist als Alternating-Offers-Spiel mit zehn Verhandlungsrunden konzipiert. In jeder dieser Runden müssen B und S untereinander ein Zehntel der gesamten Verhandlungsmasse $V(b)$ aufteilen. B und S machen abwechselnd Aufteilungsvorschläge, wobei S als Nichtinvestor das Vorschlagsrecht in der ersten und in allen weiteren ungeradzahligen Verhandlungsrunden hat. B macht seine Aufteilungsvorschläge folglich in allen geradzahligen Verhandlungsrunden.

Im *TP-Treatment* kann der Responder einen Aufteilungsvorschlag entweder annehmen oder ablehnen: Nimmt er an, werden das Verhandlungszehntel der gerade laufenden Runde und die Verhandlungszehntel aller folgenden Runden gemäß dem Aufteilungsvorschlag aufgeteilt, und die Nachverhandlung ist beendet; lehnt er ab, erhalten beide Spieler ein Zehntel ihres No-Trade-Payoffs, und die nächste Verhandlungsrunde beginnt, wobei nun der Responder der Vorrunde den Aufteilungsvorschlag macht. Das Zehntel der Verhandlungsmasse, über das sich B und S nicht einigen konnten, geht verloren.

Im *OO-Treatment* kann der Responder einen Aufteilungsvorschlag entweder annehmen oder ablehnen, oder er kann die Nachverhandlung beenden, indem er seine Outside-Option wahrnimmt. Nimmt er an, werden das Verhandlungszehntel der laufenden Runde und die Verhandlungszehntel aller folgenden Runden gemäß dem Aufteilungsvorschlag aufgeteilt, und die Nachverhandlung ist beendet; lehnt er ab, erhalten beide Spieler in dieser Verhandlungsrunde nichts, und die nächste Verhandlungsrunde beginnt, wobei nun der Responder der Vorrunde den Aufteilungsvorschlag macht. Das Zehntel der Verhandlungsmasse, über das sich B und S nicht einigen konnten, geht verloren. Nimmt der Responder seine Outside-Option wahr, erhalten beide Spieler das No-Trade-Payoff-Zehntel der laufenden und aller folgenden Runden.

Aus der theoretischen Lösung dieses Modells lassen sich folgende Hypothesen über die Investitionsniveaus und das Verhandlungsverhalten ableiten (vgl. auch Tabelle 2.4 auf der nächsten Seite). Zum Investitionsniveau:

Hypothese 1 Im TP-Treatment ist das Investitionsniveau unabhängig von der Integrationsform.

Hypothese 2 Im TP-Treatment beträgt das Investitionsniveau $b_0 = b_1 = b_2 = 25$ und liegt damit unterhalb des First-best-Niveaus von $b^* = 50$.

Hypothese 3 Im OO-Treatment sinkt das Investitionsniveau beim Übergang von der S-Integration zur Nicht- oder B-Integration.

2.3. Hold-up und suboptimale spezifische Investitionen

Hypothese 4 Im OO-Treatment liegen die gleichgewichtigen Investitionsniveaus bei $b_2 = 25$ bzw. $b_0 = b_1 = 0$ und damit unterhalb des First-best-Niveaus von $b^* = 50$.

Hypothese 5 Mit zunehmendem Besitz an Kontrollrechten verstärkt sich die investitionsdämpfende Wirkung des Übergangs von Inside- zu Outside-Options.

Zum Verhandlungsverhalten:

Hypothese 6 Im TP-Treatment erhält B immer die Hälfte des durch die Investition entstandenen Gesamtpayoffs.

Hypothese 7 Im OO-Treatment erhält B die Hälfte des durch die Investition entstandenen Gesamtpayoffs, wenn seine Outside-Option nichtbindend ist.

Hypothese 8 Im OO-Treatment erhält B eine Zahlung in Höhe seiner Outside-Option, wenn diese bindend ist.

Hypothese 9 In den Nachverhandlungen des TP-Treatments und in denen des OO-Treatments einigen sich B und S sofort.

		TP-Treatment	OO-Treatment		
	No-Trade-Payoffs	v_i, $i = 0, 1, 2$	$v_2 = 1.800$	$v_0 = 6.800$	$v_1 = 7.800$
Stufe 2	Investitionsniveau*	25	25	0	0
Stufe 3	Payoffs	$v_i + \frac{1}{2}(10.000 + 100b)$	$\max\{v_i, \frac{1}{2}(10.000 + 100b)\}$		
	Zeitpunkt der Einigung	Runde 1	Runde 1		
*Das effiziente Investitionsniveau beträgt 50.					

Tabelle 2.4: Hypothesen zum Investitions- und Verhandlungsverhalten[90]

Die Ergebnisse bestätigen die Hypothesen 1 bis 3 nicht: Im TP-Treatment steigt das durchschnittliche Investitionsniveau mit steigenden No-Trade-Payoffs, wohingegen es im OO-Treatment von der Höhe der

---

[90] Vgl. Sonnemans et al. (2001, 802). Die Investition hat bei Sonnemans et al. (2001) das Kürzel i.

No-Trade-Payoffs unabhängig ist. Über beide Treatments gerechnet liegt das durchschnittliche Investitionsniveau unterhalb des First-best-Niveaus, aber höher als das teilspielperfekte Niveau. Die Punktprognosen von Hypothese 4 treffen bei S-Integration in etwa zu, bei Nichtintegration und B-Integration hingegen nicht. Allerdings liegen alle Investitionsniveaus signifikant unterhalb des First-best-Niveaus. Hypothese 5 läßt sich in den Experimentergebnissen wiederfinden: Sind die No-Trade-Payoffs Outside-Options, dämpfen zusätzliche Kontrollrechte die Investitionsanreize, und die dämpfende Wirkung verstärkt sich mit steigenden No-Trade-Payoffs. Dies bestätigt die theoretische Voraussage deMeza/Lockwoods 1998. Außerdem liegt das durchschnittliche Investitionsniveau im TP-Treatment höher als im OO-Treatment.

Die Abweichung der beobachteten Investitionsniveaus von den hypothetischen könnte aus dem Verhandlungsverhalten erklärbar sein. Letzteres stimmt ebenfalls mit den theoretischen Vorhersagen nicht überein. B's Bruttopayoff (Investitionskosten nicht eingerechnet) hängt von der ausgehandelten Aufteilungsregel und der Verhandlungsdauer ab. Die Erstvorschläge von S und die Einigungsvorschläge (ohne Berücksichtigung der Verhandlungsdauer) liegen im Schnitt zwischen der DMO- und der STD-Lösung. Im OO-Treatment liegt der Durchschnitt der Erstvorschläge näher an der DMO-Lösung als an der STD-Lösung, im TP-Treatment näher an der STD- als an der DMO-Lösung. Insgesamt liegen die Einigungsvorschläge durchschnittlich näher an der STD-Lösung als die Erstvorschläge.

Die Erst- und die Einigungsvorschläge geben B einen höheren Investitionsertrag als erwartet. Sie werden im OO-Treatment bei nicht-bindenden Outside-Options unerwarteterweise positiv von den No-Trade-Payoffs beeinflußt. Im TP-Treatment ist die – in diesem Fall theoretisch erwartete – Wirkung von B's No-Trade-Payoff schwächer als vorausgesagt. Der Durchschnittswert der Einigungsvorschläge liegt deutlich über dem Durchschnittswert der Erstvorschläge. Insgesamt zeigen die Aufteilungsvorschläge, daß die Experimentteilnehmer sich nicht allein an absoluten Payoffs, sondern auch an relativen Payoffs orientieren; auch

2.3. Hold-up und suboptimale spezifische Investitionen

hier dürften Fairneßvorstellungen eine Rolle spielen, wie sie bereits in vielen anderen experimentellen Studien zum Verhandlungsverhalten festgestellt wurden.[91]

Auch Hypothese 9 wird nicht bestätigt: B und S einigen sich nicht immer sofort. Im Durchschnitt einigen sie sich im OO-Treatment schneller als im TP-Treatment. Im OO-Treatment sinkt die durchschnittliche Verhandlungsdauer bei steigenden No-Trade-Payoffs, im TP-Treatment hingegen ist sie von den No-Trade-Payoffs unabhängig. Im OO-Treatment wählt B einen Verhandlungsabbruch eher bei höheren No-Trade-Payoffs. Die Erstvorschläge liegen im OO-Treatment typischerweise über der vorhergesagten DMO-Lösung: B steht besser da als im teilspielperfekten Gleichgewicht und hat dementsprechend große Anreize, rasch anzunehmen. Im TP-Treatment hingegen liegen die Erstvorschläge der Experimentteilnehmer mit der Rolle des S regelmäßig unterhalb der theoretischen Vorhersage der STD-Lösung. Das kann B veranlassen, diese Erstvorschläge abzulehnen, um eine größere Ungleichheit zu vermeiden. Ein weiterer Grund für die schnellere Einigung im OO-Treatment dürfte darin liegen, daß B bei Ablehnung keinen Payoff erhält, im TP-Treatment indes seinen No-Trade-Payoff. Tabelle 2.5 auf der nächsten Seite faßt Hypothesen und empirische Evidenz zusammen.

Von besonderem Interesse ist nun die Frage, ob sich das tatsächliche Investitionsverhalten, das ja im großen und ganzen nicht mit den theoretischen Voraussagen übereinstimmt, aus dem Verhandlungsverhalten erklären lassen, das ebenfalls nicht den theoretischen Prognosen folgt. Regressiert man zu diesem Zweck den Payoff, den B bei Annahme des Erstvorschlags von S erhielte, gegen das tatsächliche Investitionsniveau und die Investitionskosten, erhält man – die beobachteten Erstvorschläge von S als Einigungsvorschläge interpretiert – aus den Koeffizienten das (hypothetisch) optimale Investitionsniveau: Es zeigt sich, daß die beobachteten Investitionsniveaus in einem Korridor von drei Standardabweichungen um diese 'optimalen' Investitionsniveaus liegen. Sonnemans et al. schließen aus diesen Ergebnissen, daß trotz der Abweichung die beobachteten

---

[91] Vgl. Sonnemans et al. (2001, 807).

Hypothese	Bestätigungsgrad
1: $b_i^{TP}(i = \{0,1,2\}) = const.$	nein: $b^{TP} \uparrow$, wenn $v_i \uparrow$
2: $b_i^{TP}(i = \{0,1,2\}) = 25 < b^* = 50$	nein: $25 < b_i^{TP} < 50$
3: $b_2^{OO} > b_1^{OO}, b_0^{OO}$	nein: $b_0^{OO} = b_1^{OO} = b_2^{OO}$
4: $b_2^{OO} = 25, b_0^{OO} = b_1^{OO} = 0 < b^*$	schwach: $b^* > \mu_{tats.}(b_i^{OO}) > \mu_{hyp}(b_i^{OO})$
5: $b_2^{OO} - b_2^{TP} < b_0^{OO} - b_0^{TP} = b_1^{OO} - b_1^{TP}$	ja: $b_2^{OO} - b_2^{TP} \leq b_0^{OO} - b_0^{TP} \leq b_1^{OO} - b_1^{TP}$
6: $\pi_B^{TP} = \frac{1}{2}(v_i + V(b))$	nein: $\mu_{tats.}(\pi_B^{TP}) < \mu_{hyp.}(\pi_B^{TP})$ gilt für 1. Runde u. Einigung
7: $\pi_B^{OO} = \frac{1}{2}V(b)$, wenn OO n.b.	nein: $\mu_{tats.}(\pi_B^{OO}) > \mu_{hyp.}(\pi_B^{OO})$
8: $\pi_B^{OO} = v_i(i = \{0,1,2\})$, wenn $v_i(i = \{0,1,2\}) > \frac{1}{2}V(b)$	schwach: $\mu_{tats.}(\pi_B^{OO}) \geq \mu_{hyp.}(\pi_B^{OO})$
9: Keine Einigungsverzögerungen	nein: $\mu(Verz.) \approx 1.93$ Runden

$\mu(\cdot)$ kennzeichnet den Durchschnittsoperator

Tabelle 2.5: Hypothesen und Evidenz im Experiment von Sonnemans et al.

Investitionsniveaus „seem fairly optimal given actual bargaining behavior. This suggests that the participants in the experiment who have the role of M_1 (sc. B, JPS) have a pretty good idea of what to expect from the bargaining stage at the time they make their investment decision"[92]. Daraus läßt sich folgern, daß die S-Spieler eine Investition über dem Gleichgewichtsniveau als faires Verhalten der Investoren werten und dies in Form eines höheren Anteils am Gesamtpayoff honorieren (positive Reziprozität). Die Investoren antizipieren dieses positiv reziproke Verhalten und investieren dementsprechend über dem teilspielperfekten Gleichgewichtsniveau.

Welche Schlußfolgerungen lassen die experimentellen Ergebnisse zu? Zunächst einmal geben sie hinsichtlich der Suboptimalität spezifischer Investitionen weniger Anlaß zu Beunruhigung, als die Theorie auslöst: Die Unterinvestitionsproblematik ist nicht zu leugnen, aber sie ist weniger gravierend als erwartet. Hingegen spielen die von der Theorie ausgeblendeten Verhandlungsineffizienzen eine bedeutende Rolle: Trotz optimaler Verhandlungsstrukturierung mit Transaktionskosten

---

[92] Sonnemans et al. (2001, 816).

von nahezu null geht ein Teil der Gesamtpayoffs durch Verhandlungsverzögerungen verloren. Diese beiden experimentell-empirischen Fakten stützen den Standpunkt Williamsons, die Ex-ante-Transaktionskosten suboptimaler Investitionen für weniger wichtig zu halten als die Vertreter des Property-Rights-Ansatzes und die Ex-post-Transaktionskosten in Form von Verhandlungskosten für bedeutender.

Insgesamt muß man bei der Interpretation der Ergebnisse vorsichtig bleiben, weil doch einige Punkte an der Auswertung der Daten zu kritisieren sind: Es ist sicherlich problematisch, daß Sonnemans et al. die Investitionsniveaus nicht vor dem Hintergrund der tatsächlichen Nettopayoffs von B analysieren: Rechnete man diese in die Regressionsergebnisse ein, dürften die Autoren deutlich größere Schwierigkeiten haben, B's Investitionsverhalten als rationale Antizipation positiv reziproken Verhaltens zu deuten. Zudem vernachlässigen sie die Kosten aus den Verhandlungsverzögerungen in ihrem Vergleich der Einigungspayoffs mit den theoretischen Vorhersagen.

Ferner endogenisieren Sonnemans et al. (2001) die Wahl der Integrationsform nicht. Sie ist die eigentliche und zentrale Hypothese von GHM und deMeza/Lockwood (1998). Eine Endogenisierung machte eine weitere Verhandlung über die Zuteilung der Kontrollrechte an $a1$ und $a2$ erforderlich. Rechnete man nun die z.T. erheblichen Verhandlungsverzögerungen bei der Aufteilung des Investitionspayoffs ein, ließe sich vermuten, daß diese Ergänzung für die Theorie weitere Überraschungen bereithält.

2.3.2.4 Weitere Modelle

Im Standardmodell von GHM erhöhen zusätzliche Kontrollrechte an physischen Vermögensaktiva den Grenzertrag von Humankapitalinvestitionen, und zwar dann, wenn es nicht zu einer Einigung mit dem vorgesehenen Transaktionspartner kommt. Dahinter steckt die Idee, daß ein Mehr an Kontrollrechten die Unabhängigkeit des Eigentümers vom Transaktionspartner erhöht.

Diese Idee ist nicht unplausibel; es lassen sich jedoch auch Gründe für den umgekehrten Fall finden. Rajan/Zingales (1998) argumentieren beispielsweise, daß spezifische *Sachkapitalinvestitionen* den Wert des Sachkapitals außerhalb der Transaktionsbeziehung senken könnten. Das Sachkapital entspreche mit steigendem Investitionsniveau zunehmend den Belangen des Transaktionspartners und lasse sich dementsprechend schlechter anderweitig einsetzen. Folglich gilt – modelltheoretisch ausgedrückt –, daß der Investor mehr investieren wird, wenn sein Transaktionspartner die Kontrollrechte am Sachkapital hat (schließlich sinkt durch die Investition dessen No-Trade-Payoff), als wenn er selbst die Kontrollrechte hat (dann nämlich sänke durch die Investition sein eigener No-Trade-Payoff).

Doch auch im Fall von Humankapitalinvestitionen könne – so Rajan/Zingales (1998, 22) – ein Mehrbesitz an Kontrollrechten die Investitionsanreize abschwächen: Ohne Kontrollrechte sei der No-Trade-Payoff des Investors investitionsunabhängig. Habe der Investor nun die Kontrollrechte an physischen Vermögensaktiva, könnte die spezifische Humankapitalinvestition dazu führen, daß der Investor die (generischen) Produktionsfaktoren zunehmend partnerspezifisch nutze. Dies jedoch erschwere den partnerunspezifischen Umgang mit den Assets, so daß der No-Trade-Grenzertrag der Investition mit einem Mehrbesitz an Kontrollrechten sinkt. Und zwangsläufig gehe auch das gleichgewichtige Investitionsniveau mit zunehmendem Assetbesitz zurück.

Rosenkranz/Schmitz (1999) finden Bedingungen, unter denen die gemeinsame und einstimmige Ausübung der Verfügungsrechte an einem Produktionsfaktor („joint-ownership with bilateral veto power") optimal ist. Dieses Ergebnis steht im Widerspruch zur GHM-These, daß gemeinsames Eigentum an streng komplementären Produktionsfaktoren niemals optimal ist. Bei Rosenkranz/Schmitz (1999) können *B* und *S* neben ihren spezifischen und eigennützigen Humankapitalinvestitionen kostenlos ihr Know-How vermitteln.[93] Dieser Know-How-Transfer ist eine streng kooperative Investition, da er den No-Trade-Payoff des Transaktions-

---

[93] Rosenkranz/Schmitz (1999) untersuchen folglich *explizites* Know-how, das bereits kodifiziert ist und wie ein Rezeptbuch weitergegeben werden kann („blueprints"). Zudem nehmen sie damit an, daß beide Unternehmungen über eine gemeinsame Spra-

2.3. Hold-up und suboptimale spezifische Investitionen

partners direkt erhöht, den No-Trade-Payoff des Know-how-Gebers aber nicht verändert. Das Eigentum am einzigen Produktionsfaktor ist für eine erfolgreiche Produktion am Spotmarkt unverzichtbar.

Als Eigentümerstrukturen untersuchen Rosenkranz/Schmitz (1999) neben der B- und S-Integration zwei Joint-Venture-Formen mit Vetorecht und ohne Vetorecht. In einem Joint-Venture mit Veto-Recht kann über die Nutzung des Produktionsfaktors nur einstimmig entschieden werden. B und S können sich also gegenseitig blockieren, und damit sind beide No-Trade-Payoffs im Fall eines Scheiterns der Nachverhandlung null. Diese Form des Joint-Venture dürfte typischerweise bei einem physischen Produktionsfaktor auftreten. In einem Joint-Venture ohne Vetorecht können B und S den Produktionsfaktor unabhängig voneinander auch außerhalb der Transaktionsbeziehung einsetzen. Ihre No-Trade-Payoffs sind damit so hoch, als wären sie der jeweilige Alleineigentümer des Assets. Ein solches Asset kann typischerweise nur nichtrivalisierend sein, also z.B. ein Patent.[94]

B und S werden ihr Know-How folglich nur dann weitergeben, wenn sie dessen Nutzung außerhalb der Transaktionsbeziehung verhindern können. Dies ist möglich, wenn sie (Mit-)Eigentümer des (einzigen und unverzichtbaren) Produktionsfaktors sind *und* ein Vetorecht über dessen Nutzung haben. Da innerhalb eines Joint-Ventures beide Seiten payoffsteigerndes Know-How besitzen, ist die optimale Governancestruktur ein Joint-Venture mit Vetorecht.

Schmitz/Sliwka (2001) analysieren ein Modell, in dem S neben einer spezifischen hybriden Investition auch *kostenlos* den Spezifitätsgrad seiner Produktion wählen kann. Die Wahl des Spezifitätsgrads wirkt wie eine streng kooperative Investition: Je höher er ist, desto höher ist die Bewertung von Z durch B und desto geringer der Preis, den S auf dem Spotmarkt für Z erzielen kann. Eigentümerstrukturen sind die Integration (B ist Eigentümer des unverzichtbaren Produktionsfaktors) und die Nichtin-

---

che verfügen, die es dem Know-how-Rezipienten aufwandfrei ermöglicht, das Know-how umzusetzen.

[94] Vgl. auch Hart (1995, 48) und die dort angegebene Literatur.

tegration (S ist Eigentümer des unverzichtbaren Produktionsfaktors).[95] Darüber hinaus ist das Humankapital von S unverzichtbar.

Kann über den Spezifitätsgrad kein durchsetzbarer Vertrag geschlossen werden, wird S unabhängig von der Integrationsform suboptimal spezifisch investieren. Ursache dafür ist der Hold-up-Effekt. Unter bestimmten Bedingungen ist das Investitionsniveau bei Nichtintegration höher als bei Integration. Allerdings wird S bei Integration den First-best-Spezifitätsgrad wählen: Sein No-Trade-Payoff ist, unabhängig vom Spezifitätsgrad, null (weil B Eigentümer des unverzichtbaren Produktionsfaktors ist), und der No-Trade-Payoff von B ist, unabhängig vom Spezifitätsgrad, null (weil das Humankapital von S unverzichtbar ist). Bei Nichtintegration hingegen kann S seinen No-Trade-Payoff durch ein geringeres Spezifitätsniveau erhöhen.

Die Wahl zwischen Integration und Nichtintegration entscheidet sich nun danach, ob bei Nichtintegration die Einbußen aufgrund eines suboptimalen Spezifitätsgrads höher oder niedriger sind als die Payoffzuwächse aufgrund stärkerer Investitionsanreize. Schmitz/Sliwka (2001) finden also Situationen, in denen unter Wohlfahrtsgesichtspunkten der Transaktionspartner mit der entscheidenden Investition (in diesem Fall der einzige Investor) *nicht* Eigentümer des (unverzichtbaren) Produktionsfaktors sein sollte, und dieses Ergebnis steht im Widerspruch zum korrespondierenden Ergebnis von GHM.

Im Unterschied zu deMeza/Lockwood (1998) und Rajan/Zingales (1998) sind die Modelle von Rosenkranz/Schmitz (1999) und Schmitz/Sliwka (2001) nur bedingt als Antithesen zu GHM zu werten: Die Aktionsvariablen der Akteure sind nicht mehr streng eigennützig, und folglich sind die Modellergebnisse nur eingeschränkt mit GHM vergleichbar.

---

[95] Man kann sich darüber streiten, ob die von Schmitz/Sliwka (2001) untersuchte Nichtintegration nicht eine verkappte S-Integration ist. Schließlich muß der einzige Produktionsfaktor entweder bei B oder bei S sein, und das bedeutet, daß nach der Definition des Eigentums und der Integration der Fall der Nichtintegration nicht auftreten kann.

2.3.3 Vertragsstrafen und Investitionsanreize

Die im vorangegangenen Abschnitt dargestellten Integrationsmodelle finden Lösungen für das Hold-up-Problem, berücksichtigen dabei aber nicht die Kosten einer Integration (beispielsweise aufgrund schwächerer Leistungsanreize), welche Williamson Anlaß geben, die Unternehmung als „governance structure of last resort" zu bezeichnen. Insofern stellt sich die Frage, unter welchen Bedingungen ein einfacher *Kaufvertrag* die Unterinvestitionsproblematik abschwächen oder beheben kann. Diese 'Vertragsmodelle' sind im zweiten Untersuchungsstrang zur Hold-up-Problematik zusammengefaßt. Im Hintergrund stehen in Williamsons Terminologie der Markt bzw. hybride Organisationsformen als mögliche optimale Governancestrukturen.[96]

Das Modell von Edlin/Reichelstein (1996) läßt sich in diesem Sinn als Kritik an GHM verstehen, weil seine Lösung – ein Liefervertrag mit einer fixen Liefermenge zu einem festen Preis – für den Fall *eigennütziger* spezifischer Investitionen first-best ist. Diese Kritik wiederum wird von Che/Hausch (1999) relativiert, die nachweisen, daß es im Fall *kooperativer* spezifischer Investitionen effizient ist, *keinen* Vertrag abzuschließen.

2.3.3.1 Die Edlin-Reichelstein-Kritik an GHM: Ein einfacher Liefervertrag

Im Modell von Edlin/Reichelstein (1996) schließen B und S in $t = 1$ einen Vertrag über Kauf und Lieferung einer bestimmten Menge q von Z ab (vgl. zur zeitlichen Struktur Abbildung 2.13 auf der nächsten Seite). S hat in $t = 2$ die Möglichkeit, spezifisch zu investieren, um seine Produktionskosten zu senken. Nach der Durchführung der Investition, im Zeitpunkt $t = 3$, klären sich offene Fragen, die sich auf die Wertschätzung V von B und die Produktionskosten C von S auswirken.

---

[96] Mit diesen Modellen ist man – aus anderer Perspektive gesehen – in der Welt der Prinzipal-Agenten-Theorie mit unvollständigen Verträgen (vgl. auch Foss, 1999b, 47).

```
    1           2              3              4              5
────┼───────────┼──────────────┼──────────────┼──────────────┼──────→ t
Festpreisvertrag  Investition von S  Umweltzustand θ  Vertragsbruch?    Gericht
                                          ←── Nachverhandlung ──→
```

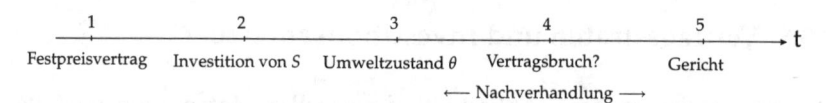

Abbildung 2.13: Zeitlicher Verlauf der Transaktion im Modell von Edlin/Reichelstein (1996)

Nach Bekanntwerden von V und C können B und S den Anfangsvertrag anpassen, allerdings nur dann, wenn beide zustimmen: Können sie sich nicht einigen, bleibt der Anfangsvertrag in Kraft. Erfüllt B (S) den Anfangsvertrag nicht, wird eine Strafzahlung an S (B) fällig. Zwei Strafmaße finden Anwendung: *expectation damages* und *specific performance*. Bei Anwendung der Expectation-Damages-Strafe muß der Vertragsbrüchige dem Geschädigten einen Betrag δ überweisen, der so hoch ist, daß letzterer dasteht, als wäre der Vertrag erfüllt worden. Das Gericht muß in diesem Fall V und C beobachten oder mit hinreichender Sicherheit abschätzen können. Gilt die Vertragsstrafe der Specific Performance, ist die Nichterfüllung unendlich teuer: die Vertragsstrafe beläuft sich auf $\delta = \infty$. Je nach Strafmaß bestimmt das Gericht bei Vertragsbruch in $t = 5$ die Höhe der Strafzahlung, und die Payoffs werden ausgezahlt.

Im Vertrag in $t = 1$ legen B und S die Handelsmenge $\bar{q}$, einen Preis $\bar{p}$ sowie eine Transferzahlung $\bar{t}$ fest (letztere teilt *ex ante* antizipierbare Gewinne aus dem Vertragsabschluß auf). S kann in Höhe von $s \in [0, s^{max}]$ investieren, dabei gibt s auch seine Investitionskosten an. $\Theta \subset \mathbb{R}^n$ ist die kompakte Menge möglicher Umweltzustände und $F(\theta)$ die kumulierte Wahrscheinlichkeitsdichte über die Umweltzustände $\theta \in \Theta$. $V(q, \theta)$ gibt B's Wertschätzung an für $q \in [0, q^{max}]$. Es gilt: $V_q(\cdot, \theta) \geq 0 \ \forall \ \theta$, $V_{qq}(\cdot, \theta) < 0 \ \forall \ \theta$ sowie $V(0, \cdot) \equiv 0$. $C(s, q, \theta)$ gibt die variablen Kosten der Produktion von $q \in [0, q^{max}]$ für ein gegebenes Investitionsniveau s und einen gegebenen Umweltzustand θ an. Es gilt: $C_q(s, \cdot, \theta) \geq 0 \ \forall \ s, \theta$, $C_{qq}(s, \cdot, \theta) > 0 \ \forall \ s, \theta$ sowie $C(\cdot, 0, \cdot) \equiv 0$. Die Investition s senkt die Produktionsgrenzkosten, d.h. $C_{qs} \leq 0$; sie ist vollkommen spezifisch, hat also keine kostendämpfende Wirkung, wenn S nicht mit B handelt: $\psi_i(s) \equiv 0, \ \forall \ s, \ i = B, S$.

2.3. Hold-up und suboptimale spezifische Investitionen

Nach Durchführung der Investition ($s = \bar{s}$) und Bekanntwerden des Umweltzustands ($\theta = \bar{\theta}$) ergibt sich das sozial optimale Produktionsniveau q^* in $t = 4$ zu

$$q^*(\bar{s},\bar{\theta}) \equiv \arg\max_{q \in [0,q^{max}]} \left\{ V(q,\bar{\theta}) - C(\bar{s},q,\bar{\theta}) \right\}.$$

Um die Notation zu vereinfachen, bezeichne $\phi(s,\theta)$ den sozial optimalen Nachverhandlungspayoff:

$$\phi(s,\theta) = V(q^*(s,\theta),\theta) - C(s,q^*(s,\theta),\theta).$$

Der Erwartungswert des Gesamtüberschusses in $t = 3$ liegt damit bei

$$\Phi(\bar{s}) = \int \phi(\bar{s},\theta) f(\theta) d\theta$$

oder

$$\Phi(\bar{s}) = E_\theta \left\{ \phi(\bar{s},\theta) \right\}.$$

Aus der Maximierung des sozialen Surplus $\Phi(s)$ ex ante ergibt sich in $t = 2$ das first-best Investitionsniveau s^*:

$$\Phi^{ea}(s) \equiv E_\theta \left\{ \phi(s,\theta) \right\} - s \quad \rightarrow \quad \max_s!$$

Die notwendige Bedingung für ein Wohlfahrtsmaximum lautet

$$\Phi^{ea}_s(\cdot) = E_\theta \left\{ V_{q^*}(\cdot) \cdot q^*_s - C_{q^*}(\cdot) \cdot q^*_s - C_s(\cdot) \right\} - 1 = 0,$$

also (Enveloppentheorem)

$$-E_\theta \left\{ C_s(s,q^*(s,\theta),\theta) \right\} = 1.$$

Dieses First-best-Ergebnis kann über den Abschluß eines geeigneten unvollständigen Vertrags ($\bar{q},\bar{p},\bar{t}$) realisiert werden, der mittels „Specific Performance" geschützt ist und damit nur einvernehmlich aufgelöst werden kann. Er ist so gestaltet, daß entweder B oder S ein Interesse an seiner Erfüllung hat. Andernfalls wäre er zur Verhinderung eines Hold-up von vornherein untauglich und damit nicht in B's und S's Interesse: $\bar{p}$ muß also entweder so hoch sein, daß in der Nachverhandlung S die Erfüllung des Vertrags einfordert, oder so gering, daß B auf seiner Erfüllung besteht. Etwaige Partizipationsbedingungen können durch $\bar{t}$ erfüllt werden, so daß es nicht entscheidend ist, ob B oder S an der Durchsetzung des Anfangsvertrags interessiert ist. Im folgenden wird angenommen, daß S immer ein Interesse an der Einhaltung des Vertrags hat:

$$\bar{p} \cdot \bar{q} - C(s, \bar{q}, \theta) > 0 \quad \forall s, \theta. \tag{2.18}$$

Unabhängig davon, welches $\bar{q} \in [0, q^{max}]$ (unter Einhaltung von 2.18) B und S vertraglich festlegen, werden sie sich ex post, in $t = 4$ also, auf die effiziente Handelsmenge q^* einigen. Vom dabei entstehenden Nachverhandlungsüberschuß RS erhält S den Anteil $\gamma \in [0,1]$ und B den Anteil $(1-\gamma)$ mit

$$RS(s, \bar{q}, \bar{\theta}) \equiv V(q^*, \bar{\theta}) - C(s, q^*, \bar{\theta}) - [V(\bar{q}, \bar{\theta}) - C(s, \bar{q}, \bar{\theta})].$$

Der Ex-post-Payoff von S (für ein gegebenes $\bar{\theta}$) beläuft sich folglich auf

$$\pi_S^{ep}(s, \bar{\theta}; \bar{p}, \bar{q}, \bar{t}) \equiv \bar{p}\bar{q} + \bar{t} - C(s, \bar{q}, \bar{\theta}) + \gamma RS(s, \bar{q}, \bar{\theta})$$

und der soziale Ex-post-Payoff (für ein gegebenes $\bar{\theta}$) auf

$$\phi(s, \bar{\theta}) = V(q^*, \bar{\theta}) - C(s, q^*, \bar{\theta}).$$

Damit S aus sozialer Sicht optimal investiert, muß sein privater Investitionsgrenzertrag mit dem sozialen Grenzertrag zusammenfallen. Dies kann über eine ex ante passend vereinbarte Handelsmenge $\tilde{q}^*$ realisiert werden: Für jedes gegebene $\bar{q}$ läßt sich die Menge der Umweltzustände Θ in zwei Teilmengen Θ_1 und Θ_2 splitten ($\Theta_1 \cup \Theta_2 = \Theta$, $\Theta_1 \cap \Theta_2 = \emptyset$): Für alle $\theta \in \Theta_1$ gilt $\bar{q} > q^*(s, \theta)$; der private Investitionsgrenzertrag von S liegt höher als der soziale Grenzertrag.[97] Diese (marginale) Überkompensation

---

[97] Gegeben sei ein $\bar{\theta} \in \Theta_1$. Der soziale Grenzertrag der Investition beträgt ex post (Enveloppen-Theorem):

$$\phi_s(s, \bar{\theta}) = -C_s(s, q^*(s, \bar{\theta}), \bar{\theta}).$$

2.3. Hold-up und suboptimale spezifische Investitionen

läßt sich als Investitionssubvention interpretieren. Für alle $\theta \in \Theta_2$ gilt $\bar{q} < q^*(s,\theta)$: S erhält nur einen Teil der Grenzerträge seiner Investition, was sich als Investitionssteuer interpretieren läßt.[98]

Der First-best-Vertrag enthält nun eine Handelsmenge $\tilde{q}^*$, die 'Investitionssubvention' und '-steuer' ausbalanciert und damit private und soziale Investitionsgrenzerträge in Übereinstimmung bringt. Daß es eine solche Menge gibt, ist plausibel: Bei einem $\bar{q} = q^{max}$ zahlt B ausschließlich eine 'Investitionssubvention', und S würde zuviel investieren. Senken B und S nun $\bar{q}$, schrumpft c.p. die 'Investitionssubvention', und die 'Investitionssteuer' steigt, bis bei einem $\bar{q} = 0$ B eine Investitionssteuer einnimmt und S zuwenig investiert. Unter der Annahme, daß $\arg\max \pi_S^{ea}(\cdot)$ stetig in $\bar{q}$ ist, gilt für $\tilde{q}^*$

$$\pi_S^{ea}(s;\bar{p},\tilde{q}^*,\bar{t}) = E_\theta\{\pi_S^{ep}\} - s$$
$$= E_\theta\left\{\bar{p}\tilde{q}^* + \bar{t} - C(s,\tilde{q}^*,\theta) + \gamma\left[V(q^*,\theta) - C(s,q^*,\theta)\right]\right.$$
$$\left. - \gamma\left[V(\tilde{q}^*,\theta) - C(s,\tilde{q}^*,\theta)\right]\right\} - s$$

Der private Grenzertrag von S beträgt ex post:

$$\frac{\partial \pi_S^{ep}(s,\bar{\theta};\bar{p},\bar{q},\bar{t})}{\partial s} = -C_s(s,\bar{q},\bar{\theta}) + \gamma RS_s(s,\bar{q},\bar{\theta}).$$

Die Differenz beträgt folglich

$$\frac{\partial \pi_S^{ep}(s,\bar{\theta};\bar{p},\bar{q},\bar{t})}{\partial s} - \phi_s(s,\bar{\theta}) = \underbrace{(1-\gamma)}_{\geq 0 \Leftarrow \gamma \in [0,1]} \cdot \underbrace{\left[C_s(s,q^*(s,\bar{\theta}),\bar{\theta}) - C_s(s,\bar{q},\bar{\theta})\right]}_{\geq 0 \Leftarrow C_{sq} \leq 0, \bar{q} > q^*(s,\bar{\theta})} \geq 0$$

Aggregiert über alle $\theta \in \Theta_1$ ergibt sich die 'Investitionssubvention' zu

$$\int_{\theta \in \Theta_1} (1-\gamma) \cdot \left[C_s(s,q^*(s,\theta),\theta) - C_s(s,\bar{q},\theta)\right] f(\theta)d\theta.$$

[98] Analog gilt hier, daß die Differenz zwischen $\phi_s(s,\bar{\theta})$ und $\frac{\partial \pi_S^{ep}(s,\bar{\theta};\bar{p},\bar{q},\bar{t})}{\partial s}$ nichtnegativ ist. Wiederum über alle möglichen Umweltzustände $\theta \in \Theta_2$ aufsummiert, ergibt sich die 'Investitionssteuer' zu:

$$\int_{\theta \in \Theta_2} (1-\gamma) \cdot \left[C_s(s,\bar{q},\theta) - C_s(s,q^*(s,\theta),\theta)\right] f(\theta)d\theta.$$

$$= \bar{p}\tilde{q}^* + \bar{t} - (1-\gamma)E_\theta\Big\{C(s,\tilde{q}^*,\theta)\Big\}$$
$$+ \gamma E_\theta\Big\{\phi(s,\theta) - V(\tilde{q}^*,\theta)\Big\} - s \quad \to \quad \max_s!$$

Die notwendige Bedingung lautet demzufolge

$$\frac{\partial \pi_S^{ea}(s;\tilde{q}^*,\bar{t})}{\partial s} = -(1-\gamma)E_\theta\Big\{C_s(s,\tilde{q}^*,\theta)\Big\} + \gamma E_\theta\Big\{-C_s(s,q^*,\theta)\Big\} - 1 = 0.$$

S wird in Höhe von $s = s^*$ investieren, wenn dort

$$E_\theta\Big\{C_s(s,\tilde{q}^*,\theta)\Big\} = E_\theta\Big\{C_s(s,q^*,\theta)\Big\}. \tag{2.19}$$

Für $\tilde{q}^* = 0$ gilt in Gleichung 2.19 statt des Gleichheitszeichens ein '$\geq$' und für $\tilde{q}^* = q^{max}$ ein '$\leq$'. Da $C(s,q,\theta)$ stetig in q ist, existiert ein $\bar{q} = \tilde{q}^*$, das Gleichung 2.19 erfüllt: B und S vereinbaren im Anfangsvertrag eine Liefermenge $\bar{q}$, so daß der Erwartungswert von S's Investitionsgrenzertrag bei effizientem Investitionsniveau für das vereinbarte $\bar{q}$ genau dem Erwartungswert von S's Investitionsgrenzertrag bei effizientem Investitionsniveau für das von diesem Investitionsniveau und den Umweltzuständen abhängigen q^* ist.

ERGEBNIS 3.
Ist die Investition von S streng eigennützig, können B und S einen Vertrag $\langle \bar{q}, \bar{p}, \bar{t} \rangle$ schließen, der zu First-best-Investitionen führt.

BEWEIS Ergibt sich aus den vorangegangenen Ausführungen. ■

Dieses Ergebnis gilt auch für die Vertragsstrafe der *expectation damages*.

First-best-Investitionen sind zudem in einem Modell mit *beidseitig spezifischen* Investitionen möglich, wobei der Kaufvertrag durch die Vertragsstrafe der 'Specific Performance' geschützt sein muß. Allerdings erfordert dies eine zusätzliche Annahme: Die Wirkungen von Investitionshöhe und Handelsmenge auf Wertschätzung V und Produktionskosten C müssen

2.3. Hold-up und suboptimale spezifische Investitionen

additiv separabel sein, also

$$V(b,q,\theta) = \hat{V}(b)q + \check{V}(q,\theta) + \tilde{V}(b,\theta)$$
$$C(s,q,\theta) = \hat{C}(s)q + \check{C}(q,\theta) + \tilde{C}(s,\theta).$$

Eine Vertragsstrafe, die allein den erwarteten Schaden ersetzt ('Expectation Damages') hingegen führt bei beidseitig spezifischen Investitionen nicht zu First-best-Investitionen: Es gibt kein q, das sowohl B's als auch S's Anreize zu Über- und Unterinvestitionen ausgleicht. Das läßt sich darauf zurückführen, daß eine Entschädigung in Höhe des bei Vertragserfüllung zu erwartenden Payoffs den Vertragsbrüchigen und das Opfer des Vertragsbruchs asymmetrisch behandelt. Vereinbaren B und S beispielsweise ein $\bar{q} > q^*$ und kommt es zum Vertragsbruch, erhält der Geschädigte genau seinen erwarteten Payoff und wird damit für seine Investition überkompensiert. Der Vertragsbrüchige hingegen erhält den Residualpayoff, so daß sich seine Investition im First-best-Umfang marginal genau amortisiert. Der Vertragsbrüchige wird also bei einem $\bar{q} > q^*$ optimal investieren. Für den Geschädigten müßten die Überinvestitionsanreize in Situationen mit $\bar{q} > q^*$ abgeschwächt werden durch Unterinvestitionsanreize in Situationen mit $\bar{q} < q^*$, und das ist nicht möglich.

Die Vertragsstrafe der 'Specific Performance' hingegen behandelt den Vertragsbrüchigen und den Geschädigten symmetrisch, so daß B und S bei denselben $\theta \in \Theta_1$ ($\theta \in \Theta_2$) überinvestieren (unterinvestieren); folglich ist auch die Bestimmung einer Handelsmenge $\bar{q}$ möglich, die die Anreize zu Über- und Unterinvestitionen bei B und S gleichzeitig austariert.

Edlin/Reichelstein (1996) zeigen mit ihrem Modell, daß eine Lösung des Hold-up-Problems nicht an der Zuweisung von Kontrollrechten über physische Assets ansetzen muß, sondern vielmehr in recht einfachen Verträgen zu finden sein kann. Würde man das GHM-Modell um Kosten der Organisationsbenutzung nach Williamson und das Edlin-Reichelstein-Modell um die Kosten der (Neu-)Verhandlungen ergänzen, könnte die Edlin-Reichstein-Lösung vorzuziehen sein, weil sie erstens

First-best-Investitionen induziert und zweitens die (möglicherweise) höheren Bürokratiekosten einer Integration vermeidet.[99]

2.3.3.2 Gegeneinwand: Kooperative Investitionen

Daß einfache Kaufverträge das Hold-up-Problem in den Griff bekommen, gilt allerdings nur für streng eigennützige Investitionen. Che/Hausch (1999) zeigen, daß ein Vertragsabschluß bei ausreichend kooperativen Investitionen wertlos ist.

Dies läßt sich im Modell von Edlin/Reichelstein (1996) zeigen, wenn man die Bewertungsfunktion von B um die Investition von S ergänzt und den Rest des Modells unverändert läßt: $V(s,q,\theta)$ gibt B's Wertschätzung an für $s \in [0, s^{max}]$ und $q \in [0, q^{max}]$, und es gilt: $V_q(s,\cdot,\theta) \geq 0 \; \forall \; s, \theta$, $V_{qq}(s,\cdot,\theta) < 0 \; \forall \; s, \theta$ sowie $V(\cdot, 0, \cdot) \equiv 0 \; \forall s, \theta$, $V_s(\cdot, q, \theta) > 0$ für $q > 0$, $\forall \theta$. $C(s,q,\theta)$ gibt die variablen Kosten der Produktion von $q \in [0, q^{max}]$ für ein gegebenes Investitionsniveau s und einen gegebenen Umweltzustand θ an. Es gilt: $C_q(s,\cdot,\theta) \geq 0 \; \forall \; s, \theta$, $C_{qq}(s,\cdot,\theta) > 0 \; \forall \; s, \theta$ sowie $C(\cdot, 0, \cdot) \equiv 0$. Die spezifische Investition senkt die Produktionsgrenzkosten, d.h. $C_{qs} \leq 0$.

Nach Durchführung der Investition ($s = \bar{s}$) und Bekanntwerden des Umweltzustands ($\theta = \bar{\theta}$) ergibt sich in $t = 4$ das sozial optimale Produktionsniveau q^* zu

$$q^*(\bar{s}, \bar{\theta}) \equiv \arg \max_{q \in [0, q^{max}]} \left\{ V(\bar{s}, q, \bar{\theta}) - C(\bar{s}, q, \bar{\theta}) \right\}.$$

Wie zuvor bezeichne $\phi(s, \theta)$ den sozial optimalen Nachverhandlungspayoff:

$$\phi(s, \theta) = V(s, q^*(s, \theta), \theta) - C(s, q^*(s, \theta), \theta).$$

Der Erwartungswert des Gesamtüberschusses in $t = 3$ liegt damit bei

$$\Phi(\bar{s}) = \int \phi(\bar{s}, \theta) f(\theta) d\theta$$

---

[99] Andere Modelle, die vertragliche First-best-Lösungen für den Fall bilateraler spezifischer eigennütziger Investitionen ermitteln, wie z.B. Chung (1991), Aghion et al. (1994) oder Nöldeke/Schmidt (1995), nehmen mehr oder weniger offen an, daß in der Nachverhandlung ein Transaktionspartner die gesamte Verhandlungsmacht hat (vgl. auch Che/Hausch, 1999, 125-126).

2.3. Hold-up und suboptimale spezifische Investitionen

oder

$$\Phi(\bar{s}) = E_\theta\{\phi(\bar{s},\theta)\}.$$

Aus der Maximierung des sozialen Surplus $\Phi(s)$ ex ante läßt sich in $t = 2$ das First-best-Investitionsniveau s^* ermitteln:

$$\Phi^{ea}(s) \equiv E_\theta\{\phi(s,\theta)\} - s \quad \rightarrow \quad \max_s!$$

Die notwendige Bedingung für ein Wohlfahrtsmaximum lautet

$$\Phi_s^{ea}(\cdot) = E_\theta\{V_s(\cdot) + V_{q^*}(\cdot) \cdot q_s^* - C_s(\cdot) - C_{q^*}(\cdot) \cdot q_s^*\} - 1 = 0,$$

also (Enveloppentheorem)

$$E_\theta\{V_s(s,q^*(s,\theta),\theta) - C_s(s,q^*(s,\theta),\theta)\} = 1.$$

Unabhängig von der vertraglich vereinbarten Liefermenge $\bar{q} \in [0, q^{max}]$ werden sich B und S ex post immer auf die effiziente Handelsmenge q^* einigen. Vom dabei entstehenden Nachverhandlungsüberschuß RS erhält S den Anteil $\gamma \in [0,1]$ und B den Anteil $(1 - \gamma)$ mit

$$RS(s,\bar{q},\bar{\theta}) \equiv V(s,q^*,\bar{\theta}) - C(s,q^*,\bar{\theta}) - [V(s,\bar{q},\bar{\theta}) - C(s,\bar{q},\bar{\theta})].$$

Der Ex-post-Payoff von S (für ein gegebenes $\bar{\theta}$) beläuft sich folglich auf

$$\pi_S^{ep}(s,\bar{\theta};\bar{p},\bar{q},\bar{t}) \equiv \bar{p}\bar{q} + \bar{t} - C(s,\bar{q},\bar{\theta}) + \gamma RS(s,\bar{q},\bar{\theta})$$

und der soziale Ex-post-Payoff (für ein gegebenes $\bar{\theta}$) auf

$$\phi(s,\bar{\theta}) = V(s,q^*,\bar{\theta}) - C(s,q^*,\bar{\theta}).$$

Den Ex-ante-Payoff von S erhält man nach Abzug der Investitionskosten:

$$\pi_S^{ea}(s;\bar{p},\bar{q},\bar{t}) = E_\theta\{\pi_S^{ep}\} - s$$

$$= E_\theta\Big\{\bar{p}\bar{q} + \bar{t} - C(s,\bar{q},\theta) + \gamma\big[V(s,q^*,\theta) - C(s,q^*,\theta)\big]$$

$$- \gamma\big[V(s,\bar{q},\theta) - C(s,\bar{q},\theta)\big]\Big\} - s$$

$$= \bar{p}\bar{q} + \bar{t} + \gamma E_\theta\{\phi(s,\theta)\}$$

$$- E_\theta\Big\{(1 - \gamma)C(s,\bar{q},\theta) + \gamma V(s,\bar{q},\theta)\Big\} - s \quad \rightarrow \quad \max_s!$$

Die notwendige Bedingung für ein Gewinnmaximum lautet demzufolge

$$\frac{\partial \pi_S^{ea}(s;\overline{p},\overline{q},\overline{t})}{\partial s} = \gamma \Phi_s(s,\theta) - E_\theta \Big\{ \gamma V_s(s,\overline{q},\theta)$$

$$+ (1-\gamma)C_s(s,\overline{q},\theta) \Big\} - 1 = 0. \qquad (2.20)$$

Das Edlin/Reichelstein-Ergebnis folgt nun, wenn die Investition streng eigennützig ist, d.h. wenn $C_s < 0$ und $V_s \equiv 0$. Dann nämlich ändert sich Gleichung 2.20 in

$$\frac{\partial \pi_S^{ea}(s;\overline{p},\overline{q},\overline{t})}{\partial s} = \gamma E_\theta \Big\{ -C_s(s,q^*,\theta) \Big\}$$

$$- E_\theta \Big\{ (1-\gamma)C_s(s,\overline{q},\theta) \Big\} - 1 = 0.$$

S wird in Höhe von $s = s^*$ investieren, wenn dort

$$E_\theta \Big\{ C_s(s,\overline{q},\theta) \Big\} = E_\theta \Big\{ C_s(s,q^*,\theta) \Big\}.$$

Ist die Investition hingegen streng kooperativ, d.h. gilt $V_s > 0$ und $C_s = 0$, dann läßt sich Gleichung 2.20 schreiben als

$$\frac{\partial \pi_S^{ea}(s;\overline{p},\overline{q},\overline{t})}{\partial s} = \gamma E_\theta \Big\{ V_s(s,q^*,\theta) \Big\} - E_\theta \Big\{ \gamma V_s(s,\overline{q},\theta) \Big\} - 1 = 0$$

$$\Leftrightarrow \gamma E_\theta \Big\{ V_s(s,q^*,\theta) - V_s(s,\overline{q},\theta) \Big\} = 1.$$

ERGEBNIS 4.
Die Investition von S sei streng kooperativ. Das gleichgewichtige Investitionsniveau von S sei mit s^{nc} bezeichnet, wenn S keinen Vertrag mit B abschließt. Schließt S einen Vertrag $\langle \overline{q}, \overline{p}, \overline{t} \rangle$ mit B, wird sein Investitionsniveau s^c niemals größer sein als s^{nc}.

BEWEIS (Che/Hausch, 1999, 134-135): Schlössen B und S keinen Vertrag ($\overline{q} = 0$) ab, erfüllte das optimale Investitionsniveau s^{nc} wegen $V(s,0,\theta) \equiv 0\ \forall s, \theta$ folgende notwendige Bedingung:

$$\gamma E_\theta \Big\{ V_s(s^{nc},q^*,\theta) \Big\} = 1.$$

2.3. Hold-up und suboptimale spezifische Investitionen

Schlössen B und S einen Vertrag $\langle \bar{q} \geq 0, \bar{p}, \bar{t} \rangle$ ab, gälte $\gamma E_\theta \left\{ V_s(s, \bar{q}, \theta) \right\} \geq 0$. D.h. für alle $\bar{q} \geq 0$ und $s > s^{nc}$ veränderte sich Gleichung 2.20 zu

$$\frac{\partial \pi_S^{ea}(s; \bar{p}, \bar{q}, \bar{t})}{\partial s} = \gamma E_\theta \left\{ V_s(s, q^*, \theta) - V_s(s, \bar{q}, \theta) \right\} - 1 < 0. \quad (2.21)$$

S wird also bei $\bar{q} \geq 0$ nie mehr investieren als s^{nc}: ein Vertrag ist in diesem Fall wertlos. ∎

Intuitiv nachvollziehbar wird dieses Ergebnis, wenn man die einzelnen Terme von Gleichung 2.20 analysiert: Der erste Term gibt den Investitionsgrenzertrag aufgrund der Nachverhandlung ex post an. Er ist der einzige Investitionsrückfluß, wenn B und S keinen Vertrag schließen. Der Erwartungswertterm beschreibt den Effekt der Investition auf die Status-quo-Positionen von B und S in der Nachverhandlung. Eine (infinitesimale) Erhöhung des Investitionsniveaus verbessert S's Status quo um $-C_s(\bar{q}, \theta, s)$ und den Status quo von B um $V_s(\bar{q}, \theta, s)$. Der erste Effekt stärkt die Verhandlungsposition von S um $-(1-\gamma)C_s(\bar{q}, \theta, s)$, der zweite Effekt schwächt seine Verhandlungsposition um $\gamma V_s(\bar{q}, \theta, s)$. Da S streng kooperativ investiert, bleibt der erste, positive Effekt aus und der zweite, negative Effekt bestehen. Der im Erwartungsterm beschriebene Nettoeffekt der Investition auf die Verhandlungsposition von S ist also negativ (vgl. Gleichung 2.21): Jede über das Niveau s^{nc} hinausgehende Investition würde S's Payoff verschlechtern. Es gibt also keinen Vertrag, der S veranlassen könnte, mehr als s^{nc} zu investieren.

Ist die Investition von S hybrid, d.h. ist sie zugleich eigennützig und kooperativ, hängt die Optimalität eines Vertragsabschlusses von S's Anteil am Nachverhandlungspayoff ab: Ist dieser klein, ist der Abschluß eines First-best-Vertrags möglich, ist er mittel, ist der Abschluß eines Vertrags mit $\bar{q} > 0$ optimal, setzt aber keine First-best-Investitionsanreize, ist er groß, ist der Abschluß eines Vertrags wertlos, d.h. es ist optimal, $\bar{q} = 0$ zu setzen.[100]

---

[100] Für dieses Ergebnis ist eine weitere Annahme nötig: Der Erwartungsterm in Gleichung 2.20 muß, wenn er negativ ist, nichtfallend in s sein. Diese Annahme stellt sicher, daß die 2. Ableitung des Ex-ante-Payoffs von S nach s strikt negativ ist.

Dieses Ergebnis wird mit einem weiteren Blick auf Gleichung 2.20 verständlich: Wenn S nur wenig Verhandlungsmacht hat, reagiert er auf Änderungen seines No-Trade-Payoffs besonders sensibel und auf Änderungen von B's No-Trade-Payoff nur wenig. Dementsprechend hat die Kooperativität der Investition einen weniger starken negativen Effekt auf das Investitionsniveau.

Ergebnis 4 beweisen Che/Hausch (1999, 137-142) auch für allgemeinere Verträge bei bilateralen und hinreichend kooperativen Investitionen.[101]

2.3.3.3 Weitere Modelle

Die beiden dargestellten Modelle gehen von der Möglichkeit zur Nachverhandlung aus, wenn die Entscheidung über Handel bzw. Nichthandel ineffizient sein sollte. Nimmt man nun an, daß B und S sich verbindlich darauf festlegen können, *nicht* nachzuverhandeln, lassen sich sowohl bei eigennützigen als auch bei kooperativen Investitionen First-best-Ergebnisse erzielen. Sind die Investitionen bloß einseitig, leuchtet dieses Resultat unmittelbar ein: Es ist lediglich nötig, einen Vertrag zu entwerfen, der dem Investor den sozialen Grenzertrag seiner Investition zusichert.

Für beidseitig spezifische eigennützige Investitionen erklärt das Modell von Nöldeke/Schmidt (1995) dieses Resultat:[102] B und S schließen in $t = 1$ einen Optionsvertrag (option contract), der bestimmt, daß S nach Durchführung der Investitionen entscheiden kann, ob er zum festgelegten Preis $\bar{p}$ verkaufen will oder nicht. Verkauft er nicht und ist diese Entscheidung ineffizient, wird B den Vertrag zugunsten von S nachbessern. Dabei macht B S ein take-it-or-leave-it-Angebot, so daß B den vollen (marginalen) Nachverhandlungsüberschuß erhält und First-best-Investitionsanreize behält. In diesem Setting hat S ebenfalls First-best-Investitionsanreize, weil er den Grenzertrag seiner Investition über die Erhöhung seines Drohpunkts vollständig vereinnahmt. Einzig

---

[101] Diese Investitionen bezeichnen sie auch als hybride Investitionen. Ein ähnliches Ergebnis erhalten Maskin/Moore (1999, 45-48).
[102] Vgl. auch Schmitz (2001, 8-9).

2.3. Hold-up und suboptimale spezifische Investitionen

die Lieferung des Guts muß verifizierbar sein, damit S bei Lieferung sichergehen kann, daß er $\bar{p}$ unabhängig von der Annahme durch B erhält.

Auch bei beidseitig spezifischen kooperativen Investitionen gibt es nach Che/Hausch einen Vertrag $\langle \hat{q}(b,s), \hat{t}(b,s) \rangle$, der eine Handelsmenge $\hat{q}$ und eine Transferzahlung $\hat{t}$ von B an S für jede mögliche Kombination von Investitionsniveaus festlegt und zu First-best-Investitionen führt.[103] Nach der Durchführung der Investitionen senden B und S einer dritten Partei gleichzeitig einen Bericht über die von ihnen beobachteten Investitionsniveaus. Stimmen die Berichte überein, wird die Transaktion vertragsgemäß den berichteten Investitionsniveaus entsprechend abgewickelt; stimmen die Berichte nicht überein, erhalten B und S einen Payoff von null ($q \equiv 0, t \equiv 0$, „shoot-the-liar-mechanism"). Keine Partei kann sich also einen Vorteil verschaffen, wenn sie die Unwahrheit und die andere Partei die Wahrheit sagt.

Allerdings sind in diesem Message-Spiel als Gleichgewicht alle Verträge implementierbar, die sowohl B als auch S in jedem Umweltzustand einen nichtnegativen Payoff garantieren, und diese Verträge sind nicht alle firstbest. Um ineffiziente Verträge zu vermeiden, kann der Mechanismus von Moore/Repullo (1988) angewendet werden: Mit seiner Hilfe läßt sich jedes mögliche Gleichgewicht als *einziges* teilspielperfektes Gleichgewicht implementieren. Entscheidend ist, daß B und S ihre Beobachtungen über b und s einer dritten Partei *kostenlos* mitteilen können und diese Mitteilungen *verifizierbar* sind. Das macht es möglich, einen vollständigen Vertrag zu schließen, der von der wahrheitsgetreuen Berichterstattung durch B und S abhängt.[104]

Um First-best-Investitionen zu erhalten, wird ein Vertrag gewählt, der sowohl Handelsmenge wie Transferzahlung von den Investitionsniveaus abhängig macht und der jeder Transaktionspartei den vollen Grenzertrag

---
[103] Vgl. Che/Hausch (1999, 132-133). Die Festlegung eines Preises $\hat{p}$ ist nicht nötig.
[104] In solchen Mechanismen berichten B und S einem Dritten über ihre Beobachtungen der relevanten Variablen. Gemäß dem „revelation principle" kann die Suche auf direkte Revelationsmechanismen beschränkt werden, in denen es für B und S individuell-rational ist, wahrheitsgemäß zu berichten (vgl. Mas-Colell et al., 1995, 858-869).

ihrer Investition gibt, sofern die andere Partei optimal investiert. Da es zu First-best-Investitionen kommt, kann mittels einer in $t(b,s,T)$ enthaltenen Seitenzahlung T sichergestellt werden, daß B und S den Vertrag unterschreiben.

2.3.4 Kooperative Investitionen und Eigentumsrechte

2.3.4.1 Drohpunkte als Inside-Options

Den Ergebnissen von Edlin/Reichelstein (1996) und Che/Hausch (1999) läßt sich entnehmen, daß es zwischen eigennützigen und kooperativen Investitionen einen strukturellen Unterschied gibt: Effiziente eigennützige Investitionen können mittels geeigneter inkontingenter Lieferverträge erreicht werden, effiziente kooperative Investitionen nicht; die Struktur der Verfügungsrechte über physische Produktionsfaktoren zu ändern, scheint bei eigennützigen Investitionen nicht notwendig, bei kooperativen Investitionen hingegen erforderlich.[105]

Überraschenderweise gibt es in der Literatur bisher noch kein Modell, das die Aussagen des GHM-Modells für den Fall streng kooperativer Investitionen überprüft.[106] Diese Lücke schließt der folgende Abschnitt. Dabei werden die No-Trade-Payoffs zunächst als Inside-Options modelliert. Der Modellaufbau entspricht exakt dem in Abschnitt 2.3.2.1 (S. 33), nur daß nun der transaktionsinterne (transaktionsexterne) Wert V (v) von Z von der spezifischen Investition s und den Kontrollrechten abhängt, über die B verfügt: $V \equiv V(s; A_B)$ und $v \equiv v(s; A_B)$. Analog sind die transaktionsinternen (transaktionsexternen) Produktionskosten von Z eine Funktion

---

[105] Vgl. Che/Hausch (1999, 145).
[106] Das Modell von Whinston (2002) enthält zwar ebenfalls kooperative Investitionen, hat aber einen engeren Fokus und eine andere Motivation: Es betrachtet eine Situation mit nur einem Produktionsfaktor ($a2$) und zwei Eigentümerstrukturen (Nichtintegration: S hält die Kontrollrechte an $a2$, und Integration: B hält die Kontrollrechte an $a2$). Mit diesem Modell untersucht Whinston, inwieweit empirische Tests des GKA auch die Aussagen des PRA bestätigen. Das Modell dieses Abschnitts hingegen arbeitet mit zwei Produktionsfaktoren, untersucht insgesamt vier verschiedene Eigentümerstrukturen und überprüft die Robustheit der Ergebnisse durch eine Modifikation des Nachverhandlungsspiels.

2.3. Hold-up und suboptimale spezifische Investitionen

der spezifischen Investition b von B sowie der Kontrollrechte, über die S verfügt: $C \equiv C(b; A_S)$ und $c \equiv c(b; A_S)$.

Der totale *Ex-post*-Überschuß bei Handel beträgt $\Phi(b,s) = V(s) - p + p - C(b) = V(s) - C(b)$, und der totale *Ex-post*-Überschuß bei Nichteinigung beträgt $\psi_B(s; A_B) + \psi_S(b; A_S)$ mit $\psi_B(s; A_B) = v(s; A_B) - \overline{p}$ und $\psi_S(b; A_S) = \overline{p} - c(b; A_S)$.

Unterstellt wird:[107]

ANNAHME 1   Handel ist *ex post* immer effizient:
$\Phi(b,s) > \psi_B(s; A_B) + \psi_S(b; A_S) \geq 0 \quad \forall \quad b, s, A_B, A_S$
$A_B \cap A_S = \emptyset$ und $A_B \cup A_S = \{a1, a2\}$ ⊚

ANNAHME 2   Der Grenzertrag einer Investition ist umso höher, je mehr Kontrollrechte derjenige hat, in dessen Humankapital investiert wird. Die Investitionen sind partiell humankapitalspezifisch in bezug auf B und S:
$V_s(s) > v_s(s; a1, a2) \geq v_s(s; a1) \geq v_s(s; \emptyset), \quad 0 < s < \infty$
$-C_b(b) > -c_b(b; a1, a2) \geq -c_b(b; a2) \geq -c_b(b; \emptyset), \quad 0 < b < \infty$ ⊚

ANNAHME 3   Der Grenzertrag einer Investition ist (streng) positiv und nimmt mit steigendem Investitionsniveau ab: $V(\cdot)$ ist streng konkav, $v(\cdot)$ konkav, $C(\cdot)$ streng konvex und $c(\cdot)$ konvex: $V_s > 0$, $V_{ss} < 0$, $v_s \geq 0$, $v_{ss} \leq 0$, $0 < s < \infty$, und $-C_b > 0$, $-C_{bb} < 0$, $-c_b \geq 0$, $-c_{bb} \leq 0$, $0 < b < \infty$.[108] ⊚

ANNAHME 4 V, v, C, c sowie b und s können von B und S beobachtet werden, sind aber nicht verifizierbar. ⊚

Annahme 1 impliziert, daß es sich für B und S unabhängig von den Investitionsniveaus b und s und unabhängig von der Integrationsform immer lohnt, Z zu handeln. Also werden, die Gültigkeit des Coase-Theorems für die Nachverhandlung unterstellt, B und S immer handeln; der implizit drohende Abbruch der Verhandlung wird nie wahrgemacht.

---
[107] Vgl. dazu auch die Parallelannahmen 1 bis 4 auf Seite 36.
[108] Außerdem gilt: $\lim_{s \to 0} V_s(s) \to \infty$, $\lim_{s \to \infty} V_s(s) \to 0^+$; $\lim_{s \to 0} C_b(b) \to -\infty$, $\lim_{b \to \infty} C_b(b) \to 0^-$.

Zur Bestimmung des teilspielperfekten Gleichgewichts ist das Spiel rückwärts zu lösen: In $t = 4$ findet die Nachverhandlung über p statt. Bei gegebener Eigentumsstruktur ($A_B = \overline{A}_B, A_S = \overline{A}_S$) und gegebenen Investitionen ($b = \overline{b}, s = \overline{s}$) werden B und S den nach Abzug der No-Trade-Payoffs verbleibenden *Ex-post*-Surplus im Verhältnis 1 : 1 aufteilen (No-Trade-Payoffs als Inside-Options). *Ex post* erhalten B bzw. S dann:

$$\pi_B^{ep} = V - p$$
$$= v - \overline{p} + \frac{1}{2}\Big[(V - C) - (v - c)\Big]$$
$$= -\overline{p} + \frac{1}{2}\Big[V + v - C + c\Big], \qquad (2.22)$$

$$\pi_S^{ep} = p - C$$
$$= \overline{p} - c + \frac{1}{2}\Big[(V - C) - (v - c)\Big]$$
$$= \overline{p} + \frac{1}{2}\Big[V - v - C - c\Big]. \qquad (2.23)$$

Der Preis für Z beträgt also

$$p = \overline{p} + \frac{1}{2}\Big[V - v + C - c\Big]. \qquad (2.24)$$

Jede investitionsbedingte Steigerung von V und v (Senkung von C und c) wird aufgrund der simultanen Preisänderung nur zur Hälfte von S (B) vereinnahmt.

In einer Idealwelt könnten B und S einen vollständigen Vertrag über die Durchführung von First-best-Investitionen formulieren:

$$\Phi^{ea}(b,s) = V(s) - s - C(b) - b \to \max_{b,s}! \qquad (2.25)$$

Die unter den getroffenen Annahmen notwendigerweise einzige Lösung des Maximierungsproblems sei mit (b^*, s^*) bezeichnet. Die Bedingungen erster Ordnung lauten:

$$-C_b(b^*) = 1 \qquad (2.26)$$
$$V_s(s^*) = 1 \qquad (2.27)$$

2.3. Hold-up und suboptimale spezifische Investitionen

In einer Welt unvollständiger Verträge hingegen werden B und S ihre jeweiligen Investitionsniveaus nichtkooperativ bestimmen. Aus den Gleichungen 2.22 und 2.23 ergeben sich die *Ex-ante*-Payoffs durch Subtraktion der Investitionskosten:

$$\pi_B^{ea} = \pi_B^{ep} - b = -\overline{p} + \frac{1}{2}\Big[V(s) + v(s;A_B) - C(b) + c(b;A_S)\Big] - b$$

$$\pi_S^{ea} = \pi_S^{ep} - s = \overline{p} + \frac{1}{2}\Big[V(s) - v(s;A_B) - C(b) - c(b;A_S)\Big] - s$$

Die Bedingungen erster Ordnung für gewinnmaximale Investitionsniveaus lauten dann:

$$-\frac{1}{2}\Big[C_b(b) - c_b(b;A_S)\Big] = 1 \qquad (2.28)$$

$$\frac{1}{2}\Big[V_s(s) - v_s(s;A_B)\Big] = 1 \qquad (2.29)$$

Für die drei möglichen Eigentumsstrukturen bedeutet das im einzelnen:

Nichtintegration (Integration vom Typ 0):

$$-\frac{1}{2}\Big[C_b(b_0) - c_b(b_0;a2)\Big] = 1 \qquad (2.30)$$

$$\frac{1}{2}\Big[V_s(s_0) - v_s(s_0;a1)\Big] = 1 \qquad (2.31)$$

B-Integration (Integration vom Typ 1):

$$-\frac{1}{2}\Big[C_b(b_1) - c_b(b_1;\varnothing)\Big] = 1 \qquad (2.32)$$

$$\frac{1}{2}\Big[V_s(s_1) - v_s(s_1;a1,a2)\Big] = 1 \qquad (2.33)$$

S-Integration (Integration vom Typ 2):

$$-\frac{1}{2}\Big[C_b(b_2) - c_b(b_2;a1,a2)\Big] = 1 \qquad (2.34)$$

$$\frac{1}{2}\Big[V_s(s_2) - v_s(s_2;\varnothing)\Big] = 1 \qquad (2.35)$$

Daraus folgt für die Investitionsniveaus:

ERGEBNIS 5.
*Jede Art von Integration führt zu suboptimalen spezifischen Investitionen, d.h.
b und s aus den Gleichungen 2.28 und 2.29 liegen unterhalb von b^* und s^*:
$b_i < b^*, s_i < s^*$, $i \in \{0,1,2\}$.*

BEWEIS Erfüllen b und s die Gleichungen 2.28 und 2.29, folgt das Ergebnis unmittelbar aus den Annahmen 2 und 3. ■

Dieses Ergebnis ist intuitiv plausibel: Jeder Cent, den B zusätzlich investiert, hat zwei Effekte: Einerseits erhöht er c.p. den Payoff von B um dessen Anteil an der Vergrößerung des Gesamtpayoffs (näherungsweise $-\frac{1}{2}C_b$), andererseits senkt er B's Payoff um die Investitionsgrenzkosten in Höhe von 1 und die anteilig zu tragende Erhöhung des Drohpunktpayoffs von S in Höhe von $-\frac{1}{2}c_b$. Im Vergleich zur First-best-Situation halbiert sich der Grenzertrag *und* erhöhen sich die 'Grenzkosten' der Investition, so daß das payoffmaximierende Investitionsniveau bei jedem Integrationstyp unterhalb des First-best-Niveaus liegt. Eine analoge Argumentation zeigt, daß auch das Investitionsniveau von S unterhalb des First-best-Niveaus liegen wird.

Im Vergleich zur Situation mit eigennützigen Investitionen ergibt sich zudem:

KOROLLAR 1.
B und S investieren im Fall streng kooperativer Investitionen im Gleichgewicht c.p. weniger als im Fall streng eigennütziger Investitionen.

BEWEIS Vergleicht man die Gleichung 2.28 mit Gleichung 2.8 (S. 38) sowie Gleichung 2.29 mit Gleichung 2.7 (S. 38), folgt das Ergebnis unmittelbar aus den Annahmen 2 und 3 auf Seite 36 sowie den Annahmen 2 und 3 auf Seite 73. ■

Welche Integrationsform werden B und S wählen? B's Investitionsanreize steigen von der S- über die Nicht- hin zur B-Integration, weil dadurch S's No-Trade-Payoff Schritt für Schritt abnimmt (Annahme 2). Analog steigen die Investitionsanreize für S von der B- über die Nicht- hin zur

2.3. Hold-up und suboptimale spezifische Investitionen

S-Integration:

$$b^* > b_1 \geq b_0 \geq b_2$$
$$s^* > s_2 \geq s_0 \geq s_1$$

Zur Bestimmung optimaler Eigentumsstrukturen und für den direkten Vergleich mit eigennützigen Investitionen kommen die Definitionen 1 bis 4 (S. 41) leicht modifiziert wieder ins Spiel:

DEFINITION 1 Die Investition von B ist relativ unproduktiv, wenn $C(b)$ ersetzt wird durch $\rho C(b) - (1-\rho)b$ und $c(b; A_S)$ durch $\rho c(b; A_S) - (1-\rho)b$ $\forall\, A_S$, wobei $\rho > 0$ klein ist. Die Investition von S ist relativ unproduktiv, wenn $V(s)$ ersetzt wird durch $\rho V(s) + (1-\rho)s$ und $v(s; A_B)$ durch $\rho v(s; A_B) + (1-\rho)s$ $\forall\, A_B$, wobei $\rho > 0$ klein ist. ✱

DEFINITION 2 Die Produktionsfaktoren $a1$ und $a2$ sind unabhängig, wenn $c_b(b; a1, a2) \equiv c_b(b; a2)$ und $v_s(s; a1, a2) \equiv v_s(s; a1)$. ✱

DEFINITION 3 Die Produktionsfaktoren $a1$ und $a2$ sind streng komplementär, wenn entweder $c_b(b; a2) \equiv c_b(b; \varnothing)$ oder $v_s(s; a1) \equiv v_s(s; \varnothing)$. ✱

DEFINITION 4 B's Humankapital (bzw. das von S) ist unverzichtbar, wenn $c_b(b; a1, a2) \equiv c_b(b; \varnothing)$ (bzw. $v_s(s; a1, a2) \equiv v_s(s; \varnothing)$). ✱

Für die Wahl der optimalen Eigentumsstruktur bedeutet dies:

ERGEBNIS 6.
1. *Ist die Investition von B (S) relativ unproduktiv und gilt $v_s(s; a1, a2) > v_s(s; a1)$ $\forall\, s$ $(-c_b(b; a1, a2) > -c_b(b; a2)$ $\forall\, b)$, dann ist für ein hinreichend kleines ρ die S-Integration (B-Integration) optimal.*

2. *Sind $a1$ und $a2$ unabhängig, ist die B- oder die S-Integration optimal.*

3. *Sind $a1$ und $a2$ streng komplementär, ist die Nichtintegration optimal.*

4. *Ist das Humankapital von B (S) unverzichtbar, ist die S-Integration (B-Integration) optimal.*

5. Sind sowohl B's als auch S's Humankapital unverzichtbar, sind alle Eigentumsstrukturen optimal.

BEWEIS 1. Ist die Investition von B relativ unproduktiv, ändert sich die entsprechende Gewinnmaximierungsbedingung in folgender Weise:

$$-\frac{1}{2}\rho\Big[C_b(b) - c_b(b; A_S)\Big] = 1$$

$$-\frac{1}{2}\rho C_b(b) = 1 - \frac{1}{2}\rho c_b(b; A_S) \qquad (2.36)$$

Anders als bei eigennützigen Investitionen ist B's Entscheidung nicht unabhängig von ρ.[109] Auch der Gesamtpayoff ist von ρ abhängig; je kleiner ρ, desto geringer der Einfluß des Investitionsniveaus b auf den Gesamtpayoff:

$$\Phi^{ea}(b, s; \rho) = V(s) - s - \rho C(b) + (1 - \rho)b - b$$
$$= V(s) - s - \rho(C(b) + b)$$
$$\to V(s) - s \text{ für } \rho \to 0.$$

Wenn ρ klein ist, zählt für den Gesamtpayoff nur S's Investitionsentscheidung. Dessen Investitionsanreiz ist am stärksten, wenn er im Besitz aller Kontrollrechte ist, denn jedes Kontrollrecht in der Hand von B erhöht S's Investitionsgrenzkosten. Folglich ist die S-Integration optimal. Umgekehrt ist die B-Integration optimal, wenn s relativ unproduktiv ist.

2. Nach der Definition der Unabhängigkeit sind sowohl die Gleichungen 2.30 und 2.34 als auch die Gleichungen 2.31 und 2.33 identisch. Für die Gewinnmaximierungsbedingungen gilt

$$-\frac{1}{2}\Big[C_b(b_0) - c_b(b_0; a2)\Big] = -\frac{1}{2}\Big[C_b(b_2) - c_b(b_2; a1; a2)\Big] = 1 \text{ und}$$

$$\frac{1}{2}\Big[V_s(s_0) - v_s(s_0; a1)\Big] = \frac{1}{2}\Big[V_s(s_1) - v_s(s_1; a1, a2)\Big] = 1$$

---

[109] Bei gegebener Eigentumsstruktur sinkt das gleichgewichtige Investitionsniveau b mit sinkendem ρ, weil der Grenzertrag der Investition (linke Seite von Gleichung 2.36) rascher sinkt als die Grenzkosten der Investition (rechte Seite von Gleichung 2.36). Für $\rho \to 0$ geht auch das gewinnmaximierende Investitionsniveau b gegen null.

2.3. Hold-up und suboptimale spezifische Investitionen 79

und folglich $b_0 = b_2$ und $s_0 = s_1$. Erhält jetzt beispielsweise B ausgehend von der Nichtintegration die Kontrollrechte an $a2$, bleiben die Investitionsanreize von S konstant, während die von B steigen. Analog steigen die Investitionsanreize von S, wenn er ausgehend von der Nichtintegration die Kontrollrechte an $a1$ erhält, während die Investitionsanreize von B konstant bleiben. Folglich dominieren die B- und die S-Integration die Nichtintegration.

3. Bei strenger Komplementarität ist $c_b(b; a2) = c_b(b; \varnothing)$: Die Lösungen der Gleichungen 2.30 und 2.32 sind gleich, also ist $b_0 = b_1$. Analog gilt $v_s(s; a1) = v_s(s; \varnothing)$. Die Lösungen der Gleichungen 2.31 und 2.35 sind gleich, d.h. $s_0 = s_2$. Erhält ausgehend von der Nichtintegration S die Kontrollrechte an $a1$, bleiben S's Investitionsanreize konstant und die von B sinken. Folglich dominiert die Nichtintegration die S-Integration. Umgekehrt sinken – verglichen mit der Nichtintegration – die Investitionsanreize von S, wenn B $a2$ erhält, ohne daß sich die Investitionsanreize von B ändern. Die Nichtintegration dominiert also auch die B-Integration.[110]

4. Wenn B's Humankapital unverzichtbar ist, ist sein optimales Investitionsniveau unabhängig von der Integrationsform, weil die No-Trade-Payoffs von S bei jeder Eigentumsstruktur in gleicher Weise auf die Investition von B reagieren: $-c_b(b; \varnothing) = -c_b(b; a2) = -c_b(b; a1, a2)$. Folglich ist $b_0 = b_1 = b_2$. S's Investitionsanreize hingegen steigen, wenn er über mehr Produktionsfaktoren verfügt: $s_2 \geq s_0 \geq s_1$. Folglich ist die S-Integration optimal. Eine analoge Argumentation zeigt, daß die B-Integration optimal ist, wenn das Humankapital von S unverzichtbar ist.

5. Sind sowohl das Humankapital von B wie das von S unverzichtbar, sind die Lösungen von 2.30, 2.32 und 2.34 sowie von 2.31, 2.33 und 2.35 identisch: $b_0 = b_1 = b_2$ und $s_0 = s_1 = s_2$. Jede Eigentumsstruktur ist optimal. ■

---

[110] Natürlich kann man der Annahme der Komplementarität die Annahme einer relativ unproduktiven Investition hinzufügen: Dann wäre bei relativer Unproduktivität von b (s) die S-(B)-Integration optimal.

Diese Organisationsvoraussagen bilden einen nahezu perfekten Gegensatz zu Ergebnis 2 (S. 42). Allein Teilergebnis 1 entspricht dem korrespondierenden Teilergebnis von GHM. Das muß zwar nicht unbedingt überraschen, sind doch eigennützige und kooperative Investitionen ihrer Art nach Gegensätze, stellt jedoch die Empirie vor neue Schwierigkeiten: Die Edlin/Reichelstein-Kritik an GHM weckt die Erwartung, daß Transaktionen, in denen eigennützig spezifisch investiert wird, kaufvertraglich abgesichert werden; der Che/Hausch-Gegeneinwand läßt vermuten, daß Transaktionen mit ganz oder partiell kooperativen Investitionen über eine Integrationsform abgesichert werden, und zwar in Abhängigkeit von der Art der Produktionsfaktoren und des Humankapitals. Von der empirischen Forschung wäre damit zu fordern, daß sie zwischen eigennützigen und kooperativen Investitionen zu unterscheiden hat und im letzteren Fall darüber hinaus abschätzen muß, ob die Produktionsfaktoren unabhängig oder komplementär sind und ob das beteiligte Humankapital unverzichtbar ist.

Daneben aber – und möglicherweise vorrangig – stellt sich die Frage, ob die vorgenommene Analyse überhaupt umfassend genug ist. Ergänzt man nämlich den Kanon der Integrationsformen um die Möglichkeit, daß B und S die Kontrollrechte an den Produktionsfaktoren gemeinsam und mit Vetorecht ausüben (BSV-Integration),[111] ändern sich die Ergebnisse grundlegend:

ERGEBNIS 7.

Können B und S neben der Nichtintegration, der B- und der S-Integration noch eine BSV-Integration vereinbaren (Integration vom Typ 3), führt diese Integrationsform in keinem der obengenannten Fälle zu einem geringeren Gesamtpayoff als irgendeine andere Integrationsform.

BEWEIS Für die BSV-Integration gelte $A_B = A_S = \{\overline{a1, a2}\}$. Dann folgt Ergebnis 7 unmittelbar aus der Tatsache, daß bei gemeinsamer Ausübung

---

[111] 'B' und 'S' stehen für die Eigentümer, 'V' für Vetorecht. Für diese Integrationsform ist Annahme 1 entsprechend zu lockern. Daß die BSV-Integration durchaus Relevanz hat und Beachtung verdient, zeigt ihre Behandlung bei Hart (1995, 48). Zudem steht sie – anders als eine gemeinsame Ausübung der Kontrollrechte ohne Vetorecht – nicht im Widerspruch zur Interpretation von $a1$ und $a2$ als physische Produktionsfaktoren.

2.3. Hold-up und suboptimale spezifische Investitionen

der Kontrollrechte weder B noch S die Möglichkeit hat, ohne Zustimmung des anderen $a1$ oder $a2$ außerhalb der Transaktionsbeziehung einzusetzen. Und diese Zustimmung wird nicht gegeben. Für die Investitionsgrenzerträge bedeutet dies:

$$c_b(b;\overline{a1,a2}) = c_b(b;\varnothing) \quad \forall\, b,$$
$$v_s(s;\overline{a1,a2}) = v_s(s;\varnothing) \quad \forall\, s.$$

Durch die BSV-Integration wird die *grenzkostenerhöhende* Wirkung der Investition minimiert:

$$-\frac{1}{2}\left[C_b(b_3) - c_b(b_3;\varnothing)\right] = 1, \tag{2.37}$$
$$\frac{1}{2}\left[V_s(s_3) - v_s(s_3;\varnothing)\right] = 1. \tag{2.38}$$

Für die allgemeine Investitionsrangfolge ergibt sich:

$$b^* > b_3 = b_1 \geq b_0 \geq b_2$$
$$s^* > s_3 = s_2 \geq s_0 \geq s_1.$$ ∎

KOROLLAR 2.
Im einzelnen gilt: 1. Die BSV-Integration dominiert die S-Integration (B-Integration), wenn die Investition von B (S) relativ unproduktiv ist. 2. Sie dominiert die B- und die S-Integration streng, wenn a1 und a2 unabhängig sind. 3. Sind a1 und a2 streng komplementär, ist BSV-Integration ebenso optimal wie die Nichtintegration. 4. Ist das Humankapital von B (S) unverzichtbar, sind BSV-Integration und S-(B-)Integration gleichwertig. 5. Ist sowohl das Humankapital von B wie das von S unverzichtbar, ist die BSV-Integration nicht schlechter als irgendeine andere Integrationsform.

BEWEIS 1. Ist beispielsweise b relativ unproduktiv, wird für den Gesamtpayoff mit sinkendem ρ das Investitionsniveau von S wichtiger: s wiederum ist monoton fallend in den Produktionsfaktoren, die B gehören. Folglich sind S's Investitionsanreize bei S-Integration oder bei gemeinsamem Eigentum an den Produktionsfaktoren am höchsten. Solange $\rho \gg 0$, trägt auch das Investitionsniveau von B

signifikant zum Gesamtpayoff bei: b ist monoton fallend in den Produktionsfaktoren, die S besitzt. Also sind B's Investitionsanreize bei der B-Integration oder bei gemeinsamem Eigentum an den Produktionsfaktoren am höchsten. Insgesamt also dominiert das gemeinsame Eigentum an den Produktionsfaktoren die S-Integration, solange $\rho \gg 0$. Mit $\rho \to 0$ ist die S-Integration dem gemeinsamen Eigentum an den Produktionsfaktoren asymptotisch gleichwertig. Eine analoge Argumentation zeigt, daß das gemeinsame Eigentum die B-Integration dominiert, wenn s relativ unproduktiv ist.

2. Sind $a1$ und $a2$ unabhängig, erhöht der Übergang von der Nichtintegration zur BSV-Integration die Investitionsanreize von B und S. Und dies führt dazu, daß die BSV-Integration die B- oder die S-Integration strikt dominiert.

3. Bei strenger Komplementarität ist der No-Trade-Payoff bei Eigentum an *einem* Produktionsfaktor genauso hoch, wie der No-Trade-Payoff bei Eigentum an keinem Produktionsfaktor. Deshalb sind Nichtintegration und BSV-Integration in ihrer Wirkung auf die No-Trade-Payoffs und damit auf die Investitionsanreize äquivalent.

4. Ist B's Humankapital unverzichtbar, ist sein Investitionsniveau unabhängig von der herrschenden Eigentumsstruktur. S's Investitionsanreize jedoch sinken, wenn B mehr Produktionsfaktoren besitzt. Dementsprechend ist eine S- oder eine BSV-Integration optimal. Mutatis mutandis ist eine B- oder eine BSV-Integration optimal, wenn das Humankapital von S unverzichtbar ist.

5. Bei beidseitig unverzichtbarem Humankapital sind die notwendigen Bedingungen für Payoffmaxima für alle Eigentumstrukturen gleich. Dementsprechend ist die BSV-Integration so gut wie jede andere Eigentumstruktur. ∎

Nun kann man einwenden, daß die Optimalität der BSV-Integration ganz entscheidend von der Glaubwürdigkeit des Vetos beim Scheitern der Nachverhandlung abhängt. Das Veto bedeutet Ineffizienz, weil die

2.3. Hold-up und suboptimale spezifische Investitionen

Produktionsfaktoren $a1$ und $a2$ nicht genutzt werden. Für B und S ist es demnach rational, über die Aufhebung des Vetos zu verhandeln und die Kontrollrechte an den Produktionsfaktoren beim gegebenen Investitionsniveau effizient zu alloziieren.[112] Cai (2003) zeigt, daß eine derartige Nachverhandlung keinen Einfluß auf die individuellen Payoffs hat und demnach auch die Investitionsanreize nicht verändert. Dies gilt auch hier.

Die Nachverhandlung über die Kontrollrechte ergänzt die ursprüngliche Handlungssequenz um den Zeitpunkt $t = 6$: Wenn die Nachverhandlung über Preis und Lieferung in $t = 5$ scheitert, finden in $t = 6$ Nachverhandlungen über die Verteilung der Produktionsfaktoren statt. Dies wird als Szenario II bezeichnet. Wie bei Cai (2003, 6) wird auch hier plausiblerweise davon ausgegangen, daß B und S sich denselben prozentualen Anteil am Nachverhandlungsüberschuß sichern können wie schon in $t = 5$. Scheitert also die Verhandlung über Preis und Lieferung in $t = 5$, werden sich B und S in $t = 6$ auf die bei gegebenen Investitionsniveaus effiziente Kontrollrechteaufteilung einigen und dann auseinandergehen. Die Höhe ihrer No-Trade-Payoffs resultiert dabei aus der in $t = 1$ vereinbarten Verteilung der Produktionsfaktoren und den in $t = 2$ vorgenommenen Investitionen. Im Modell ohne Nachverhandlung über die Produktionsfaktoren (Szenario I) erhalten B und S bei Nichteinigung in $t = 5$ ihre jeweiligen No-Trade-Payoffs in Höhe von

$$\psi_B(\overline{s}; \overline{A_B}) = v(\overline{s}; \overline{A_B}) - \overline{p} \quad \text{bzw.} \qquad (2.39)$$

$$\psi_S(\overline{b}; \overline{A_S}) = \overline{p} - c(\overline{b}; \overline{A_S}). \qquad (2.40)$$

Diese No-Trade-Payoffs sind auch die Drohpunkte in $t = 6$ im Szenario II. Gegeben die Investitionen aus $t = 2$ bezeichnen A_B^* und A_S^* die effiziente Kontrollrechteverteilung in $t = 6$. Der entstehende Nachverhandlungsüberschuß wird der Nash-Verhandlungslösung entsprechend geteilt, d.h. die Payoffs von B und S belaufen sich auf

$$\widetilde{\psi}_B(\overline{s}; A_B^*) = v(\overline{s}; \overline{A_B}) - \overline{p}$$

---
[112] Viele Arbeiten im Rahmen des Property-Rights-Ansatzes nehmen an, daß über die Verteilung der Produktionsfaktoren nicht nachverhandelt wird (vgl. Cai, 2003).

$$+ \frac{1}{2}\Big[v(\bar{s};A_B^*) - c(\bar{b};A_S^*) - (v(\bar{s};\overline{A_B}) - c(\bar{b};\overline{A_S}))\Big]$$
$$= \frac{1}{2}\Big[v(\bar{s};A_B^*) - c(\bar{b};A_S^*) + v(\bar{s};\overline{A_B}) + c(\bar{b};\overline{A_S})\Big] - \bar{p} \quad \text{bzw.}$$
$$\widetilde{\psi}_S(\bar{s};A_S^*) = \bar{p} - c(\bar{b};\overline{A_S})$$
$$+ \frac{1}{2}\Big[v(\bar{s};A_B^*) - c(\bar{b};A_S^*) - (v(\bar{s};\overline{A_B}) - c(\bar{b};\overline{A_S}))\Big]$$
$$= \bar{p} + \frac{1}{2}\Big[v(\bar{s};A_B^*) - c(\bar{b};A_S^*) - v(\bar{s};\overline{A_B}) - c(\bar{b};\overline{A_S})\Big].$$

Kalkulieren B und S diese neuen No-Trade-Payoffs in ihre Investitionsentscheidung ein, ergeben sich als 'neue' Ex-ante-Payoffs die ursprünglichen Ex-ante-Payoffs aus Szenario I:

$$\pi_B^{ea} = \widetilde{\psi}_B + \frac{1}{2}\Big[V(s) - C(b) - (\widetilde{\psi}_B + \widetilde{\psi}_S)\Big] - b$$
$$= \frac{1}{2}\Big[V(s) - C(b) + \widetilde{\psi}_B - \widetilde{\psi}_S\Big] - b$$
$$= \frac{1}{2}\Big[V(s) - C(b) + \frac{1}{2}\Big[v(\bar{s};A_B^*) - c(\bar{b};A_S^*) + v(\bar{s};\overline{A_B}) + c(\bar{b};\overline{A_S})\Big]$$
$$- \bar{p} - \bar{p} - \frac{1}{2}\Big[v(\bar{s};A_B^*) - c(\bar{b};A_S^*) - v(\bar{s};\overline{A_B}) - c(\bar{b};\overline{A_S})\Big]\Big] - b$$
$$= -\bar{p} + \frac{1}{2}\Big[V(s) - C(b) + v(\bar{s};\overline{A_B}) + c(\bar{b};\overline{A_S})\Big] - b$$
$$\pi_S^{ea} = \frac{1}{2}\Big[V(s) - C(b) - v(\bar{s};\overline{A_B}) - c(\bar{b};\overline{A_S})\Big] - s.$$

Dieses Ergebnis läßt sich folgendermaßen erklären:[113] Im Szenario I beschreiben die Gleichungen 2.39 und 2.40 die No-Trade-Payoffs für die Verhandlung in $t = 5$ über Preis und Lieferung von Z. Dieselben Gleichungen beschreiben auch die No-Trade-Payoffs, die im Szenario II in $t = 6$ gelten. Folglich müssen bei unverändertem Machtverhältnis die No-Trade-Payoffs, die Einigungspayoffs in $t = 6$ aus Szenario II und die Einigungspayoffs in $t = 5$ aus Szenario I auf einer *Geraden* liegen. Da es zudem effizient ist, daß sich B und S in $t = 5$ einigen und nicht nicht einigen (Annahme 1), liegen die realisierten Payoffs aus Szenario II zum Zeitpunkt $t = 6$ – wenn also die Verhandlung über Lieferung und Preis von Z in

---
[113] Vgl. auch Cai (2003, 10-11).

2.3. Hold-up und suboptimale spezifische Investitionen

$t = 5$ gescheitert ist und B und S auseinandergehen – oberhalb der No-Trade-Payoffs und unterhalb der nicht realisierten Einigungspayoffs zum Zeitpunkt $t = 5$. Das bedeutet aber, daß die Nachverhandlung über die Verteilung der Produktionsfaktoren die für die Investition in $t = 2$ relevanten Drohpunkte gar nicht verschiebt[114] und somit für die Investitionsanreize keine Rolle spielt.[115]

Der Einwand gegen die BSV-Integration, sie unterstelle ineffiziente Drohpunkte und sei deshalb nicht nachverhandlungsstabil, ist insgesamt also ebenso zutreffend wie unproblematisch: Die Erweiterung des ursprünglichen Szenarios um eine Nachverhandlung über die Allokation der Produktionsfaktoren, wenn die Verhandlung über Lieferung und Preis von Z scheitert, berührt die Investitionsanreize von B und S nicht im geringsten.

2.3.4.2 Drohpunkte als Outside-Options

Die Interpretation der No-Trade-Payoffs als Outside-Options zieht wiederum ein anderes Ergebnis nach sich. Dies soll an einem vereinfachten Modell gezeigt werden: Nur S kann kooperativ spezifisch investieren. Der Gesamtpayoff ex post beträgt damit $\Phi(s) \equiv V(s) - \overline{C}$. Der No-Trade-Payoff von B ist abhängig vom Investitionsniveau s und der Integrationsform: $\psi_B(s; A_B) \equiv v(s; A_B) - \overline{p}$. Dabei gilt: $\psi_B(s; a1, a2) > \frac{1}{2}\Phi(s) > \psi_B(s; a1) = \psi_B(s; \varnothing)$, $0 < s < \infty$, also $v(s; a1, a2) - \overline{p} > \frac{1}{2}\left[V(s) - \overline{C}\right] > v(s; a1) - \overline{p} = v(s; \varnothing) - \overline{p}$, $0 < s < \infty$. S's No-Trade-Payoff ist allein von der Integrationsform abhängig: $\psi_S(A_S) \equiv \overline{p} - c(A_S)$ mit $\frac{1}{2}\left[V(s) - \overline{C}\right] > \overline{p} - c(a1, a2) > \overline{p} - c(a2) = \overline{p} - c(\varnothing)$, $0 < s < \infty$.[116]

Das First-best-Investitionsniveau s^* erfüllt die Maximierungsbedingung

$$V_s(s^*) = 1.$$

---

[114] Vgl. für einen allgemeineren Beweis Cai (2003).
[115] Es handelt sich bei ψ_i und $\widetilde{\psi}_i$ um sogenannte äquivalente Konfliktpunkte (vgl. dazu beispielsweise Holler/Illing, 1993, 196-199).
[116] Die Gleichungen der No-Trade-Payoffs machen deutlich, daß es sich bei $a1$ und $a2$ um streng komplementäre Produktionsfaktoren handelt.

Im Fall der Nichtintegration (Integration vom Typ 0) ist die Outside-Option von B nicht bindend, da $v(s;a1) - \overline{p} < \frac{1}{2}\left[V(s) - \overline{C}\right]$. Der Ex-ante-Payoff von S beträgt

$$\pi_S^{ea} = \frac{1}{2}\left[V(s) - \overline{C}\right] - s,$$

und für das payoffmaximierende Investitionsniveau s_0 gilt

$$\frac{1}{2}V_s(s_0) = 1.$$

Da $V_{ss} < 0$, investiert S nur suboptimal: $s_0 < s^*$.

Bei der BSV-Integration (Integration vom Typ 3) ist keine Outside-Option bindend. Der Ex-ante-Payoff von S und sein Investitionsniveau entsprechen denjenigen bei Nichtintegration: $s_3 = s_0 < s^*$.

Bei B-Integration (Integration vom Typ 1) hingegen ist die Outside-Option von B bindend. S maximiert für seine optimale Investitionsentscheidung den folgenden Ausdruck:

$$\pi_S^{ea} = V(s) - v(s;a1,a2) - \overline{C} - s \to \max_{s}!$$

Im Payoffmaximum gilt dann:

$$V_s(s) - v_s(s;a1,a2) = 1$$

Zwei Fälle lassen sich unterscheiden:

DEFINITION Die Investition in die Outside-Option ist relativ produktiv, wenn $v_s(s;A_B) > \frac{1}{2}V_s(s)$ für alle A_B,s, und relativ unproduktiv, wenn $v_s(s;A_B) < \frac{1}{2}V_s(s)$ für alle A_B,s. ⊛

Weil $v_s(s;a1,a2) \geq 0$, gilt bei produktiver wie bei unproduktiver Outside-Option $s_1 \leq s^*$. Ist die Outside-Option relativ produktiv, investiert S bei B-Integration weniger als bei der BSV-Integration, d.h. $s_1 < s_3 < s^*$. Ist die Outside-Option relativ unproduktiv, investiert S bei B-Integration stärker als bei der BSV-Integration. Es gilt: $s_3 < s_1 \leq s^*$.

Im Fall der S-Integration bindet die Outside-Option von B nicht, da $v(s;\varnothing) - \overline{p} < \frac{1}{2}\left[V(s) - \overline{C}\right]$, d.h. der Ex-ante-Payoff von S beläuft sich auf

$$\pi_S^{ea} = \frac{1}{2}\left[V(s) - \overline{C}\right] - s.$$

2.3. Hold-up und suboptimale spezifische Investitionen

Das payoffmaximierende Investitionsniveau liegt bei $s_2 = s_0$.
Damit ergibt sich folgendes Bild der Investitionsrangfolge:

OO ist relativ ...	Investitionsniveaus
produktiv	$0 < s_1 < s_0 = s_2 = s_3 < s^*$
unproduktiv	$0 < s_0 = s_2 = s_3 < s_1 \leq s^*$

Wie schon im Fall eigennütziger Investitionen spielt die Interpretation der No-Trade-Payoffs eine entscheidende Rolle für die optimale Integrationsform: Nimmt man an, daß in einer konkreten Situation die No-Trade-Payoffs Inside-Options sind, würde man erwarten, daß die beteiligten Transaktionspartner ein Joint-Venture mit Sperrklauseln gründen. Nimmt man an, daß die No-Trade-Payoffs Outside-Options darstellen, kann auch eine andere Integrationsform, hier: die B-Integration, optimal sein. Aus empirischer Sicht dürfte es schwierig sein, Inside-Options- von Outside-Options-Situationen zu unterscheiden und darüber hinaus relativ produktive von relativ unproduktiven Investitionen in die Outside-Options.

Einen Ausweg bietet da eine experimentelle Überprüfung, wie sie Sonnemans et al. (2001) für streng eigennützige Investitionen durchgeführt haben. Allerdings sind bei ihnen die No-Trade-Payoffs investitionsunabhängig, und daher gibt es in der theoretischen Lösung *keinen* Unterschied zwischen den gleichgewichtigen Investitionsniveaus bei eigennützigen und bei kooperativen Investitionen. Dieses Problem kann durch geeignet definierte investitionsabhängige No-Trade-Payoffs behoben werden. Überdies dürfte – wie schon erwähnt – auf gar keinen Fall die Rückkopplung an eine Verhandlung über die Verteilung der Produktionsfaktoren fehlen, denn gerade sie ist ja die zentrale Hypothese der Theorie, und damit das eigentliche Untersuchungsobjekt. Eine experimentelle Überprüfung könnte zudem Aufschluß darüber geben, ob die *BSV*-Integration von B und S gewählt wird.

2.3.5 Kritik

2.3.5.1 Zusammenfassung und Bewertung der Ergebnisse

Die mit Klein et al. (1978) beginnende Analyse möglicher Ex-ante-Transaktionskosten in Form suboptimaler spezifischer Investitionen hat die Williamsonsche Analyse nachhaltig bereichert. Daß spezifische Investitionen aus Vorsicht unterbleiben, gehört mittlerweile zu den Standardargumenten der Befürworter vertikaler Integrationen und hat auch im Ansatz Williamsons seinen Platz gefunden.[117] Die Formalisierung durch GHM stellt die Argumentation von Klein et al. (1978) auf ein neues Fundament und vertieft das Verständnis des Hold-up-Problems beträchtlich.

Der Modellüberblick zeigt allerdings auch, welche Tücken im Detail des Hold-up-Arguments stecken: Bei eigennützigen Investitionen erwarten GHM, daß die Transaktionspartei mit der wichtigeren Investition vertikal integriert, deMeza/Lockwood (1998), Chiu (1998) und Rajan/Zingales (1998) hingegen, daß die Transaktionspartei mit der weniger wichtigen Investition integriert. Edlin/Reichelstein (1996) weisen nach, daß ein einfacher Kaufvertrag das Hold-up-Problem lösen kann, was eine Integration – gerade wegen der möglicherweise höheren Governancekosten und des ineffizienten Investitionsniveaus – suboptimal erscheinen läßt. Che/Hausch (1999) hinwieder belegen für den Fall kooperativer Investitionen die ökonomische Unsinnigkeit eines solchen Vertrags. Und daraus läßt sich zunächst schließen, daß nur bei kooperativen Investitionen die Suche nach der optimalen Integrationsform notwendig ist. Die Analyse des GHM-Modells mit kooperativen Investitionen rät unabhängig von der Art der verwendeten Assets und der relativen Produktivität der Investitionen zum Joint-Venture mit Vetorecht. Fügt man diese beiden Ergebnisse zusammen, kann man sich schon die Frage stellen, wie es dann überhaupt zur Bildung vertikal integrierter Unternehmungen kommen kann und warum es nicht allein Partnerschaften oder desintegrierte Unternehmungen gibt.

---

[117] Vgl. Williamson (1979).

2.3. Hold-up und suboptimale spezifische Investitionen

Eine Antwort auf diese Frage wird auf zum einen auf die Labilität der Modellergebnisse hinweisen: Rechnet man ein, daß die Optimalität des Joint-Venture mit Vetorecht von der Struktur der Nachverhandlung abhängt, können auch andere Eigentumsstrukturen optimal sein. Berücksichtigt man zum anderen, daß das Hold-up-Problem nur eine, wenn auch wichtige Facette des Phänomens vertikal integrierter Unternehmungen zeigt, darf deren Existenz nicht verwundern. Was also insgesamt bleibt, ist die wichtige Erkenntnis: Eigentum an physischen Produktionsfaktoren beeinflußt die Anreize, spezifisch zu investieren, und daraus lassen sich Schlüsse für eine optimale Form der Integration ziehen.

Allerdings belegen die experimentellen Ergebnisse, daß die Unterinvestitionsproblematik weniger gravierend ist, als der PRA vorhersagt. Die strikte Orientierung am eigenen materiellen Nutzen kann die beobachteten Investitionsniveaus nicht vollständig erklären, und auch im Hinblick auf die Nachverhandlung scheinen um soziale Präferenzen angereicherte Nutzenfunktionen die Daten besser organisieren zu können. Die experimentellen Resultate zeigen zudem, daß Verhandlungskosten in Form von Einigungsverzögerungen und Nichteinigungen als Teil der hold-up-bedingten Gesamtineffizienzen nicht zu vernachlässigen sind. In diesem Punkt ist der GKA dem PRA einen Schritt voraus. Dieser Verhandlungseffekt dürfte sich verstärken, wenn die Aufteilung der Verfügungsrechte in das Experiment integriert wird. Daß derartige Verhandlungskosten und auch Integrationskosten in Form einer Anreizabschwächung in den Modellen des PRA nicht auftauchen, kritisiert Williamson (2002b) nachdrücklich.[118] Aus experimentellen Untersuchungen über die Verhandlungseffizienz unterschiedlicher kommunikativer Settings (anonym, Email, Telefon, Videokonferenz, Face-to-Face)[119]

---

[118] Vgl. Williamson (2002b, 188-189). Einen ersten Schritt in diese Richtung macht Tadelis (2002). Er entwickelt ein – von Williamson (2002a) 'approbiertes' – Modell, das den „accumulated wisdom from PRT, TCE, and the works of Holmstrom and Milgrom (1991, 1994)" (Tadelis, 2002, 435) zusammenzuführen versucht. Matouschek (2001) zeigt, daß Eigentumsstrukturen sich auf den Ineffizienzgrad der Nachverhandlung auswirken, wenn die Informationen über die genaue Höhe von V und C asymmetrisch verteilt sind.

[119] Vgl. Brosig et al. (1999, 2001, 2002a,b).

könnte man den vorsichtigen Schluß ziehen, daß Uneinigkeiten auf dem Ungleichgewichtspfad *innerhalb* einer Unternehmung möglicherweise rascher und verlustfreier beseitigt werden als zwischen Unternehmungen. Eine gründliche Untersuchung des Verhandlungsverhaltens in unterschiedlichen Governancestrukturen würde allerdings genaueren Aufschluß darüber geben, mit welchen Nachverhandlungskosten wann zu rechnen ist.

Besonders problematisch sind aus empirischer Sicht die Eigenschaften wichtiger integrationserklärender Variablen: Der PRA nimmt erstens an, daß das Niveau der Investitionen nicht Vertragsgegenstand sein kann, was ihre Messung schwierig werden läßt; und er nimmt zweitens an, daß die No-Trade-Payoffs nie realisiert werden, so daß sie in der Realität nicht beobachtet werden können.[120]

Kritisiert wird am PRA darüber hinaus die dürftige Unternehmungsdefinition.[121] Zudem bringt die Interpretation der Identitäten von B und S größere Schwierigkeiten mit sich.[122] Im Unterschied zum TKA spiele, so merken ebenfalls Holmström/Roberts an, die Transaktionsfrequenz keine besonders große Rolle,[123] und auch Unsicherheit komme im Standard-GHM-Modell nicht vor. Außerdem habe das Niveau der Faktorspezifität in Form der absoluten Höhe der Quasirente keinen Einfluß auf die optimale Allokation der Eigentumsrechte: Φ könne um eine beliebig große Konstante erhöht werden, ohne die Investitionsanreize zu ändern, weil diese marginal bestimmt würden. Dieser Kritik läßt sich noch hinzufügen, daß die Spezifität von Investitionen im PRA anders als im GKA keine Entscheidungsvariable, sondern vorgegeben ist: B und S können allein

---

[120] Vgl. Whinston (2001, 188). Diesem Dilemma versuchen sich Baker/Hubbard (2001) zu entziehen, indem sie Fälle untersuchen, in denen die Wirkung der Investitionen auf die No-Trade-Payoffs bei unterschiedlichen Eigentümerstrukturen a priori klar ist.
[121] Vgl. Holmström/Roberts (1998, 79).
[122] Vgl. ebd.
[123] Vgl. Holmström/Roberts (1998, 79). Allerdings existieren mittlerweile einige Modelle mit unendlich oft wiederholten Transaktionen von Baker et al. (2002), Halonen (2002) und Garvey (1995).

2.3. Hold-up und suboptimale spezifische Investitionen 91

über das Niveau ihrer Investitionen, nicht jedoch über deren Spezifität entscheiden.[124]
Vergleicht man nun GKA und PRA miteinander, sieht sich der PRA in der Erklärung innerbetrieblicher Autorität gegenüber dem GKA im Vorteil. GHM meinen, daß ihre Definition von Eigentum eine Theorie der Autorität impliziert, mit der sie – anders als Coase und Williamson – erklären können, „[why] [..] there is less haggling and hold-up behaviour in a merged firm."[125] Mit dieser Einschätzung haben GHM m.E. jedoch nur teilweise recht: In ihrem Modell gibt es nach einer vertikalen Integration nicht „less haggling": Die Verhandlungsmodellierung ist, unabhängig von der zugrundeliegenden Integrationsform, gleich. Auch das Hold-up-Verhalten ändert sich nicht grundsätzlich; was sich durch eine vertikale Integration ändert, ist lediglich die Verhandlungsmacht der beteiligten Unternehmungen in der Nachverhandlung. Zingales (2000) kritisiert an der GHM-Erklärung zudem die Abhängigkeit von der Existenz *physischer* Assets. Seiner Meinung nach fehlt eine Klärung der Frage, wie in humankapitallastigen Unternehmungen Autorität begründet und durchgesetzt werden kann.[126]

2.3.5.2 Grundlagen unvollständiger Verträge

Neben diesen interpretativ-empirischen Anfragen an den PRA wird von theoretischer Seite zunehmend in Zweifel gezogen, daß die Annahme der Unvollständigkeit von Verträgen hinreicht, um das Unterinvestitionsproblem zu erklären. Abschnitt 2.3 versteht unter einem unvollständigen Vertrag einen Vertrag, der nicht so ausführlich, umfassend und präzise ist, wie die Vertragspartner wünschen:[127] Beispielsweise würden *B* und *S* im GHM-Modell den *Z*-Typ genau spezifizieren, wenn dies denn Gerichte ex post verifizieren könnten, und sie würden im Vertrag verbindlich und

---
[124] Vgl. auch Schmitz/Sliwka (2001).
[125] Hart (1995, 28) und zur Kritik daran Williamson (2002b, 188).
[126] Vgl. Zingales (2000, 1637-1638). Zu einer Kritik an GHM wegen der Gleichsetzung von residuellen Kontrollrechten mit Eigentum vgl. Demsetz (1998) und Foss/Foss (2001).
[127] Vgl. zu dieser recht weiten Definition Maskin (2002, 726).

durchsetzbar vereinbaren, optimal zu investieren. Nach Abschluß eines solchen vollständigen Vertrags gäbe es ein 'Ex ante' oder 'Ex post' im bisher verstandenen Sinn nicht, denn der Vertrag legte alles in $t = 1$ umfassend fest, keine weitere Verhandlung wäre notwendig, ein Hold-up nicht zu befürchten. Allein die Unvollständigkeit des in $t = 1$ geschlossenen Vertrags macht Hold-up und Nachverhandlung möglich und unausweichlich. Als Rechtfertigung für diese aus der Sicht des Alltags unschuldige Annahme führen die Modelle die Kosten der Vertragsniederschrift, die Nichtverifizierbarkeit von Umweltzuständen sowie die Unvorhersehbarkeit von Umweltzuständen an.[128]

Die neuere Literatur zum Hold-up-Problem unterzieht insbesondere das letztgenannte Argument einer streng formalen Überprüfung und beweist für bestimmte Bedingungen (insbesondere strikte Risikoaversion der Akteure) die Implementierbarkeit des First-best-Ergebnisses trotz der Unvorhersehbarkeit von Umweltzuständen. Theoretisch basiert dieser Nachweis auf jüngeren Arbeiten zum Mechanismus-Design. Doch zunächst zu den Kosten der Vertragsniederschrift und zur Nichtverifizierbarkeit von Umweltzuständen:

Wenn die *Vertragsniederschrift mit Kosten verbunden* ist, würde ein optimal vollständiger Vertrag diese Kosten gegen die Kosten der Unvollständigkeit abwägen und marginal zum Ausgleich bringen. Derartige Kosten scheinen als Ursache für unvollständige Verträge auf den ersten Blick also recht plausibel. Dye (1985) nimmt beispielsweise an, daß die Vertragskosten pro Regelungstatbestand fix sind. Demnach sind Verträge umso vollständiger, je geringer die Kosten im Verhältnis zum Transaktionsumsatz sind, und umso unvollständiger, je höher sie sind. Allerdings gibt es bislang keinen guten Maßstab für die Höhe und die Zusammensetzung dieser Kosten. Zudem ist unklar, ob sie in wichtigen wirtschaftlichen Situationen signifikant sind.[129] Aus theoretischer Sicht bemängeln Hart/Holmström (1987), daß die Modellierung von Dye

---

[128] Vgl. Tirole (1999, 743-744), Maskin (2002, 726) und Segal (1999, 72-73).
[129] Vgl. Segal (1999, 73).

2.3. Hold-up und suboptimale spezifische Investitionen

(1985) beispielsweise das Niederschreiben einer Vertragsklausel zur Sicherung eines konstanten Reallohns unendlich teuer machte.[130,131]

Sind einige *Umweltzustände nicht verifizierbar*, können sie von den Vertragsparteien oder von der vertragdurchsetzenden Instanz, also beispielsweise von einem Gericht, nicht beobachtet werden. Es ist daher sinnlos, Vertragsbestimmungen an das Auftreten solcher Umweltzustände zu knüpfen. Gleichwohl sind zwei Arten von Nichtverifizierbarkeit zu unterscheiden: Bezogen auf die Hold-up-Modelle sind im ersten Fall die Informationen über den Umweltzustand (einschließlich der Investitionsniveaus) zwischen B und S asymmetrisch verteilt, und zudem kann das Gericht den Umweltzustand nicht beobachten. Im zweiten Fall können die Vertragsparteien (im weiteren der Einfachheit halber wieder B und S) die Umweltzustände eindeutig beobachten, nur das Gericht nicht.

Im ersten Fall liegt ein doppeltes Moral-hazard-Problem vor: B und S können unter *keinen* Umständen ein First-best-Ergebnis implementieren, sondern sind auf Second-best-Lösungen zurückgeworfen.[132] Im zweiten Fall hingegen verhindert die Nichtverifizierbarkeit nicht zwangsläufig die Realisierung des First-best-Ergebnisses. Denn solange B und S die Umweltzustände (inklusive der Investitionsniveaus) ex post beobachten können, können die Vertragsbestimmungen – wie gleich gezeigt wird – via B's und S's Berichten über ihre Beobachtungen an die Umweltzustände gekoppelt werden. Diese Lösung der Nichtverifizierbarkeit entspricht dem Vorgehen bei Unvorhersehbarkeit von Umweltzuständen, dem dritten informell angeführten Grund für die Unvollständigkeit von Verträgen.

Die meisten Modelle legitimieren die Annahme der Vertragsunvollständigkeit mit dem Hinweis auf *unvorhersehbare Umweltzustände*.[133]

---

[130] Vgl. auch Tirole (1999, 772-3) und Maskin (2001, 3).
[131] Im Modell von Rasmusen (2001) ist die Unvollständigkeit von Verträgen darauf zurückzuführen, daß das Lesen und Verstehen eines erschöpfend formulierten Vertrags mit hohen Kosten verbunden sein kann, wenn man mögliche Haken im Kleingedruckten entdecken will.
[132] Vgl. Maskin (2002, 728).
[133] Vgl. Tirole (1999, 744).

Tritt Unvorhergesehenes ein, müssen die Transaktionspartner über ihre Reaktion nachverhandeln. Dabei steht nicht der Gedanke im Hintergrund, daß die Transaktionspartner von der Zukunft gleichsam überrascht würden, sondern daß sie payoffrelevante Umweltzustände nicht vertragsgerecht beschreiben können.[134] B und S können zwar ex ante nicht festlegen, was sie in bestimmten Situationen ex post machen werden, sie können sich aber ex ante vertraglich verpflichten, im Falle eines Falles einen algorithmisch definierten Mechanismus abzuarbeiten. Zwei Bedingungen sollte ein optimaler Mechanismus erfüllen: Er sollte erstens ex ante individuell-rational sein (und damit konsensfähiger Vertragsbestandteil werden können) und zweitens ex ante B und S First-best-Investitionsanreize geben.

Die Implementationstheorie sucht Bedingungen, die es möglich machen, „to design a game form (also called a mechanism or outcome function) whose equilibrium outcomes are assured of being optimal with respect to some given criterion of social welfare (called a social choice rule)"[135]. Von Interesse für die Hold-up-Problematik sind also Mechanismen, die auf dem Gleichgewichtspfad zu effizienten Ergebnissen führen und zudem nachverhandlungsstabil sind. Diese Bedingungen schränken die Menge möglicher Mechanismen ein:[136] Sind Nachverhandlungen unmöglich, könnten ernsthafte Strafen B und S davon abhalten, vom effizienten Gleichgewichtspfad abzuweichen. Rechnen indes B und S berechtigterweise damit, daß die Strafe, weil ineffizient, noch nachverhandelt wird, werden die Anreize, auf dem Gleichgewichtspfad zu bleiben, stark geschwächt.

Für den ersten Fall – Nachverhandlungen sind unmöglich – zeigen Che/Hausch (1999), Hart/Moore (1999), Maskin/Tirole (1999a), Maskin

---

[134] Nicht antizipierte payoffrelevante Informationen formal zu modellieren, ist schwierig: Man muß entweder erklären, warum die subjektiv antizipierte Menge der zukünftigen Umweltzustände Θ_s eine echte Teilmenge der objektiven zukünftigen Umweltzustände Θ ist ($\Theta_s \subset \Theta$), oder warum die Transaktionspartner einigen Umweltzuständen subjektive Wahrscheinlichkeiten von null zuordnen, obwohl sie mit einer (objektiven) Wahrscheinlichkeit strikt größer null auftreten.
[135] Maskin/Moore (1999, 39).
[136] Vgl. Maskin/Moore (1999, 40-41) und auch Segal/Whinston (2002).

2.3 Hold-up und suboptimale spezifische Investitionen

(2002), Segal (1999) und Tirole (1999) auf unterschiedlichen Abstraktionsebenen, daß die Nichtbeschreibbarkeit von Umweltzuständen in einem Großteil der Modelle mit unvollständigen Verträgen und kooperativen bzw. hybriden Investitionen irrelevant ist.[137] Denn die Annahme der sequentiellen Rationalität – die zur Bestimmung teilspielperfekter Gleichgewichte notwendig ist – erfordert, daß alle *nicht vorhergesehenen* Umweltzustände *payoffirrelevant* sein müssen. Daher haben B und S eine adäquate Vorstellung von der Wahrscheinlichkeitsverteilung der Payoffs, und das reicht für die Implementation von First-best-Investitionen aus.

Das sogenannte Irrelevanz-Theorem von Maskin/Tirole (1999a) sagt:[138]

> „*If parties can assign a probability distribution to their possible future payoffs, then the fact that they cannot describe the possible physical states (e.g., the possible characteristics of the good to be traded) in advance is irrelevant to welfare. That is, the parties can devise a contract that leaves them no worse off than were they able to describe the physical states ex ante.*"[139]

Im optimalen Mechanismus tauschen B und S zuerst Berichte über die nicht verifizierbaren, aber beobachtbaren Umweltcharakteristika aus, wie Investitionsniveaus, Wertschätzung und Kosten; die Berichte können unwahr sein. Sodann wird Schritt für Schritt das eigentliche Programm des Mechanismus abgearbeitet. Zentraler Gedanke des Designs ist es, *B und S nacheinander* die Chance zu geben, die Berichte des anderen als unwahr oder als wahr hinzustellen, wobei auch diese Urteile nicht wahr sein müssen. Über geeignet definierte Strafen werden B und S davon abgehalten, unwahre Berichte abzugeben oder wahre Berichte als unwahr zu bezeichnen. In der letzten Stufe wird der Preis für Z festgelegt: Er ist eine Funktion der Berichte und einer konstanten Transferzahlung.

---

[137] Für streng eigennützige Investitionen und komplexe Mechanismen beweist dies schon Rogerson (1992). Daß selbst ein einfacher inkontingenter Vertrag bei beidseitigen, eigennützigen und spezifischen Investitionen zu First-best-Investitionen führen kann, zeigen – wie besprochen – Edlin/Reichelstein (1996).

[138] Vgl. Maskin/Tirole (1999a, Theorem 1, 92).

[139] Maskin (2002, 726). Dieses Theorem sagt *nicht*, daß die Möglichkeit zum Abschluß eines vollständigen Vertrags für die Transaktionspartner irrelevant ist; dies kann vielmehr den Gesamtpayoff erhöhen, weil dann zusätzlich alle Umweltzustände verifizierbar sind (vgl. Maskin, 2002, 726-727).

Da durch die Konstruktion des Mechanismus Wahrhaftigkeit eine schwach dominante Strategie ist, hängt der Preis vom tatsächlichen Umweltzustand ab. Und das wiederum führt in der Payoffkalkulation ex ante dazu, daß B und S optimal investieren werden. Maskin/Tirole (1999a), Tirole (1999) und Maskin (2002) weisen die Existenz eines solchen First-best-Mechanismus für die Fälle kooperativer wie eigennütziger Investitionen und risikoaverser wie risikoneutraler Agenten nach. Unbeschreibbarkeiten spielen also dann keine Rolle, wenn Nachverhandlungen – insbesondere kurz vor Bestrafungen – ausgeschlossen werden können; sie können daher den Abschluß inkontingenter Verträge, von Verträgen mit Optionsklauseln oder von Verträgen über physische Produktionsfaktoren nicht rechtfertigen.

Allerdings gibt es bislang keinen überzeugenden Mechanismus, der Vertragsparteien wirkungsvoll von einer beidseitig gewünschten Nachverhandlung abhält.[140] Nachdem sie die Machbarkeit von First-best-Investitionen im Fall ohne Nachverhandlung gezeigt haben, weisen Che/Hausch (1999), Segal (1999) und Hart/Moore (1999) nach, daß ein derartiger Mechanismus in Modellen, in denen Nachverhandlungen *nicht* ausgeschlossen werden können, selbst bei perfekter Ex-ante-Beschreibbarkeit aller Umweltzustände (asymptotisch) wertlos ist.[141]

Doch auch diese Ergebnisse sind relativierbar: Maskin/Moore (1999), Maskin/Tirole (1999a) und Segal/Whinston (2002) ermitteln die Voraussetzungen für die Implementationsmöglichkeit von First-best-Payoffs in Modellen, in denen zukünftige Umweltzustände nicht beschreibbar und Nachverhandlungen möglich sind. Eine zentrale Voraussetzung ist die strikte Risikoaversion der Transaktionspartner. Insgesamt lassen

---

[140] Gleichwohl sehen Maskin/Tirole (1999a, 98-100) gerade in der Rationalität der Vertragspartner die entscheidende Ursache dafür, daß sie Nachverhandlungen ausschließen können, wenn sie ex ante wissen, daß dies von Vorteil ist.

[141] Maskin/Tirole (1999b) merken an, daß die Modelle von Hart/Moore (1999) und Segal (1999) die Verwendung von Property-Rights-Modellen rechtfertigen können. Sie ermitteln als Bedingungen für diese Thesen, daß (a) B und S Nachverhandlungen nicht ausschließen können, daß (b) der Handel mit Dritten äquivalent zur Eigennutzung der Produktionsfaktoren ist und daß (c) B und S risikoneutral sind.

2.3. Hold-up und suboptimale spezifische Investitionen 97

diese strengeren Annahmen des modifizierten 'Irrelevanz-Theorems' vermuten, daß die Unbeschreibbarkeit von Umweltzuständen 'relevanter' wird, wenn Nachverhandlungen möglich sind, und damit eine größere Legitimationskraft für die Annahme 'unvollständiger Verträge' hat. Tabelle 2.6 faßt die Ergebnisse der Literatur zusammen.

	Ist ein First-best-NCC, -OC oder -CM implementierbar?		
		keine Nachverhdlg.	Nachverhdlg.
Eigennützige Investitionen			
risikoneutral	NCC	ja (ER96)	ja (ER96)
	OC	ja (NS95)	ja (NS95)
	CM	ja (R92)	ja
strikt risikoavers	alle	ja	ja
Kooperative Investitionen			
risikoneutral	NCC	nein (CH99)	nein (CH99)
	OC	ja (CH99)	nein (CH99)
	CM	ja (CH99)	nein (MT99)
strikt risikoavers	NCC	nein	nein
	OC	nein	nein
	CM	ja (MT99)	ja (MT99)

NCC: *non-contingent contract*; OC: *option contract*; CM: *complex mechanism*
ER96: Edlin/Reichelstein (1996); NS95: Nöldeke/Schmidt (1995); R92: Rogerson (1992); CH99: Che/Hausch (1999); MT99: Maskin/Tirole (1999a)

Tabelle 2.6: Übersicht zur Implementierbarkeit First-best-optimaler Verträge[142]

Wie ist dies alles – auch mit Blick auf die Modelle aus Abschnitt 2.3 – zu bewerten? Ein Fazit könnte sein, daß man zwischen 'vollständigen' und 'unvollständigen' Verträgen nicht unterscheiden kann, sondern nur zwischen einer vollständigen und einer unvollständigen Rechtfertigung, bestimmte Vertrags*typen* von vornherein aus der Analyse auszublenden;[143] daß es also präziser ist, von einem „complete contracts

---
[142] Die Vertragsarten sind nach steigender Komplexität geordnet: Der einfachste Vertrag ist der inkontingente Vertrag. Gibt es für eine Eigenschaftskombination einen First-best-NCC, dann ist die Suche nach einem komplexeren First-best-Vertrag überflüssig. Die Modelle bei eigennützigen Investitionen und risikoneutralen Transaktionspartnern haben sich zeitlich vom komplexen hin zum einfachen entwickelt.
[143] Vgl. Schmitz (2001, 3-4).

approach"¹⁴⁴ zu sprechen, also einem 'alle denkbaren Verträge umfassenden Ansatz', und einem „incomplete contracts approach", in dem der Modellierer mit mehr oder weniger plausiblen Argumenten die Analyse auf einen bestimmten Vertragstyp einschränkt. Führt dieser Vertragstyp zu First-best-Ergebnissen, ist man zudem gegen die Möglichkeit eines 'besseren' Vertrags gefeit.¹⁴⁵

Zum zweiten wird ein gewisses Unbehagen an der wachsenden Komplexität der First-best-Mechanismen spürbar. Zum Beispiel meint Maskin (2002):

> „I do not wish to suggest that this contract – which I am proposing for pedagogical reasons – resembles mechanisms that are used in practice. However, more "realistic" institutions, such as auctions and options, often embody much the same kind of logic. Furthermore, to the extent that they do not replicate the performance of my mechanism, one must ask why the market for institutions has not stepped into the breach, an important unsolved question."¹⁴⁶

Dies ist m.E. der entscheidende Wink der Realität, die vermeintliche Optimalität subtil gestrickter Modelle empirisch zu hinterfragen. Daß sich derartige Mechanismen nicht durchsetzen, kann nämlich auch bedeuten, daß sie nicht anwendbar, also *nicht* optimal sind. Und es kann auch bedeuten, daß die scheinbar ad hoc formulierten Property-Rights-Modelle wichtige Facetten der Realität besser abbilden.

Tirole (1999) sieht denn auch in der Zweigleisigkeit einen forschungsstrategischen Vorteil:¹⁴⁷ Mit dem Ansatz 'vollständiger Verträge' könnten bestimmte Institutionen in nichtgenerischen Umständen erklärt werden, und der Ansatz 'unvollständiger Verträge' ermögliche die Abbildung

---

[144] Schmitz (2001, 3).
[145] Beispielsweise untersuchen Edlin/Reichelstein (1996) ausschließlich einen inkontingenten Vertrag. Aus der Sicht von Schmitz (2001, 3) ist das berechtigt: der ER-Vertrag produziert schließlich ein First-best-Ergebnis, folglich ist es müßig, andere Vertragstypen zu untersuchen. Rechnet man allerdings die (nicht modellierten) Kosten eines Vertragsentwurfs ein, stellt sich schon die Frage, ob die Suche nach einem anderen, simpleren und damit billigeren First-best-Vertrag nicht doch lohnen könnte.
[146] Maskin (2002, 6).
[147] Vgl. Tirole (1999, 771-773).

bestimmter einfacher Verträge, wie sie in der Realität anzutreffen seien. Im Hinblick auf die theoretische Fundierung dieses letzten Ansatzes könne man versuchen, sich das Konzept der Komplexität zunutze zu machen, auch wenn es derzeit kein allgemein akzeptiertes Verfahren zur Messung von Komplexität gebe (was wahrscheinlich damit zusammenhänge, daß es noch keinen allgemein überzeugenden Ansatz zur Modellierung beschränkter Rationalität gebe). Doch auch ohne Fundierung solle man vor der Nutzung unvollständiger Verträge nicht zurückschrecken, schließlich habe sich das Arrow-Debreu-Modell durchgesetzt, bevor der Preisfindungsprozeß modelliert war, und haben sich Adverse-Selection- und Moral-Hazard-Modelle bewährt, bevor die Ursachen von Informationsasymmetrien haarklein analysiert waren.

2.4 Ein Fazit zum Transaktionskostenansatz

Läßt man die Arbeiten von Coase, Williamson, Klein et al. und Grossman/Hart Revue passieren, scheint sich der Erklärungshorizont trichterförmig zu verengen: Was Coase sehr allgemein und zugegebenermaßen wenig operational als Tradeoff zwischen den Transaktionskosten des Marktes und der Unternehmung schildert, ist bei Williamson methodisch sehr viel strenger, aber eben auch einseitiger ausgeführt. Wo man bei Coase noch explizite und implizite Hinweise auf die Produktionskostendeterminante der Integration herausliest, findet man bei Williamson allenthalben Hinweise auf Transaktionskosten.

Die Einseitigkeit ist im PRA am auffälligsten: Er blendet nicht nur Coasesche, sondern auch noch Williamsonsche Erklärungselemente aus, wie Verhandlungskosten, Fehlanpassungskosten oder Bürokratiekosten: Die Unternehmung wird damit zur bloßen Lösung eines Hold-up-Problems. Man kommt nicht umhin festzustellen, daß das tiefere Verständnis dieses Problems einen hohen Preis gefordert hat. Holmström/Roberts (1998) bemerken diesbezüglich:

> „Firms are complex mechanisms for coordinating and motivating individuals' activities. They have to deal with a much richer variety of

> problems than simply the provision of investment incentives and the resolution of hold-ups. Ownership patterns are not determined solely by the need to provide investment incentives, and incentives for investment are provided by a variety of means, of which ownership is but one. Thus, approaches that focus on one incentive problem that is solved by the use of a single instrument give much too limited a view of the nature of the firm, and one that is potentially misleading. [...] [O]wnership patterns are responsive to, among other things, agency problems, concerns for common assets, difficulties in transferring knowledge and the benefits of market monitoring."[148]

Diese Vermutung legen auch die Ergebnisse der Studien zu den empirischen Studien nahe. Sie zeigen ja, daß die Erklärungsansätze des TKA bisweilen zu kurz greifen. Was allen Ansätzen des TKA weitgehend fehlt, ist eine genaue Analyse des Zusammenhangs zwischen Produktionskosten und Governanceform. Eine solche Analyse kann ansetzen an den Koordinationsfragen aufgrund der Spezialisierung im Know-how der beteiligten Unternehmungen und sich so Ideen der kompetenzbasierten Unternehmungstheorien zunutze machen.

---

[148] Holmström/Roberts (1998, 75).

Kapitel 3

Der Kompetenzansatz

Ideengeschichtlich kann sich der Kompetenzansatz auf Überlegungen von Schumpeter, Knight, Marshall, Marx und Smith berufen.[149] Doch „[the] most important precursor of the contemporary [competence]-based approach"[150] ist Penrose (1959/1995) (Abschnitt 3.1.1).[151]

Richardson (1972) nutzt Penrose' Ansatz für eine originelle kompetenzbasierte Antwort auf die Coaseschen Fragen (Abschnitt 3.1.2). Richardsons Gedanken sind spurenhaft in Coase (1937/1988) angelegt (3.2.1). Demsetz (1988) wiederum bezieht den Begriff der Transaktionskosten auf die Wissensspezialisierung und kommt darüber zu kompetenzbasierten Folgerungen über die Grenzen der Unternehmung (Abschnitt 3.2.2).

Die auf Penrose und Richardson sowie Coase und Demsetz folgenden Arbeiten zum Kompetenzansatz entwickeln ihre Aussagen vornehmlich als Kontrastbilder zum GKA. Sie werfen, vereinfacht gesagt, dem GKA vor, zu statisch, zu individualistisch und zu reduktionistisch zu sein: Die 'Me-

---

[149] Vgl. Loasby (1999a, 31-36) und Hodgson (1998c, 25).
[150] Foss (1998, 3).
[151] Der 'competence-based approach' findet sich in der Literatur auch als 'resource-based approach', 'knowledge-based approach' oder 'capability approach'. Alle Bezeichnungen sind gängig. Diese Arbeit spricht durchweg vom kompetenzbasierten Ansatz oder einfach vom Kompetenzansatz.

thodenkritiker' fordern eine evolutionär-dynamische Ausrichtung (Abschnitt 3.3.1), die 'Annahmenkritiker' einen entspannteren Umgang mit dem methodischen Individualismus (Abschnitt 3.3.2), die 'Integrateure' schließlich die Weiterfassung des Transaktionsbegriffs (Abschnitt 3.3.3).

3.1 Die Unternehmung als Bündel an Kompetenzen

3.1.1 Penrose zum Wachstum der Unternehmung

Anders als Coase (1937/1988) will Penrose (1959/1995) die neoklassische Theorie nicht für ihren stiefmütterlichen Umgang mit der Unternehmung kritisieren, sondern vielmehr um ein Kapitel zum Wachstum der Unternehmung ergänzen.[152] Das methodische Rüstzeug der Neoklassik erscheint ihr jedoch ungeeignet, und so rechtfertigt sie ihre eigene Herangehensweise, die jeder formalen Analyse von Investitions-, Preis- und Outputentscheidungen bar ist, mit der Eigenart der Fragestellung: Eine Theorie, die erklären will, wie eine Unternehmung mit einem breitgefächerten potentiellen Produktportfolio im Zeitablauf wächst, müsse „[another] kind of abstraction"[153] wählen als eine Theorie, die einzig und allein Preis und Menge eines einzelnen Produkts zu einem bestimmten Zeitpunkt ermitteln will:

> „[W]e shall be dealing with the firm as a growing organization, not as a 'price-and-output decision maker' for given products; for this purpose the 'firm' must be endowed with many more attributes than are possessed by the 'firm' in the theory of the firm, and the significance of these attributes is not conveniently represented by cost and revenue curves. Furthermore, not only is it inconvenient so to represent them, but it is also misleading, for it only compounds the confusion involved in a failure clearly to distinguish the 'firm' in price theory from the 'firm' as it is looked on by businessmen as well as by many economists dealing with the behaviour of firms—a confusion which

---

[152] Vgl. hierzu und zum folgenden Loasby (1999a, 39-41).
[153] Penrose (1959/1995, 15).

3.1. Die Unternehmung als Bündel an Kompetenzen

has unnecessarily marred the reputation of the 'theory of the firm' and done its credit in this world much wrong."[154]

Neben dieser methodischen Neujustierung führt Penrose zwei nicht minder wichtige inhaltliche Neuerungen ein:[155] Erstens versteht sie die Unternehmung als „*collection of resources* bound together in an administrative framework, the boundaries of which are determined by the 'area of administrative coordination' and 'authoritative communication'"[156] und führt damit das zeitgenössische, neoklassisch geprägte Unternehmungsbild aus einer gewissen Preis- und Technologieverfangenheit.[157] Die *Ressourcen* einer Unternehmung umfassen nach Penrose alle potentiell ertragfähigen materiellen und immateriellen Produktionsmittel. Sie können die unterschiedlichsten Dienste („services") leisten. Die *Dienste* wiederum sind die eigentlichen Produktionsinputs – und auch am ehesten den Inputs der neoklassischen Unternehmungstheorie vergleichbar. Auf die Verrichtung welcher Dienste sich die Ressourcen spezialisieren, entscheidet das Managementteam (Entrepreneurs) nach den langfristigen Gewinnaussichten aller möglichen Endproduktportfolios. Das entscheidend Neue an dieser Sicht der Unternehmung sind die Ressourcen: Gleichsam wie Stammzellen sind sie endprodukt*unspezifisch*.

Die zweite inhaltliche Neuerung besteht darin, daß Penrose den bis dahin dunklen Zusammenhang zwischen unternehmungsinterner Organisation und unternehmungsinternem Lernen beleuchtet. Unter Lernen faßt sie nicht allein ein Mehr an Informationen, verstanden als Wissen, das kodifizierbar und ohne Einbußen an Nutzbarkeit auf andere Akteure übertragbar ist, sondern vor allem auch die Zunahme an Knowhow, verstanden als Wissen, das durch Versuch und Irrtum im Arbeitsprozeß erworben wird und 'tacit', also nicht kostenfrei kodifizierbar und übertragbar, ist.[158]

---

[154] Penrose (1959/1995, 14).
[155] Vgl. hierzu und zum folgenden Loasby (1999a, 38-39).
[156] Penrose (1959/1995, xi, Hervorheb. JPS).
[157] Offenkundig trägt dieses Unternehmungsbild von Penrose bereits neoinstitutionenökonomische Züge.
[158] Vgl. zu dieser Terminologie Kogut/Zander (1992, 386).

Aus diesen Elementen formt sie ihre Theorie über das Unternehmungswachstum:[159] Unternehmungen sind Horte produktiver Ressourcen. Das Managementteam legt ein Endproduktportfolio fest und ordnet an, auf welche Arten von Diensten sich die Ressourcen zu spezialisieren haben. Im Produktionsprozeß nehmen das Knowhow des Managementteams über die Fähigkeiten der Ressourcen sowie die „productive possibilities that its 'entrepreneurs' see and can take advantage of"[160] zu. Gleichzeitig setzt der Wissenszuwachs Überschußressourcen im Management frei. Sie können und werden in andere, nah verwandte Geschäftsfelder hineingelenkt, da die Opportunitätskosten der Überschußressourcen null sind (das Wissen des Managements ist Knowhow und läßt sich nicht am Markt verkaufen). Diese Diversifikation wiederum bedeutet Wachstum, führt zu neuem Lernen und neuen Überschußressourcen, die wiederum in neuen Geschäftsfeldern eingesetzt werden: wieder Diversifikation, wieder Wachstum, wieder Lernen und so fort. Die Wachstums*rate* der Unternehmung ist durch die Wachstumsrate des Unternehmungswissens, und damit durch die Qualität der Managementressourcen begrenzt. Eine Obergrenze für die absolute Unternehmungsgröße gibt es nicht, und ebensowenig eine optimale Unternehmungsgröße.[161]

3.1.2 Richardson zur „organisation of industry"

Richardson (1972) bindet die von Penrose entworfene Unternehmungskonzeption in seine Theorie über die „organisation of industry" im allgemeinen und die Unternehmungsgrenzen im besonderen ein. Er kritisiert einschlägige Arbeiten zur „industrial organisation" aus zwei Richtungen: zum einen unterstellten sie eine 'Arbeitsteilung' zwischen Markt und Unternehmung, ohne ihr zugrundeliegendes Prinzip zu erklären, und zum anderen beschrieben sie Unternehmungen als „islands

---

[159] Vgl. dazu Foss (1998, 4-5) sowie Hodgson (1999, 266-269) und Loasby (2000b, 710-711).
[160] Penrose (1959/1995, 31).
[161] Ein gewisser Zweifel an der Hypothese eines unbegrenzten Unternehmungswachstums dürfte angebracht sein, weil neue Mitglieder im Managementteam nicht nahtlos die Lernkurve ihrer Vorgänger werden fortschreiben können.

3.1. Die Unternehmung als Bündel an Kompetenzen

of planned co-ordination in a sea of market relations"[162] und übersähen damit die vielen Formen zwischenbetrieblicher Kooperation, die in das Markt-Unternehmung-Raster nicht hineinpaßten: stabile Handelsbeziehungen, sub-contracting, Forschungs-Joint-Ventures, Co-Marketing und viele andere mehr.

Daß die traditionelle Ökonomik das Prinzip der Arbeitsteilung zwischen Markt und Unternehmung nicht erklären kann oder will, liegt Richardson zufolge daran, daß sie die Unternehmung als Produktionsfunktion interpretiert. Unternehmungen seien aber vielmehr Bündel an „knowledge, experience, and skills", kurz: Bündel an „capabilities"[163] oder eben Bündel an Ressourcen.[164]

Der Wertschöpfungsprozeß eines Gutes ist nach Richardson eine Abfolge unterschiedlichster Aktivitäten und reicht von der Entdeckung und Abschätzung künftiger Bedürfnisse, von Forschung, Entwicklung und Design über die Ausführung und Koordination der Produktionsprozesse bis hin zu Marketing und Verkauf. Diese Aktivitäten müssen von Unternehmungen mit entsprechenden „capabilities" oder Kompetenzen durchgeführt werden. Aktivitäten sind *ähnlich*, wenn ihre Durchführung dieselbe Kompetenz verlangt. Unternehmungen werden sich – so Richardson – tendenziell auf die Aktivitäten spezialisieren, die Kompetenzen erfordern, bei denen die Unternehmungen einen komparativen Vorteil haben. Diese Spezialisierung finde in kapitalistischen Systemen durch die Institution des Wettbewerbs statt, „but it seems to me likely to be adopted under any alternative system for reason of manifest convenience"[165]. Allerdings müssten die Aktivitäten einer Unternehmung nicht zwangsläufig ähnlich sein, Gründe für Ausnahmen gebe es schon: etwa Risikostreuung, Vollbeschäftigung der Kompetenzen des Managements, zentrale Planung der Finanzallokation.[166]

---

[162] Richardson (1972, 883).
[163] Richardson (1972, 888).
[164] Vgl. zur Äquivalenz der Begriffe auch Loasby (1999d, 5).
[165] Richardson (1972, 888).
[166] Vgl. Richardson (1972, 889).

Für die Organisation einer Branche ist ebenfalls entscheidend, daß einige Aktivitäten *komplementär* seien. Komplementäre Aktivitäten stellen nach Richardson unterschiedliche Phasen *eines* Produktionsprozesses dar und müssen quantitativ und qualitativ koordiniert werden. Möglichkeiten der Koordination seien die Direktive (Unternehmung), die Kooperation[167] und der Markt. Eine *direktive Organisation* liege dann vor, wenn die Aktivitäten von einer einzigen Stelle ausgeführt werden und in einen einzigen in sich stimmigen Plan eingepaßt sind. Eine *kooperative Organisation* liege vor, wenn zwei oder mehr unabhängige Unternehmungen sich darauf verständigen, ihre jeweiligen Pläne im voraus aufeinander abzustimmen. Eine *Marktorganisation* schließlich liege vor, wenn Unternehmungen ihre Handelsentscheidungen als Antwort auf sich ändernde Gewinnmöglichkeiten unabhängig vom jeweils letzten oder aktuellen Handelspartner treffen.

Durch diese Kategorisierung entstehen vier Profile von Aktivitätseigenschaften, die das Arbeitsteilungsprinzip zwischen Markt, Kooperation und Unternehmung erklären helfen (vgl. Tabelle 3.1 auf der nächsten Seite): „If we were able to assume that the scale on which an activity was undertaken did not affect its efficiency, and further that no special capabilities were ever required by the firm undertaking it, then there would be no limit to the extent to which co-ordination could be affected by direction within one organization."[168] Die Unternehmung kommt als Koordinationsinstrument ähnlicher, aber nicht komplementärer Aktivitäten folglich solange in Frage, wie die kostentreibende Wirkung abnehmender Skalenerträge beherrschbar sei. Seien die Aktivitäten zudem komplementär, also koordinierungsbedürftig, habe die Unternehmung einen Vorteil, weil sie als hierarchisch organisierte Einheit alle Planungsdetails in einen stimmigen Gesamtplan einfügen und seine Durchführung kontrollieren könne.[169] Allerdings gelte:

> „The larger the organisation the greater the number of capabilities with which one may conceive it to be endowed and the greater the

---
[167] Williamson würde von Hybridformen sprechen.
[168] Richardson (1972, 890).
[169] Vgl. Richardson (1972, 890-891).

3.1. Die Unternehmung als Bündel an Kompetenzen

number of complementary activities that can, in principle, be made subject to coordination through direction; but even if a national economy were to be run as a single business, it would prove expedient to trade with the rest of the world. Some co-ordination, that is to say, must be left either to cooperation or to market transactions [...]."[170]

Eine unpersönliche Koordination durch Marktkräfte sei dann zu erwarten, wenn die betroffenen Aktivitäten unähnlich und nicht komplementär seien. Dies sei prinzipiell dann der Fall, wenn die aggregierte Nachfrage stabiler und damit besser vorhersehbar sei als die Einzelnachfragen: „Thus we rely on markets when there is no attempt to match complementary activities *ex ante* by deliberately co-ordinating the corresponding plans; salvation is then sought, not through reciprocal undertakings, but on that stability with which aggregates, by the law of large numbers, are providentially endowed."[171]

Seien die betroffenen Aktivitäten hingegen unähnlich und komplementär, benötigen sie also eine genaue qualitative, und nicht nur quantitative Abstimmung, müsse die Koordination über eine enge Kooperation erfolgen. Dies könne eine Einzelunternehmung nicht leisten, weil die Aktivitäten zu unterschiedlich seien: Die Entwicklung und Pflege unterschiedlicher Kompetenzen sei in einer Einzelunternehmung mit höheren Kosten verbunden als in separaten Unternehmungen. Zudem könnten unabhängige Unternehmungen ihre komparativen Vorteile bei der Weiterentwicklung ihrer jeweiligen Kompetenzen ungehinderter ausspielen.

Aktivitäten	nicht komplementär	komplementär
nicht ähnlich	Markt	Kooperation
ähnlich	Unternehmung/Markt	Unternehmung

Tabelle 3.1: Sinnvolle Organisationsformen im Ansatz von Richardson

Richardson warnt abschließend vor einer allzu kleinlichen Abgrenzung der Koordinationsmethoden. Die Übergänge seien fließend, und Elemente der einen fänden sich häufig auch in den anderen beiden:

---

[170] Richardson (1972, 890-891).
[171] Richardson (1972, 891).

"It is important, moreover, not to draw too sharp lines of distinction between the techniques of co-ordination themselves. Co-operation may come close to direction when one of the parties is clearly predominant; and some degree of *ex ante* matching of plans is to be found in all markets in which firms place orders in advance."[172]

3.1.3 Richardson (1972) als Alternative zu Williamson in der Interpretation von Coase (1937)

Die Arbeit von Richardson bietet eine inhaltsreiche kompetenzbasierte Antwort auf die Coasesche Frage.[173] Auch wenn in methodischer Hinsicht nicht recht einzuordnen – Richardson meidet marginalanalytische Schlüsse, Gleichgewichtskonzepte, aber auch die stark evolutionsökonomische Diktion Penroses[174] –, versteht er seinen Aufsatz als Ergänzung zu Coase (1937/1988):

"The explanation that I have provided is not inconsistent with his but might be taken as giving content to the notion of this relative cost (sc. difference between management and transaction costs, JPS) by specifying the factors that affect it."[175]

Denn im Unterschied zu Coase läßt er die Markt-Unternehmung-Dichotomie hinter sich und behandelt Markt, Kooperation und

---

[172] Richardson (1972, 896).

[173] Penrose entwickelt ihren Ansatz explizit als Erklärung des internen Unternehmungswachstums. Es geht ihr nicht um die optimale Organisationsform von Transaktionen oder Aktivitäten. Ihre Arbeit läßt sich daher nur schwer mit den transaktionskostentheoretischen Erkenntnissen vergleichen und spielt als Ergänzungs- bzw. Kontrastansatz zum TKA keine Rolle. Eine eingehende Auseinandersetzung mit den Penroseschen Thesen bieten Foss (1998) und Loasby (1999a), und auch Hodgson (1998a), Hodgson (1998c) und Hodgson (1999). Hauptnutzer ihres Ansatzes sind Arbeiten zum strategischen Management. Sie untersuchen vorrangig, wie Unternehmungen starke Wettbewerbspositionen aufbauen, verteidigen und ausbauen können. Vgl. dazu z.B. Rumelt (1974, 1984, 1987), Wernerfelt (1984), Prahalad/Hamel (1990), Peteraf (1993), Spender (1996), Grant (1996), Teece et al. (1997) und Foss/Robertson (2000).

[174] Allerdings zeigen seine Arbeiten insgesamt eine Sympathie für eine dynamisch-evolutionäre, Ungleichgewichte zulassende Methodik: Vgl. Richardson (1960/1990, 1998) sowie den geradezu bewundernden Verweis (1972, 888) auf Penrose (1959/1995).

[175] Richardson (1972, 896, Fn. 1).

3.1. Die Unternehmung als Bündel an Kompetenzen

Unternehmung als prinzipiell gleichwertige Koordinationsformen. Allerdings fehlen tiefergehende Argumente für die Annahme, daß Entwicklung, Pflege und Erweiterung unterschiedlicher „capabilities" in *einer* Unternehmung mit höheren Kosten verbunden sind als in *mehreren eigenständigen* Unternehmungen. Zwar scheint diese Annahme vernünftig, doch fehlt eine Ausarbeitung ihrer näheren Ursachen. Und der Hinweis, daß Konglomerate als Ausnahme die Spezialisierungsregel bestätigen, überzeugt ebenfalls nicht gänzlich.

Trotz dieser Schwäche kann Richardson gleichsam kompetenzbasierte Antithesen zur Coase-Interpretation Williamsons formulieren: Man stelle sich zwei komplementäre, aber unähnliche Aktivitäten vor, die durch eine hochspezifische Transaktion verbunden sind. Wegen der hohen Spezifität würde der GKA tendenziell eine unternehmungsinterne Organisation empfehlen, Richardson hingegen eine Unternehmungskooperation: Er vernachlässigt die Transaktionskostendimension des Entscheidungsproblems und untersucht allein den Ähnlichkeitsgrad der betroffenen Aktivitäten; und da dieser gering ist, der Aufbau entsprechender Kompetenzen in *einer* Unternehmung also problematisch, hält er eine Unternehmungskooperation für sinnvoll. Umgekehrt würde der GKA bei einer unspezifischen Transaktion zwischen zwei Unternehmungen mit ähnlichen Aktivitäten eine marktliche Koordination prognostizieren (keine Transaktionskosten), der Richardsonsche Ansatz hingegen eine Integration, weil die Durchführung beider Aktivitäten dieselbe Kompetenz erfordert.

Dieses hypothetische Beispiel verdeutlicht das Spannungsverhältnis zwischen GKA und KA und öffnet die Augen für den zentralen, aber vom GKA und von Richardson weitgehend unberücksichtigten Tradeoff zwischen Transaktionskosten auf der einen Seite und den Kosten des Kompetenzerwerbs auf der anderen: Williamson hält die Höhe der Transaktionskosten für grundsätzlich dominant, Richardson die Kosten des Kompetenzaufbaus. Diese Streitfrage läßt sich allein empirisch klären. Richardson muß sich allerdings fragen lassen, warum die Ähnlichkeit von Aktivitäten eine hinreichende Bedingung für eine vertikale Integration sein soll, denn Aufbau und Pflege der benötigten Kompetenz lassen sich – so würde Williamson argumentieren – auch in einer Kooperation zweier eigenständiger Unternehmungen erreichen.

Das Beispiel zeigt neben diesen elementaren Unterschieden auch eine wichtige Parallele: Die Konzepte der Komplementarität von Aktivitäten und der Spezifität von Transaktionen scheinen inhaltlich verwandt zu sein. Die Komplementarität von Aktivitäten bedeutet für Richardson qualitative und quantitative Abstimmungen, Abstimmungen bedeuten Bindungen, und Bindungen interpretiert Williamson als Transaktionsspezifität. Spezifität impliziert also Komplementarität. Komplementarität erfordert spezifische Investitionen und impliziert insofern Spezifität. Indes ist die Spezifität für Williamson, anders als für Richardson, eine Entscheidungsgröße, kein Parameter.

3.2 Coasesche Spuren im Kompetenzansatz

3.2.1 Coase und die Kompetenzen des Unternehmers

Richardson sieht seine Arbeit als Vertiefung und Fundierung von Coase (1937/1988); dies denkt auch Williamson vom GKA. Die Unterschiedlichkeit ihrer Herangehensweisen zeigt allerdings, wie doppeldeutig Coase argumentiert: Williamson blickt fast ausschließlich auf den Vorgang der Transaktion und sieht in ihren Kosten die entscheidende Determinante der gewählten Governancestruktur. Richardson hingegen schaut stärker auf die Produktionsaktivitäten und hält die mit ihnen verbundenen Kosten für ausschlaggebend.

Daß der Aufsatz von 1937/1988 selbst die Williamsonsche Interpretation provoziert hat, bedauert Coase (1988) im nachhinein. Er kann und will anscheinend anders interpretiert werden:

> „I consider that one of the main weaknesses of my article [of 1937] stems from the use of the employer-employee relationship as the archetype of the firm. It gives an incomplete picture of the nature of the firm. But more important, I believe it misdirects our attention... the

3.2. Coasesche Spuren im Kompetenzansatz

> way in which I presented my ideas has, I believe, led to or encouraged an undue emphasis on the role of the firm as a purchaser of the services of factors of production and on the choice of the contractual arrangements which it makes with them. As a consequence of this concentration on the firm as a purchaser of the inputs it uses, economists have tended to neglect the main activitiy of a firm, running a business."[176]

Die Literatur hat bislang die kompetenzbasierten Unternehmungstheorien nur oberflächlich auf mögliche Bezüge zu Coase (1937/1988) hin untersucht. Gleichwohl lassen sich drei Anknüpfungspunkte identifizieren: Erstens wird für Coase der Verlauf der Unternehmungsgrenzen auch von der Fähigkeit des Unternehmers bestimmt, gute unternehmerische Entscheidungen zu treffen; und dies ist zweifelsohne eine Frage seiner unternehmerischen Kompetenz. In diesem Punkt zeigt sich eine Parallele zu Penrose (1959/1995), die den unternehmerischen Fähigkeiten (Ressourcen) ihres Managementteams maßgebliche Bedeutung beimißt (sie bestimmen die Wachstumsrichtung der Unternehmung), und ein Unterschied zu Richardson, dessen Ansatz ohne die Gestalt des Unternehmers auskommt. Zweitens ist die Unvollständigkeit von langfristigen Verträgen für Coase von einigem Belang, und auch sie spielt im KA eine einflußreiche Rolle: Beispielsweise sieht Foss (1999b, 40, 56) darin die wichtigste Verbindung zwischen Coase und Kompetenzansatz, oder genauer: zwischen Coase und Loasby.

Drittens rechnet Coase ein, daß die Integration einer *Transaktion* die Integration einer *Produktionsstufe* nach sich zieht.[177] Sein Transaktionsbegriff ist also weiter als Williamsons: Er umfaßt neben dem Vorgang der Transaktion die angrenzende „stage of activity"[178] (Williamson) bzw. die angrenzende „activity"[179] (Richardson). Über diesen Transaktionsbegriff ist eine Verbindung zwischen einer Spezialisierung auf bestimmte Aktivitäten und den Grenzen der Unternehmung leicht herzustellen. Coase greift auf dieses Argument sonderbarerweise nicht zurück, sondern

---
[176] Coase (1988, 37-38).
[177] Vgl. auch Abschnitt 2.2.2 (S. 18).
[178] Williamson (1985, 1).
[179] Richardson (1972, 888).

erklärt, wie bereits erläutert, die Grenzen der Unternehmung mit der abnehmenden Qualität der Unternehmerentscheidungen, ohne jedoch zu erläutern, welche Ursache dies hat. Gleichwohl drängt sich auch in der Coaseschen Argumentation der Gedanke auf, daß die Grenzen der Unternehmung mit der Spezialisierung zu tun haben, wenn man sich die unterschiedliche Wirkung seiner Annahme homogener Transaktionen in Markt und Unternehmung anschaut: Nur die Abwicklung über den Markt verursacht konstante Grenzkosten, eine Abwicklung in der Unternehmung hingegen steigende Grenzkosten. Der Schritt hin zu einer Spezialisierungsbegründung ist rasch gemacht.

3.2.2 Demsetz und die Kosten der Wissensspezialisierung

Anders als Penrose und Richardson steht Demsetz (1988) methodisch auf neoklassischem Boden. Mit einem Seitenblick auf Williamson betont er, daß eine seriöse Beantwortung der Coaseschen Fragen die Produktionskosten nicht einfach nur als Anhängsel behandeln kann, sondern auf Augenhöhe mit den Transaktionskosten bringen muß. Es gehe immer um die Minimierung der *Summe aus Transaktions- und Produktionskosten*.[180] Demsetz' Ansatz verbindet Integrationsform und Produktionskosten über eine bestimmte Kategorie von Transaktionskosten, die Informationskosten: „A more complete theory of the firm must give greater weight to information cost than is given in Coase's theory or in theories based on shirking and opportunism."[181] Darunter versteht Demsetz Kosten der Koordination, die die Spezialisierung von Personen und Unternehmungen auf unterschiedliche Wissensgebiete mit sich bringen, und *nicht* Kosten, wie sie durch Informationsasymmetrien und Interessenkonflikte entstehen. Im Kern ist der Begriff 'Transaktionskosten' irreführend, handelt es sich doch im Kern um Wissensübertragungskosten, die mit den Transaktionskosten bei Williamson oder Coase kaum etwas zu tun haben. Folglich läßt sich Demsetz auch nicht zur Gruppe derjenigen zählen, die Coase auf

---

[180] Demsetz (1988, 146-147).
[181] Demsetz (1988, 141).

3.2. Coasesche Spuren im Kompetenzansatz

die Williamsonsche Weise interpretieren, sondern in die Gruppe der kompetenzbasierten Interpretationen Coases.

Demsetz' Definition einer Unternehmung verbindet die Sichtweise von Coase (1937/1988) mit der von Alchian/Demsetz (1972): Sie legt nicht fest, wann ein Vertragsnetzwerk („nexus of contracts") eine Unternehmung ist, sondern wann sie unternehmungs*ähnlich* ist. Indikatoren dafür sind ein hoher Grad an Spezialisierung, starke Weisungsmacht sowie langfristige Verträge.

Die Spezialisierungstiefe korreliert nach Demsetz negativ mit dem Endprodukteigenverbrauch einer Unternehmung. Er verweist auf die neoklassischen Konzepte 'Haushalt' und 'Unternehmung': Sie dienten der analytischen Trennung von Konsum und Produktion. Die Haushalte konsumierten, die Unternehmungen produzierten. Genauer: Unternehmungen spezialisierten sich „in the production of goods *for others*"[182]: Sie seien deshalb keine Unternehmungen, insoweit sie für sich produzierten. Je höher nun die Spezialisierung eines Vertragsnetzwerks, d.h. je größer der Anteil des Fremdverbrauchs am Output, desto größer seine Unternehmungsähnlichkeit. Anders als noch 1972 sieht Demsetz (1988) im Ausmaß der Hierarchie ein weiteres Kennzeichen von Unternehmungsähnlichkeit: Je konzentrierter die Autorität im Vertragsnetzwerk, desto größer dessen Unternehmungsähnlichkeit. Als dritten Indikator verwendet Demsetz die erwartete Dauer der Arbeitsbeziehung zwischen den beteiligten Inputeigentümern: Je höher sie sei, desto eher könne man von einer Unternehmung sprechen.

Wie nun bestimmt Demsetz die Grenzen eines unternehmungsähnlichen Vertragsnetzwerks?[183] Er geht von Smiths Feststellung aus, daß Arbeitsteilung und Spezialisierung die Produktivität aus drei Gründen erhöhen:[184] Steigerung der (manuellen) Geschicklichkeit, Zeitersparnisse wegen entfallender Aufgabenwechsel und Stärkung der Innovationsneigung aufgrund eines kleineren, besser überschaubaren Aufgabengebiets.

---

[182] Demsetz (1997a, 15, Hervorheb. JPS).
[183] Im folgenden ist mit dem Begriff 'Unternehmung' das unternehmungsähnliche Vertragsnetzwerk gemeint.
[184] Vgl. dazu und zum folgenden Demsetz (1988, 156-160).

In welche Koordinationsform die Spezialisierung mündet, d.h. ob in mehrere Abteilungen derselben Unternehmung oder in mehrere eigenständige Unternehmungen, spielt bei Smith zwar keine Rolle, hat aber nach Demsetz mit einiger Wahrscheinlichkeit Auswirkungen auf die resultierenden Produktivitätszuwächse. Denn jede Spezialisierung erfordere im Regelfall eine Koordination der nun getrennt durchgeführten Teilaktivitäten.

Demsetz zufolge sind Wissensproduktion, -pflege und -nutzung ebenfalls Aktivitäten, die Spezialisierungsgewinne abwerfen, was sich beispielsweise daran zeige, daß sich Unternehmungen im allgemeinen auf bestimmte Wissensgebiete spezialisierten. Daher stellt sich auch für diese Aktivitäten die Frage einer effizienten Koordination. Nach Demsetz ist die *indirekte* Nutzung fremden Spezialistenwissens eine solche kostengünstige Art der Koordination. Sie setze einen allgemein verfügbaren Bestand an „common knowledge" in Form von Sprache und Arithmetik voraus, der die Kommunikation zwischen Spezialisten unterschiedlichster Fachgebiete verbilligt. Die Form der Kommunikation sei die Anweisung, und zwar entweder die Arbeitsanweisung (Hierarchie) oder die Nutzungsanweisung (Kooperation).

Arbeitsanweisungen machen – so Demsetz – Spezialisten in Gebiet A zu Teilspezialisten auch in Gebiet B: Ohne gelernt zu haben, könnten die A-Spezialisten Spezialistenwissen vom Typ B produktiv anwenden: „Direction substitutes for education (that is, for the transfer of the knowledge itself)."[185] Durch diesen Wissenssubstitutionseffekt würden die A-Spezialisten ihre Produktivität steigern, aber auch der B-Spezialist, der den A-Spezialisten Anweisungen gebe, erhöhe seine Produktivität durch mögliche Economies of Scale bei der Anweisungserteilung. Rechtlich beruhe die Möglichkeit zur Erteilung von Arbeitsanweisungen und zur Pflicht, sie entgegenzunehmen, auf Arbeitsverträgen. *Nutzungsanweisungen* hingegen ermöglichten auf andere Weise die Nutzung von B-Spezialwissen durch A-Spezialisten: Der B-Spezialist stelle Güter her, die einfacher zu nutzen als zu produzieren seien. Anders als Arbeitsan-

---

[185] Demsetz (1988, 157-158).

3.2. Coasesche Spuren im Kompetenzansatz

weisungen, die eine zeitliche, räumliche und inhaltliche Bindungspflicht haben könnten, ließen Nutzungsanweisungen den A-Spezialisten mehr Freiheit.

Die Kosten der Anweisungserteilung und -entgegennahme, sei es in Form von Arbeitsanweisungen, sei es in Form von Nutzungsanweisungen, bezeichnet Demsetz als „information costs". Er rekonstruiert die Entscheidung über die Integrationstiefe als Versuch, diese Kosten zu minimieren:[186] Der B-Spezialist müsse das eigene Spezialwissen so in Produkte und Dienstleistungen hineinarbeiten, daß die Nutzung für den A-Spezialisten mit geringeren Kosten verbunden sei, als wenn der A-Spezialist selbst produziere. Der B-Spezialist habe in diesem Sinne seine informationskostenminimierende Wertschöpfungstiefe dann erreicht, wenn eine weitere Produktvereinfachung für ihn mit mehr Informationskosten verbunden ist, als sie A erspart. Mit anderen Worten erreiche der B-Spezialist dort seine optimale vertikale Größe, wo die Kosten von Arbeitsanweisungen die Kosten von Nutzungsanweisungen überschritten. Das könne typischerweise dann der Fall sein, wenn die Nutzungs- oder Weiterverarbeitungsoptionen eines Produkts derart vielfältig würden, daß der B-Spezialist fernliegende Wissensgebiete für sich urbar machen müsste: „A single firm if it was vertically integrated would have difficulty acquiring and maintaining the stocks of knowledge necessary to control cost and quality and make good managerial decisions when downstream uses are multiple in this sense."[187] Die Grenze eines ökonomisch tragfähigen Integrationsgrads wäre überschritten.

Bis hierher hat Demsetz erst zwei Indikatoren einer großen Unternehmungsähnlichkeit untersucht: Spezialisierung und Direktion. Wenn jedoch die Beziehung der Inputeigentümer nur kurzfristig sei, ließe sich das so beschriebene Vertragsnetzwerk auch als temporäres Phänomen und damit als Spotmarkterscheinung qualifizieren. Als letztes also behandelt Demsetz die Frage der Dauer der Arbeitsbeziehungen. Er geht davon aus, daß die Verträge zwischen den Inputeigentümern tendenziell

---
[186] Er hält andere Entscheidungsdeterminanten nicht für prinzipiell irrelevant, blendet sie hier aber aus (vgl. Demsetz, 1988, 158).
[187] Demsetz (1988, 158-159).

um so langfristiger ausfallen und Fluktuationen um so geringer sein werden, je wichtiger unternehmungsspezifische und personenspezifische Informationen für das Funktionieren der Unternehmung sind. Die Hochwertigkeit des spezifischen Wissens der Mitarbeiter kompensiere die resultierende Inflexibilität der 'Unternehmung'.

Zusammengenommen ergibt sich folgendes Bild: Wissensspezialisierung schafft Produktivitätsvorteile und erfordert Koordination. Koordination ist über Hierarchien (Arbeitsanweisungen) oder Märkte (Nutzungsanweisungen) möglich. Ist die hierarchische Koordination mit geringeren Kosten verbunden als die marktliche und beruht zudem der Kostenvorteil auf der Nutzung personen- und 'unternehmungs'spezifischer Informationen, wird das Vertragsnetzwerk eine große Unternehmungsähnlichkeit aufweisen und so lang wachsen, bis der Koordinationsaufwand aufgrund der Integration eines weiteren Wissensgebiets marginal dem Koordinationsaufwand aufgrund des Verkaufs des Endprodukts einschließlich der zum Gebrauch notwendigen Nutzungsanweisungen entspricht.

3.2.3 Kritik

Demsetz (1988) ist neben Richardson (1972) eine weitere wichtige kompetenzbasierte Interpretation von Coase (1937/1988). Ihre Konzepte „capabilities" und „bodies of knowledge" ähneln sich in frappierender Weise: Unähnliche Aktivitäten und damit unterschiedliche „capabilities" sind nur unter hohen Kosten in *einer* Unternehmung aufzubauen, zu pflegen und weiterzuentwickeln (Richardson), und ganz ähnlich argumentiert Demsetz unter Hinweis auf die Einbuße an Spezialisierungsvorteilen bezüglich der „bodies of knowledge".

Allerdings offenbart ein zweiter Blick einige Unterschiede: Während Richardson die Existenz von Unternehmungen mit der Ähnlichkeit von Aktivitäten begründet, verweist Demsetz auf komparative Kostenvorteile direktiver gegenüber kooperativer Wissenssubstitution. Während Richardson die Grenzen der Unternehmung dort zieht, wo es große Unähnlichkeiten zwischen den angrenzenden Aktivitäten gibt, zieht

3.2. Coasesche Spuren im Kompetenzansatz 117

Demsetz sie dort, wo die Einsparung an Erklärungskosten über Gebrauchsanweisungen eine Weiterentwicklung über Arbeitsanweisungen nicht rechtfertigt. Jedoch holt Demsetz zur Erklärung der Produktivitätsvorteile der Spezialisierung weiter aus als Richardson und wirkt in dieser Hinsicht fundierter, auch wenn er nicht erwähnt, daß der Grad der Spezialisierung von den (späteren) Koordinationskosten abhängt. Andererseits ist Richardsons Erklärungskonzept intuitiv eingängiger als das von Demsetz.

Ein weiterer Unterschied liegt darin, daß Demsetz eine griffigere, weil stärker rechtlich geprägte, Definition der Unternehmung anbietet. Sie gestattet neben der Unterscheidung von Markt und Unternehmung sogar eine Definition von Kooperation, die offenkundig Demsetz selbst entgeht: Erfüllt ein Vertragsnetzwerk die Merkmale der Spezialisierung und der Langfristigkeit, findet die Koordination aber über Nutzungsanweisungen, und nicht über Arbeitsanweisungen statt, liegt eine Unternehmungskooperation vor. Im Prinzip also könnte Demsetz auch die Existenz von Unternehmungskooperationen erklären und stünde Richardson an Erklärungsbandbreite nicht nach.

Die Demsetzsche Definition von Unternehmungsähnlichkeit ist allerdings an der gleichen Stelle problematisch wie die von Coase (1937/1988): Sie vermag den substantiellen Autoritätsunterschied zwischen Markt und Unternehmungskooperation auf der einen und der Unternehmung auf der anderen Seite nicht zu erklären. Das wiegt um so schwerer, als gerade dies die Alchian-Demsetzsche Kritik an Coase provoziert hat. Ein weiteres Problem ist die Spezialisiertheit als Gradmesser der Unternehmungsähnlichkeit: Demsetz geht nicht weiter auf intern hergestellte Vor- und Zwischenprodukte ein, die nur zum Teil in der Unternehmung weiterverarbeitet werden, aber eben auch an fremde Unternehmungen verkauft werden. Wie sollen diese Produkte erfaßt werden? Eine klare Abgrenzung von End-, Zwischen- und Vorprodukten wäre nötig, um die Definition handhabbarer zu machen.

Daneben wird nicht recht klar, ob und wie Demsetz seine eigene Maxime umsetzt, jede Entscheidung über den Integrationsgrad müsse die Minimierung der Summe aus Transaktions- und Produktionskosten zum Ziel haben, und wie er die Kategorie der Informationskosten – seiner Meinung nach eine Unterform der Coaseschen Transaktionskosten – gegen die Produktionskosten abgrenzen will. Daß man die Arbeiten Williamsons kritisieren muß, weil man Transaktions- und Produktionskosten nicht auseinanderhalten kann, hat er ja zu Beginn seines Aufsatzes ausführlich dargelegt.[188] Seiner eigenen Argumentation kann man eine klare und eindeutige Abgrenzung jedenfalls nicht ohne weiteres entnehmen, wenn er beispielsweise schreibt, „[that] [a] single firm if it was vertically integrated would have difficulty acquiring and maintaining the stocks of knowledge necessary to control cost and quality and make good managerial decisions when downstream uses are multiple in this sense"[189]: Dies bedeutet doch, daß relativ hohe Kosten der Wissensbeschaffung und -pflege relativ hohe andere Kosten – möglicherweise Produktionskosten – nach sich ziehen. Wenn nun aber Produktionskosten und Informationskosten parallel laufen, weil erstere von letzteren abhängen, würde es ausreichen, die Informationskosten zu minimieren, um zu einer optimalen Unternehmungsgröße zu gelangen. Die inhaltliche Auffüllung 'seines' Transaktionskostenbegriffs wäre zumindest problematisch.

Eine weitere ungeklärte Frage ist die empirische Relevanz des von Demsetz ins Spiel gebrachten Wissenssubstitutionseffekts. M.E. gibt es keine Studie, die gemessen hätte, inwiefern Arbeits- und Nutzungsanweisungen als Instrumente der Wissenssubstitution eingesetzt werden und für die Entscheidung über vertikale Integration relevant sind. Vor diesem Hintergrund scheint es erstens vorschnell, wenn Demsetz die empirische Relevanz der Hold-up-Problematik in Frage stellt,[190] und zweitens überzogen, da er selbst zur Erklärung der Langfristigkeit der Verträge auf Spezifitätsargumente des GKA zurückgreift.[191]

Die Aussagen von Penrose, Richardson, Coase und Demsetz ergeben zusammengenommen folgende kompetenzbasierte Argumentation zur

---

[188] Vgl. Demsetz (1988, 144-150).
[189] Demsetz (1988, 158-159).
[190] Vgl. Demsetz (1988, 150).
[191] Vgl. Demsetz (1988, 159-160).

vertikalen Integration: Eine Unternehmung ist ein Bündel an Ressourcen (Penrose), „capabilities" (Richardson) oder Know-how (Demsetz), das einen festen Organisationsrahmen (Penrose) hat oder in ein Netzwerk von Arbeitsverträgen (Coase, Demsetz) eingebettet ist. Eigenschaften dieser Organisation sind Weisungsmacht (Penrose, Coase, Demsetz), Spezialisierung (Demsetz) und langfristige Verträge (Coase, Demsetz). Die Grenzen der Unternehmung verlaufen dort, wo „capabilities" (Richardson) bzw. „bodies of knowledge" (Demsetz) so unterschiedlich bzw. die Allokationskompetenzen des Unternehmers (Coase) so überfordert werden, daß eine Integration mehr kostet als nutzt. Bürokratiekosten, Spezifitäten und Hold-up-Phänomene stehen als Erklärungselemente im Abseits.

3.3 Die Entwicklungsstränge des KA als Kritik am GKA

Es ist bezeichnend, daß Hodgson (1998c) seinen Aufsatz „Evolutionary and competence-based theories of the firm" mit einer Besprechung des *Governancekostenansatzes* beginnt. Die Unzufriedenheit mit dem GKA ist das einende Band der Weiterentwicklungen des KA, nicht ein geschlossener und schlüssiger Gegenentwurf.[192] Die Motive der Unzufriedenheit sind weitverzweigt, lassen sich aber in den bereits genannten Kernkritikpunkten 'fehlende Dynamik' (Abschnitt 3.3.1), 'überzogene Fixierung auf Individuum und Opportunismus' (Abschnitt 3.3.2) sowie 'Vernachlässigung produktionskostentheoretischer Überlegungen' zusammenfassen (Abschnitt 3.3.3).[193] Die Grundsätzlichkeit der Kritik läßt vom ersten zum dritten Punkt nach: Die Kritiker der ersten Kategorie halten KA und GKA im Kern für unversöhnlich. Die Kritiker der zweiten Kategorie lehnen einige Akzentuierungen im GKA ab, entkernen ihn mit

---

[192] Vgl. zur Verästelung des Ansatzes Hodgson (1998c, 25) sowie Dosi/Marengo (2000). Letztere benennen zwar einige Gemeinsamkeiten, stellen aber auch die große Uneinigkeit über Methodik, Annahmen, Analyseobjekte und Erklärungsziele heraus.

[193] Vgl. Hodgson (1998a, 181-182), Hodgson (1998c, 27-28) sowie Hodgson (1999, 250-251).

ihren Reparaturversuchen jedoch bis zur Unbrauchbarkeit. Die Kritiker der dritten Kategorie indes sehen Möglichkeiten für eine fruchtbare Synthese.

3.3.1 Der Vorwurf statischer Enge

Hodgson (1998c, 34-35) sieht in der Vernachlässigung technischer Innovationen und dynamischen Wandels den gravierendsten Mangel des GKA (und gleichgewichtsorientierter Ansätze im allgemeinen). Er lasse sich auf die Hintansetzung radikaler Unsicherheit im Sinne Knights (1921) zurückführen. Sie mache es nicht nur unmöglich, vollständige Verträge abzuschließen, sie mache es überdies unmöglich, alle payoffrelevanten zukünftigen Umweltzustände überhaupt zu erkennen. Die Annahme von objektiven oder subjektiven Wahrscheinlichkeitsverteilungen sei daher nicht problemadäquat. Dies müsse bei der Wahl der Organisationsform daher unter allen Umständen berücksichtigt werden, und zwar beispielsweise indem man *Ex-ante-* und *Ex-post-*Formen der Koordination unterscheide.

Die Unternehmung habe mit ihren physischen und menschlichen Ressourcen Vorteile bei der *Ex-ante*-Koordination. Sie könne Pläne für den Umgang mit unvorhersehbaren Schocks entwickeln: „The firm may cope with uncertainties by lumping them together within a single organization, which has resources to bear many unquantifiable and unforeseeable shocks"[194]. Die Unternehmung könne über ihre Mitglieder Fähigkeiten entwickeln lernen, mit Komplexität und Wandel umzugehen, und Routinen für die Generierung und die Weitergabe von Wissen über die Veränderungen des sozioökonomischen Umfelds aufbauen. Dies sei dem Markt nicht möglich. Seine Stärke liege in der *Ex-post*-Koordination. Folglich erklärten radikale Unsicherheit und die komparativen Vorteile der *Ex-ante*-Koordination die Entstehung von Unternehmungen.[195]

---

[194] Hodgson (1998c, 35).
[195] Vgl. zu ähnlichen Argumentationsmustern Loasby (1998a, 1999b,c,d,e).

Radikale Unsicherheit in den GKA zu integrieren, erfordere eine Abkehr von Statik und komparativer Statik, denn „[i]t is now widely accepted that learning and technical change cannot be adequately accommodated in a static framework"[196]. Nötig sei eine dynamische Perspektive.[197] Sie ermögliche zudem die explizite Berücksichtigung und Anerkennung der Existenz von Ungleichgewichten und von Diversitäten in Unternehmungsstrukturen und -leistungen.[198]

Die Hodgsonsche Erklärung der Unternehmungsexistenz überzeugt deshalb nicht, weil sie kein klares Bild von der Unternehmung zeichnet. Sie müßte, um zu überzeugen, von einer Unternehmungskonzeption ausgehen, die *nicht* über langfristige Marktvertragsbeziehungen replizierbar ist. Jedoch arbeitet Hodgson diesen Unterschied nicht heraus; er macht nicht deutlich, warum nicht schon langfristige Verträge zwischen selbständigen Unternehmungen die Vorteile der *Ex-ante*-Koordination realisieren können sollten. Wenn er einen solchen Unterschied zwischen Markt und Unternehmung benennen könnte, wäre darüber zu reden, ob dies ausreicht, um die Vorteile der Unternehmung bei der Ex-ante-Koordination zu belegen; die angebotene Erklärung allein reicht jedoch nicht aus.

3.3.2 Der Vorwurf individualistischer Engführungen

3.3.2.1 Individualismus und Opportunismus

Der Vorwurf, die Individualismus- und Egoismus-Annahmen zu überdehnen, lebt von der Beobachtung, daß der GKA Transaktionen zwischen Individuen mit gegebenen und unabhängigen Präferenzen zum zentralen Analyseobjekt macht (Individualismus) und mit eindimensionalen Nutzenfunktionen bewertet (striktes Eigeninteresse).[199]

---

[196] Hodgson (1998c, 34).
[197] Vgl. zu dieser Forderung auch Winter (1988).
[198] Vgl. Hodgson (1998c, 35-36).
[199] Vgl. hierzu und zum folgenden Hodgson (1998c, 28-32). Vgl. auch Ghoshal/Moran (1996).

Aufgrund seiner individualistischen Ausrichtung läßt – so Hodgson – der GKA keinen Raum für „processes of radical individual transformation and development, notably an adequate concept of learning"[200]. Es entgehe dem GKA, daß individuelle Präferenzen ihrerseits durch Institutionen wie (Unternehmungs-)Kultur und Rechtsordnung geformt würden. Dies geschehe auch über Lernen, wobei Lernen weniger als Akquisition und Akkumulation von gegebenen Informationsbruchstücken „out there" zu verstehen sei, denn als offener und irrtumsbehafteter Prozeß der Problemformulierung und -lösung. Innerhalb formaler Organisationen bedeute Lernen immer auch „[an] alteration of cognitive frames and mental models of the world"[201]. Der GKA berücksichtige nun aber die Unterschiedlichkeit mentaler Modelle nicht: Meinungsunterschiede und Ineffizienzen ließen sich nicht allein auf opportunistisches Verhalten bei Informationsasymmetrien zurückführen, sondern auch immer auf unterschiedliche Interpretationsmuster bei gleicher Informationsausstattung.

Auf Unternehmungsebene erschwert Hodgson zufolge die individualistische Ausrichtung die Einsicht, daß Unternehmungswissen in erster Linie organisations- und teambezogen, und nicht individuumbezogen ist. Organisationales und individuelles Wissen ergänzten einander, doch sei organisationales Wissen mehr als die Summe seiner individuellen Teile: „[I]t is firms, not the people that work for firms, that know how to make gasoline, automobiles and computers"[202]. Das individuelle Wissen sei also eingebettet in soziale Strukturen, nur dort voll nutzbar und folglich nicht kostenlos portabel und vermittelbar.

Die Fokussierung auf rein eigeninteressiertes Verhalten überschätze die Vertragsfähigkeit einiger Elemente in einer Transaktionsbeziehung und übersehe deshalb Größen wie Loyalität und Vertrauen:[203] „Emile Durkheim insists on the existence, necessity and irreducibility of non-

---

[200] Hodgson (1998c, 27).
[201] Hodgson (1998c, 30).
[202] Winter (1982, 76) zit. nach Hodgson (1998c, 31).
[203] Vgl. Hodgson (1998c, 27).

contractual elements in all social relationships, even within the sphere of markets and exchange."[204]

Die im folgenden diskutierten Ansätze arbeiten diesen Vorwurf in ihr Bild der Unternehmung ein: Es läßt sich nicht allein in Vertrags-, Eigentums- oder Anreizkategorien fassen. Vielmehr wird die Unternehmung verstanden als spezialisierter lern- und wachstumsfähiger Hort produktiver technologischer und organisatorischer Kompetenzen. Sie sind Gegenentwürfe zum GKA (und zum PRA), weil sie in ihren Antworten auf die Coaseschen Fragen von opportunistischen Akteuren absehen und allein eingeschränkt rationales Verhalten unterstellen. Während die ersten drei Beiträge (Conner, 1991, Kogut/Zander, 1992, 1996) einen Argumentationsmix unterschiedlicher Disziplinen nutzen, bewegen sich die letzten beiden (Conner/Prahalad, 1996, Madhok, 1996) im Kielwasser Coasescher und Demsetzscher Ideen. Die eingehende Inspektion der Ansätze zeigt jedoch, daß eine Beantwortung der Coaseschen Fragen ohne die Annahme des Opportunismus nicht restlos überzeugt.

3.3.2.2 Diskussion der Gegenentwürfe

Aus Sicht von *Conner (1991)* müssen zwei Bedingungen erfüllt sein, damit eine konkrete Unternehmung X existiert: Die Unternehmung muß sowohl dem Markt als auch anderen Unternehmungen überlegen sein. Conners Argument stützt sich in beiden Fällen auf die Vorteilhaftigkeit ko-spezialisierter Produktionsfaktoren, deren unternehmungsinternes Zusammenspiel zu einem Wertzuwachs führt, der weder durch separate Eigentümerschaft (Markt) noch durch Einbindung in eine andere Unternehmung bzw. in andere Unternehmungen erreichbar ist.[205]

Separate Eigentümerschaft der Produktionsfaktoren von X bedeute regelmäßig unterschiedliche strategische Zielsetzungen, und folglich stünden die Produktionsfaktoren weder der einen noch der anderen Teilunternehmung vollständig zur Verfügung. Separate Eigentümerschaft

---

[204] Hodgson (1998c, 28).
[205] Vgl. Conner (1991, 139-143).

bedeute zudem unterschiedliche Unternehmungskulturen, Kommunikationscodes und Routinen; die Produktivität der eingesetzten Produktionsfaktoren sei geringer, als wenn sie in einer Hand seien: „[...] under certain circumstances, firms have advantage over market relationships in the *joint activity* of creating and redeploying specific capital. Further, the advantage of firms in the creation-redeployment combination need not stem from an opportunism-control advantage."[206]

Im Hinblick auf eine mögliche Einbindung der Produktionsfaktoren von Unternehmung X in eine andere Unternehmung Y argumentiert Conner, daß dies nicht optimal sein muß, weil einige Produktionsfaktoren besser in die Gesamtorganisation von X hineinpassen als in die von Y: „In this view, multiple, heterogeneous firms continue to exist because the assets with which they will come to be mated are themselves heterogeneous, each making a better fit with (more specific to) some firms than with others."[207] Genau dies ist auch ihr Ansatzpunkt zur Erklärung der Unternehmungsgrenzen: Ihr Verlauf hänge in entscheidender Weise vom Grad der Spezifität ab, der zwischen der aktuellen Produktionsfaktorenbasis der Unternehmung und dem zu integrierenden Aktivitätsfeld bestehe.

Kogut/Zander (1992) fassen ihre Position zur Existenz von Unternehmungen folgendermaßen zusammen:

> „Our view differs radically from that of the firm as a bundle of contracts that serves to allocate efficiently property rights. In contrast to the contract approach to understanding organizations, the assumption of the selfish motives of individuals resulting in shirking or dishonesty is not a necessary premise in our argument. Rather, we suggest that organizations are social communities in which individual and social expertise is transformed into economically useful products and services by the application of a set of higher-order organizing principles. Firms exist because they provide a social community of voluntaristic action structured by organizing principles that are not reduceable to individuals."[208]

---

[206] Conner (1991, 140).
[207] Conner (1991, 139).
[208] Kogut/Zander (1992, 384).

3.3. Die Entwicklungsstränge des KA als Kritik am GKA 125

Der letzte, entscheidende Satz benennt den ausschlaggebenden Vorteil der Unternehmung gegenüber dem Markt: Nur die Unternehmung, nicht der Markt, ist nach Kogut/Zander in der Lage, eine Zahl an spezialisierten Individuen zu einer Gemeinschaft zu machen, deren spezialisiertes und stilles Wissen durch „organizing principles" koordiniert wird. Unter letzteren verstehen Kogut/Zander Dinge wie proprietäre Sprachcodes, gemeinsame Werte oder unternehmungsübergreifendes technisches und organisatorisches Wissen.[209] Sie vereinfachen die Kommunikation in der Unternehmung im Vergleich zur Kommunikation über den Markt. Da die „organizing principles" nicht nur überindividuelles, also soziales Wissen darstellten, sondern auch „tacit" und mit den übrigen technologischen und organisatorischen „capabilities" verwoben seien, könnten sie nicht ohne Einbußen partiell aus der Unternehmung herausgelöst und einer anderen Unternehmung eingepflanzt werden.[210]

Doch wo verlaufen dann die Grenzen der Unternehmung? Kogut/Zander argumentieren, daß eine wachsende Unternehmung ihre „organizing principles" einer größer werdenden Zahl an Personen vermitteln muß. Das erfordere eine stärkere Kodifizierung. Sie jedoch erhöhe die Gefahr der Imitation. Das „fundamental dilemma" der Unternehmung bestehe also im Ausbalancieren von interner Koordinationseffizienz und externer Imitationsgefahr.[211]

Die Erklärungsansätze von Conner (1991) und Kogut/Zander (1992) sind einander im Argumentationskern ähnlich, daher trifft sie auch dieselbe Kritik: Ohne Opportunismus läßt sich die Unternehmung nicht als notwendige Institution zur Ko-Spezialisierung und zur Etablierung von „organizing principles" hinstellen. Über Marktverträge läßt sich alles erreichen: Die 'Arbeitnehmer' bleiben Eigentümer ihrer Produktionsmittel, werden sich produktivitätserhöhend ko-spezialisieren und „organizing principles" entwickeln, schließlich gibt es im Team kein Moral-Hazard-Problem. Im Grunde genommen ist die Argumentation

---

[209] Vgl. Kogut/Zander (1992, 389).
[210] Vgl. Kogut/Zander (1992, 389).
[211] Vgl. Kogut/Zander (1992, 390-391).

von Conner (1991) und Kogut/Zander (1992) daher, um mit Foss (1996c) zu sprechen, „[a] sophisticated [...] "technological determinism""[212].

Neben diesen Anfragen an ihre Erklärung der Unternehmungs*existenz* kann auch Kogut/Zanders Erklärung der Unternehmungsgrenzen nicht unkritisiert bleiben: Ihr Argument eines wachsenden Imitationsrisikos bei wachsender Unternehmung ist nicht uneingeschränkt überzeugend. Zwar mag mit dem Wachstum der Unternehmung die Notwendigkeit zunehmen, für viele Mitarbeiter klare Regeln explizit zu formulieren, die dann einfacher kopiert werden können, allerdings kann damit noch nicht das Wissen, wie gute Regeln aussehen, kopiert werden. Imitationskonkurrenz für einen Unternehmungseigner mit nur einem Mitarbeiter scheint von daher nicht zwangsläufig unwahrscheinlicher als für eine Unternehmung mit vielen Mitarbeitern.

In einem zweiten Beitrag erweitern *Kogut/Zander (1996)* ihre Argumentationsbasis unter Rückgriff auf philosophische, psychologische und soziologische Konzepte. Nun sehen sie das moderne Individuum geprägt von einer „unsocial sociality"[213], die sich vor dem Hintergrund zunehmender Arbeitsteilung und Vereinzelung im Bedürfnis nach identitätsstiftender Gemeinschaft ausdrücke:

> „[...] the division of labor increased the individual's longing to belong to a moral order, whose character [...] represents the perception of justice and identity in an historical context."[214]

Im aktuellen historischen Kontext sei inbesondere die Unternehmung ein Ort von Gerechtigkeits- und Identitätsstiftung.[215] Durch ihre Identifizierung mit der Unternehmung würden Individuen erstens Konventionen und Regeln verinnerlichen, die Verhalten und Entscheidungsfindung in der Unternehmung koordinieren. Zweitens setze Identifizierung einen Prozeß des sozialen Lernens durch die Bildung gemeinsamer Werte und konvergierender Erwartungen in Gang.[216] Die gleiche Sicht der Welt wie-

---

[212] Foss (1996c, 473-474).
[213] Kogut/Zander (1996, 502).
[214] Kogut/Zander (1996, 505).
[215] Vgl. Kogut/Zander (1996, 505).
[216] Kogut/Zander (1996, 506).

3.3. Die Entwicklungsstränge des KA als Kritik am GKA

derum vereinfache unternehmungsintern Kommunikation, Lernen und Entscheidungsfindung. Sie betonen, daß der Vorteil der Unternehmung gegenüber dem Markt nicht schlicht in geringeren Kommunikationskosten zu sehen sei, sondern in der „creation of a context of discourse and learning that promotes innovation and motivated behavior."[217]

Der negative Aspekt dieser Gleichrichtung und Eichung sei allerdings eine visionäre Enge, die es unmöglich mache, bestimmte Technologien und Organisationsprinzipien wahrzunehmen oder in der Unternehmung zu implementieren. Aus diesem Spannungsverhältnis zwischen Einheit und Vielfalt gelange jede Unternehmung zu einer je eigenen Integrationstiefe.[218]

Kogut/Zander (1996) verlassen mit ihren Ausritten ins Philosophische, Soziologische und Psychologische an vielen Stellen ökonomisches Terrain. Dies wird besonders deutlich in ihrer Annahme einer „unsocial sociality": Die Unternehmung ist kein Mittel zum Zweck, sondern selbst Konsumgut;[219] sie existiert, weil ihre moralische und identitätsstiftende Ordnung den Präferenzen spezialisierter Individuen entspricht.[220]

Vor diesem Hintergrund ist natürlich zu fragen, was die Arbeitnehmer für die Mitgliedschaft in einer solchen Unternehmung zu zahlen bereit sind. Signifikante Lohndifferenzen zwischen Selbständigen und Angestellten müßten beobachtbar sein. Außerdem wird nicht recht klar, warum gerade Unternehmungen für den Aufbau moralischer und identitätsstiftender Ordnungen notwendig sein sollen.[221] Ferner untersuchen Kogut/Zander (1996) weder den Unterschied zwischen Arbeits- und Marktvertrag noch die Aufteilung der Eigentumsrechte oder Kompetenzen noch andere zentrale Aspekte kapitalistischer Unternehmungen.[222] Ihr An-

---

[217] Kogut/Zander (1996, 510-511).
[218] Vgl. Kogut/Zander (1996, 515).
[219] Sie ist also nicht allein Gut höherer Ordnung im Sinne von Mises', sondern auch Gut erster Ordnung.
[220] Vgl. Foss (1996d, 520).
[221] Vgl. Foss (1996d, 520).
[222] Vgl. Foss (1996d, 520).

satz zur Erklärung der Unternehmungsexistenz ist daher „essentially extra-economic"[223].

Conner/Prahalad (1996) liefern eine ausgefeilte Weiterentwicklung der Connerschen Position von 1991. Erkennungsmerkmal der Unternehmung sei ein langfristiger hierarchiebegründender Arbeitsvertrag.[224] Zwei Effekte würden über Markt und Unternehmung entscheiden: der 'Demsetzsche' Wissenssubstitutionseffekt, demzufolge die Unternehmung unter bestimmten Umständen über Arbeitsanweisungen die Koordinationskosten der Wissensspezialisierung minimieren kann, und der zuerst von Coase (1937/1988) beschriebene Flexibilitätseffekt, demzufolge die Unternehmung aufgrund ihrer hierarchischen Struktur rascher auf exogene Störungen reagieren kann als zwei selbständige Unternehmungen: In der Unternehmung könnten Reaktionen auf äußere Störungen 'von oben' befohlen werden, im Markt müßten sie zeit- und kostenintensiv ausgehandelt werden; außerdem sei im Markt ein „loss of coherent vision or cohesion as to the aim or conduct of the endeavor itself"[225] zu befürchten. Entscheidend ist, daß weder Wissenssubstitutionseffekt noch Flexibilitätseffekt auf der Annahme opportunistischen Verhaltens beruhen.

		Wissenssubstitution mit positivem Nettoeffekt?	
		Ja	Nein
Positiver Nettoeffekt der Flexibilität größer bei:	hierarchischem Arbeitsvertrag	Unternehmung	Unternehmung oder Markt
	Nachverhdl. Marktvertrag	Unternehmung oder Markt	Markt

Tabelle 3.2: Die kompetenzbasierte Wahl der Organisationsform[226]

Conner/Prahalads Analyse mündet in eine 2x2-Matrix zur Organisationswahl (vgl. Tabelle 3.2). Die Organisationsvoraussagen auf der

---
[223] Foss (1996d, 520).
[224] Vgl. Conner/Prahalad (1996, 478).
[225] Conner/Prahalad (1996, 478-479).
[226] Vgl. Conner/Prahalad (1996, 488).

Hauptdiagonalen sind unmittelbar einsichtig: Sprechen beide Effekte für den Arbeitsvertrag (Marktvertrag), ist die Unternehmung (der Markt) die dominante Organisationsform. Spricht hingegen nur der Wissenssubstitutionseffekt für die Organisationsform Unternehmung, der Flexibilitätseffekt hingegen nicht (oder umgekehrt), ist die Organisationsvoraussage uneindeutig. Dieses Schema erklärt also sowohl die Existenz von Unternehmungen (positiver Wissenssubstitutionseffekt *plus* positiver Flexibilitätseffekt) als auch die Grenzen der Unternehmung: Man integriere jede Transaktion, in der Wissenssubstitutions- und Flexibilitätseffekt positiv sind, wäge die Effekte ab, wenn sie Gegensätzliches empfehlen, und integriere nicht, wenn beide Effekte gegen eine Integration sprechen.

Der Beitrag von Conner/Prahalad (1996) stellt sich hauptsächlich durch seine Sicht der Unternehmung in die Kritik: Letztere setzt er mit einem hierarchischen Arbeitsverhältnis gleich. Diese Definition birgt jedoch die bereits bei Coase (1937/1988) und Demsetz (1988) angesprochenen Schwierigkeiten. Insbesondere fehlt die Einbeziehung der Eigentumsrechte als entscheidender Quelle unternehmungsinterner Autorität.[227] Mit dieser Definition läßt sich kaum zwischen Markt- und Arbeitsvertrag unterscheiden: Ein gerichtsfester Marktvertrag könnte sowohl Flexibilitäts- als auch Wissenssubstitutionseffekt möglich machen; dazu ist es lediglich nötig, daß sich eine Marktseite bindend verpflichtet, allen Empfehlungen des Marktpartners über einen längeren Zeitraum Folge zu leisten.[228] Die mögliche Bedeutung der von Conner/Prahalad (1996) in Erinnerung gerufenen Effekte für die Frage einer ökonomisch tragfähigen Organisation zieht diese Kritik gleichwohl nicht in Zweifel.

Madhok (1996) hält sich mit der Frage nach der Existenz der Unternehmung nicht auf. Er setzt sie schlichtweg voraus und definiert: „The firm is essentially a rent-seeking institution comprised of a bundle of resources and capabilities linked together through various idiosyncratic routines [..].

---

[227] Vgl. Foss (1996d, 521).
[228] Vgl. Foss (1996d, 521).

This "linkedness" is the source of productive value [..] while its idiosyncratic nature is the source of the sustainability of this value [..]."[229]

Seine – opportunismusfreie – Antwort auf die Frage nach den Grenzen der Unternehmung erläutert er anhand eines Beispiels:[230] S will an B Wissen mit einem hohen Know-how-Anteil verkaufen. Der Wert des Wissens liegt für S bei 100 $, wenn S in bestimmte organisatorische Routinen investiert, und bei 70 $, wenn S nicht investiert. Die Kosten der Investition liegen bei 25 $. Das Wissen hat auch für B einen Wert, und zwar in Höhe von 70 $, wenn B nicht in organisatorische Routinen investiert. Die Investitionskosten liegen für B allerdings bei 40 $, weil B das für die Investition nötige Wissen aufgrund anderer „capabilities" nur unter höheren Kosten besorgen kann. In diesem Fall wird B nicht mehr als 60 $ für das Wissen zahlen, was jedoch S ablehnen wird. Selbst wenn die Investitionskosten für B nur bei 20 $ liegen, wird die Transaktion nur dann stattfinden, wenn S auf Investitionserträge verzichtet, was aber nicht zu erwarten ist.

Madhok folgert, „[that] the transaction will not be effectuated, i.e., the market fails, but for reasons which have nothing to do with opportunism. In TC theory (Transaction Cost, JPS), from [S]'s viewpoint, [S] is boundedly rational and is concerned about B's opportunism. The result is market failure. This concern of opportunism is extraneous to the OC argument (competence view, JPS) [...]: opportunism may or may not exist. *Even if B were not opportunistic, the market fails because B is boundedly rational and does not possess the requisite set of capabilities* [...]"[231], und folglich gebe es für das Marktversagensproblem keine Lösung.

Problematisch am Beitrag von Madhok (1996) ist, dass er nicht deutlich macht, wo genau er nun seine Kritik am GKA anbringen möchte. Für eine opportunismusfreie Begründung vertikaler Integration ist sein Beispiel falsch gewählt: Er diagnostiziert nämlich nicht eigentlich ein Marktversagen, vielmehr ist sein Beispiel so konstruiert, daß die Transaktion weder

---

[229] Madhok (1996, 583).
[230] Vgl. Madhok (1996, 584).
[231] Madhok (1996, 584, Hervorheb. JPS).

3.3. Die Entwicklungsstränge des KA als Kritik am GKA

für B noch für S vorteilhaft ist. Das aber ist eine Situation, die in den relevanten Problemszenarien des GKA oder PRA gar nicht diskutiert wird.

Zweitens ist selbst ein denkbarer Anspruch, vertikale Integration zu erklären, in Zweifel zu ziehen, da Madhok nicht erklärt, ob und wie B und S wegen des von ihm diagnostizierten Marktversagens eine funktionsfähige integrierte Unternehmung bilden könnten. Er scheint nur zeigen zu wollen, daß der Markt auch im Fall nichtopportunistischer Akteure versagen kann. Dies jedoch wäre keine Gegenthese zum GKA.

Drittens enthält Madhoks Beispiel einige ökonomische Fragwürdigkeiten: So dürfte es höchst unwahrscheinlich sein, daß S durch einen Verkauf von Wissen unwissender wird. Obwohl er die geläufigen Probleme des Wissensverkaufs schildert,[232] scheint er sie im Beispiel aus den Augen zu verlieren. Für seine Analyse sind sie aber entscheidend: Wenn das Wissen nach einer Investition in Höhe von 25 $ für S einen Wert von 100 $ hat und einen Wert von 70 $, wenn er nicht investiert, dann wird S investieren und einen Nettopayoff von 75 $ erzielen. Davon zu trennen ist die Entscheidung, an B zu verkaufen. Wenn S weiß, daß sein Wissen für B 100 $ wert ist, wenn B 40 $ investiert, und 70 $, wenn B nicht investiert, dann wird er sein Wissen für 70 $ anbieten, und B wird es kaufen. S's Reingewinn liegt dann bei 145 $, nämlich 70 $ aus dem Verkauf plus 75 $ aus der Selbstverwertung des Wissens.[233] Ein Marktversagen gibt es nicht, und eine Integration ist nicht nötig.

All diese Beiträge zu einer opportunismusfreien Beantwortung der Coaseschen Fragen zusammengenommen präsentieren sich m.E. nicht als überzeugende Alternativen zum GKA oder zum PRA. Offenkundig können stichhaltige Antworten auf die Coaseschen Fragen auf die Annahme strikt eigeninteressierten Verhaltens nicht verzichten.

---

[232] Vgl. Madhok (1996, 583-584).
[233] Von dem Risiko, sich durch den Wissenstransfer einen neuen Konkurrenten anzulachen, sei – wie bei Madhok – abstrahiert.

3.3.3 Der Vorwurf technologischer Blindheit

3.3.3.1 Transaktion, Produktion und beschränkte Rationalität

Nach Hodgson (1998c, 32) sind GKA und PRA funktionell einäugig: Ihr Augenmerk gelte nahezu ausschließlich Transaktionen und Governanceformen. Technologiewahl und Produktion seien der Wahl der Koordinationsform nachgeordnet und stellten im Kern entscheidungsirrelevante Gegebenheiten dar. Damit aber setzten GKA und PRA implizit eine uneingeschränkte Kompatibilität von Governanceformen und Technologien voraus. „[T]echnologies are [however, JPS] often linked to transaction modes and structures of governance."[234] Die vermeintliche Separabilität von Governancestruktur und Technologie verwische den Unterschied zwischen Tausch und Produktion und führe dazu, daß letztere einzig und allein als direkte und unmittelbare Folge des ersteren interpretiert werde: „Once the deal is struck, the wheels of production are essentially predetermined."[235] Eine überzogene Konzentration auf die Transaktionskosten und eine Vernachlässigung der Produktionskosten ist – so Hodgson – die Folge: „[A]n exclusive focus on the minimization of transaction costs is misconceived."[236]

Seiner Meinung nach liegt der fundamentale Unterschied zwischen Produktion und Tausch darin, daß im Produktionsprozeß – im Gegensatz zu einem Kaufvertrag über materielle Güter – die intentionale und andauernde Beteiligung des Verkäufers (also des Arbeiters) notwendig ist. Die Beschäftigung eines Arbeiters beende nicht die Beziehung zwischen Käufer und Verkäufer, zwischen Arbeitgeber und Arbeitnehmer: „The good or service being supplied - in this case labour - remains united with its possessing agent."[237]

Diese Tatsache – daß das Engagement der Arbeitsanbieter über die gesamte Vertragslaufzeit für den Nachfrager bedeutsam bleibe – impliziere ein großes Maß an Entscheidungsspielraum und Wahlfreiheit. Arbeitsver-

---

[234] Hodgson (1998c, 32).
[235] Hodgson (1998c, 33).
[236] Hodgson (1998c, 32).
[237] Hodgson (1998c, 33).

3.3. Die Entwicklungsstränge des KA als Kritik am GKA 133

träge seien unweigerlich unvollständig: „The terms of the contract cannot be spelt out in full detail because of the complexity of the work process, and the degree of unpredictability of key outcomes."[238] Und dadurch werde auch die soziale und unvertragliche Dimension einer Transaktion von Arbeitskraft hervorgehoben.[239] Wenn nun aber die organisatorische Gestaltung eine Wirkung auf das Engagement der Arbeitsanbieter hätten, unterschätze der GKA alles in allem die Bedeutung der Produktionskosten bei der Wahl der Governanceform.

Diese Kritik richtet sich nicht gegen die Methode des GKA oder des PRA. Sie will auch nicht 'lebenswichtige' Annahmen aufheben. Sie steht ihrer Berücksichtigung im kritisierten Ansatz nicht im Weg und ist daher konstruktiv: Sie erlaubt im Prinzip eine Verknüpfung des KA mit GKA und PRA. Die folgenden Zusammenführungsentwürfe versuchen, kompetenzbasierte Ideen in den TKA oder transaktionskostentheoretische Überlegungen in den KA einzuflechten. Übereinstimmend sehen sie in der Unternehmung nicht nur ein Netzwerk an Verträgen, sondern auch einen Hort produktionstechnologischer Kompetenzen.

Langlois/Foss (1999) und Foss (1996b) legen überblickartig mögliche Verknüpfungspunkte frei und greifen dabei auf Überlegungen älterer Ansätze, wie z.B. von Teece (1980, 1982, 1986) und Langlois (1988), zurück. Langlois (1992) ist ein Beispiel für die Integration transaktionskostentheoretischer Überlegungen in einen im übrigen kompetenzbasierten Ansatz. Seiner Meinung nach beschränkt sich die Erklärungsrelevanz des TKA auf die Gründungsphase einer Unternehmung, langfristig jedoch biete allein der KA eine überzeugende Erklärung der vertikalen Integrationstiefe. Die Arbeit von Silver (1984) ist ein Beispiel für die Integration kompetenzbasierter Überlegungen in einen im übrigen transaktionskostentheoretischen Ansatz. Er interpretiert – noch vor Demsetz (1988) – Transaktionskosten als Informationsübertragungs- und Überzeugungskosten und verbindet dies mit der Richardsonschen Idee der Ähnlichkeit von Aktivitäten. Insgesamt ist die ökonomische

---

[238] Hodgson (1998c, 33).
[239] Hodgson (1998c, 32,34).

Argumentation dieser Beiträge an vielen Stellen angreifbar, doch wird gerade in der Auseinandersetzung deutlich, welche Wege zur Zusammenbindung von TKA und KA gangbar sind und welche nicht.

3.3.3.2 Diskussion der Zusammenführungsentwürfe

Langlois/Foss (1999) sehen einen ersten Anknüpfungspunkt in der Beziehung zwischen Unternehmungskompetenzen und unternehmungsinternen Agency-Problemen.[240] „[F]irms will often be characterized by a distinct 'way of doing things' that is coded in its capabilities"[241], und diese Kompetenzen seien produktionstechnologischer und organisatorischer Natur. Eine unzweideutige Abgrenzung produktions- und organisationsbezogener Kompetenzen sei jedoch nicht möglich. Da nun alle Inputeigentümer gemeinsam über die Unternehmungskompetenzen verfügten, und nicht ein einziger zentraler Akteur allein, würden – so vermuten die Autoren ohne tiefergehende Ursachenforschung – Asymmetrien in der Informationsverteilung nivelliert, Moral-Hazard- und Adverse-Selection-Probleme abgeschwächt und die gesamten Agency-Kosten sinken.[242]

Ein zweites Feld ist aus Sicht von *Foss (1996b)* eine transaktionskostentheoretische Erklärung der Heterogenität von Unternehmungen derselben Branche.[243] Dahin könne man über die Analyse des Eigentümerverhaltens im PRA gelangen: „For example, they may opportunistically hold-up employees, appropriating part of their share of the overall rents. In other words, a latent prisoners dilemma-game exists between the two parties." Nun würde aber die potentiell unendliche Wiederholung in eine Superspielsituation münden, zu deren Gleichgewichten auch die Ausbildung von impliziten Unternehmungsnormen oder, um mit Kreps (1990b) zu sprechen, die Ausbildung einer Unternehmungskultur gehören könne. Letztere bilde einen Teil der organisatorischen Kompetenzen der Unternehmung. Da das zugrundeliegende Superspiel mehrere

---

[240] Vgl. auch Foss (1996b).
[241] Langlois/Foss (1999, 213).
[242] Vgl. Langlois/Foss (1999, 213) und auch Foss (1996b, 10).
[243] Vgl. Foss (1996b, 10).

3.3. Die Entwicklungsstränge des KA als Kritik am GKA

Gleichgewichte habe, wäre die Heterogenität von Unternehmungen transaktionskostentheoretisch erklärbar, und zwar auch die Heterogenität von Unternehmungen derselben Branche.

Drittens könnte man – so Langlois/Foss (1999, 213-214) – versuchen, Unternehmungskompetenzen transaktionskostentheoretisch zu interpretieren: „[C]apabilities deserve a place on the short-list of empirically important specific assets"[244]. GKA und PRA könnten also fragen, wer welche Renten aus der Nutzung der Kompetenzen erziele, um zu erklären, wer welche Kompetenzen integriere.[245]

Ein viertes Feld wäre für Foss (1996b, 11) eine anreiztheoretische Fundierung der Richardsonschen Erklärung der Unternehmungsgrenzen. Letztere stützt sich – wie oben dargestellt – auf das Konzept der Ähnlichkeit von Aktivitäten, mit dessen Hilfe Produktionskostenunterschiede zwischen Make und Buy erklärt werden können. Eine mögliche anreiztheoretische Begründung dafür ist nach Foss, „[that] as the firm moves increasingly away from its core business, it confronts increasing adverse selection and moral hazard problems, since management becomes increasingly unable to efficiently monitor employees or evaluate their human capital. Agency costs rise correspondingly, producing the net profitability disadvantage associated with further integration."[246]

Zu guter Letzt schließlich könne man noch den Grad der „tacitness" der Unternehmungskompetenzen zur Erklärung der vertikalen Integrationstiefe heranziehen. Und zwar sei davon auszugehen, daß eine Unternehmung um so stärker integriert sei, je weniger ihre Kompetenzen „tacit" seien; denn dies schütze die Unternehmung besser gegen spillover-induzierte Konkurrenz.[247]

---

[244] Langlois/Foss (1999, 214).
[245] Vgl. auch Foss (1996b, 10-11).
[246] Foss (1996b, 11).
[247] Vgl. Foss (1996b, 11). Dieses Argument steht an prominenter Stelle auch bei Nooteboom (2002). Seine Arbeit sucht ebenfalls eine schlüssige Kombination von GKA und KA. Sie enthält jedoch den Vorschlag, die Opportunismusannahme des GKA abzuschwächen bzw. durch die Verhaltensannahme des Vertrauens zu ersetzen. Da sich die Unternehmung als Organisation theoretisch nicht überzeugend ohne die Op-

Diese Vorschläge von Langlois/Foss (1999) und Foss (1996b) sind unterschiedlich zu bewerten: Der erstgenannte Verknüpfungspunkt, die Beziehung zwischen Unternehmungskompetenzen und unternehmungsinternen Agency-Kosten, ist wenig überzeugend: Warum das Wissen um die gegenseitige Abhängigkeit Asymmetrien in der Informationsverteilung nivellieren und Agency-Probleme abschwächen soll, ist nicht unmittelbar einzusehen. Der zweite Vorschlag, die Heterogenität von Unternehmungen derselben Branche spieltheoretisch zu erklären, klingt durchaus interessant und umsetzbar, wird aber im weiteren keine Rolle spielen.

Den dritten Vorschlag, Unternehmungskompetenzen transaktionskostentheoretisch zu interpretieren, behandeln Rajan/Zingales (1998). Sie entwickeln ein Hold-up-Modell zur vertikalen Integration ohne physische Produktionsfaktoren: Der kritische Erfolgsfaktor ist eine Produktidee. Die Brisanz der Integration liegt darin, daß Mitarbeiter mit Zugang zum kritischen Erfolgsfaktor die Unternehmungsproduktivität anheben, gleichzeitig aber auch das Risiko der Imitation und damit Konkurrenz erhöhen. Mit der Einstellung von Mitarbeitern verliert der Unternehmer also einen Teil der Rente an seiner Idee, wenn er verhindern will, daß Mitarbeiter Konkurrenten werden. Dem vierten Vorschlag wird das nächste Kapitel nachgehen: Die Richardsonschen Annahmen über die Produktionskostenhöhe bei unähnlichen Aktivitäten anreiztheoretisch zu begründen, scheint ein vielversprechender Ansatzpunkt zur Verbindung von KA und GKA bzw. PRA.

Der letzte Vorschlag enthält die These, eine Unternehmung sei desto tiefer vertikal integriert, je weniger „tacit" ihr Knowhow sei. Denn – offenkundig: nur – durch eine vertikale Integration könne der Knowhowspillover kontrolliert werden. Diese Behauptung ist zu allgemein: Wie Teece (1986) und Liebeskind (1996) darlegen, geht es auch immer um die Frage, wie gut das Knowhow patentierbar ist und wie perfekt der Patentschutz durchgesetzt wird. Patentierbarkeit und „tacitness" müssen nicht zwangsläufig in eindeutiger Beziehung zueinander stehen, so daß von der „tacitness"

---

portunismusannahme rechtfertigen läßt, bleibt sein Ansatz im weiteren weitgehend unberücksichtigt.

3.3. Die Entwicklungsstränge des KA als Kritik am GKA 137

nicht unbedingt auf das Ausmaß vertikaler Integration geschlossen werden kann.

Nach *Langlois (1992)* hängt die Entscheidung über die optimale vertikale Integrationstiefe vom Alter der Unternehmung ab. Der GKA biete hauptsächlich „illuminating snapshots of possible institutional responses to a momentary situation"[248].[249] Entscheidend sei aber die Berücksichtigung der langen Frist. Sie setze dann ein, wenn „enough learning has taken place that adjustments are small and come only in response to foreseeable changes in exogenous conditions"[250].

Langlois zufolge verlieren Transaktionskosten in einer derart verstandenen langen Frist ihre Bedeutung für die Integrationsentscheidung. Allein ausschlaggebend seien dann die Produktionskosten: „[W]ith time learning, contracting parties gain information about one another's behavior. More importantly, the transacting parties will with time develop or hit upon institutional arrangements that mitigate the sources of transaction costs."[251] Er führt aus: „More concretely, with repeated transactions in a stable environment one can expect (1) contracts to become 'self-enforcing' because of reputation effects and (2) hold-up and moral-hazard problems to be attenuated by the evolution of norms of reciprocity and cooperation [...]."[252] Darüber hinaus werde die Arbeitserledigung immer mehr Routine gewinnen und damit besser kontrollier- und meßbar, und das wiederum entschärfe die Moral-Hazard- und Hold-up-Problematik. Langfristig maßgeblich seien daher die produktionstechnologischen Kompetenzen der Unternehmung und die durch sie bestimmten Produktionskosten. Gemäß der Richardsonschen Argumentation sei die Grenze der Unternehmung da erreicht, wo eine weitere Integration die Einbindung *unähnlicher* Aktivitäten nach sich ziehe und damit Kompetenzen erfordere, die die

---

[248] Langlois (1992, 105, eig. Hervorhebungen).
[249] Vgl. zu einem sehr ähnlichen Ansatz Langlois/Robertson (1995).
[250] Langlois (1992, 102). Die Schwelle zwischen kurz- und langfristig wird also funktional bestimmt, nicht physikalisch (vgl. Langlois (1992, 101)).
[251] Langlois (1992, 104).
[252] Langlois (1992, 104).

Unternehmung nicht habe und nicht bis zur wettbewerbsfähigen Reife entwickeln könne.[253]

Die Irrelevanz der Transaktionskosten in der langen Frist führe indes langfristig nicht zwangsläufig zur Desintegration. Schließlich könne kurzfristig die vertikal integrierte Unternehmung durchaus die geeignete institutionelle Antwort auf Moral-Hazard- und Hold-up-Probleme sein. Mögliche Pfadabhängigkeiten aufgrund organisationaler Lernprozesse könnten dann diese Koordinationsform zementieren.[254]

Anschaulich macht das Abbildung 3.1. Die Abszisse umfaßt alle potentiell integrablen Aktivitäten der betrachteten Unternehmung. Die ΔC-Kurve beschreibt die Kostendifferenz zwischen Make und Buy bei jeder gegebenen Aktivität. Solange diese Kostendifferenz negativ ist, hat die unternehmungsinterne Produktion einen Vorteil gegenüber dem externen Zukauf. Dieser Kostenvorteil schmilzt jedoch, je unähnlicher die integrierten Aktivitäten werden, bis sie schließlich beim optimalen Integrationsgrad A^* bei null liegen. Jede darüber hinausgehende Integration ist ökonomisch nicht sinnvoll.

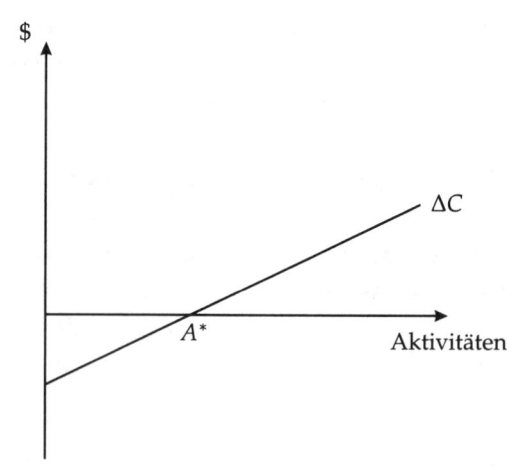

Abbildung 3.1: Der optimale Integrationsgrad bei Langlois (1992)

---

[253] Vgl. Langlois (1992, 106-107).
[254] Vgl. Langlois (1992, 107).

3.3. Die Entwicklungsstränge des KA als Kritik am GKA

Die genaue Lage der ΔC-Kurve, und damit die optimale Integrationstiefe A^*, hängt nach Langlois von mehreren Faktoren ab:[255] den Bürokratiekosten interner Organisation, den Transaktionskosten externer Organisation, aber eben auch und in entscheidender Weise von den internen Kompetenzen der Unternehmung und den externen Kompetenzen, die die Unternehmung sich über Marktverträge zunutze machen kann: Die Kostendifferenz enthält also „both governance-cost and production-cost differences"[256].

Wären die Unternehmungskompetenzen unbeschränkt, bestimmte allein der Verlauf der Governancekosten die Integrationstiefe der Unternehmung. In einem solchen Fall könnten die Aktivitäten entsprechend ihrem normalisierten Governancekostenvorteil der Selbstherstellung gegenüber der Fremdbeschaffung angeordnet werden (vgl. Abbildung 3.2). In diesem Fall wäre es optimal, die Aktivitäten a_2, a_9 und a_5 zu integrieren.

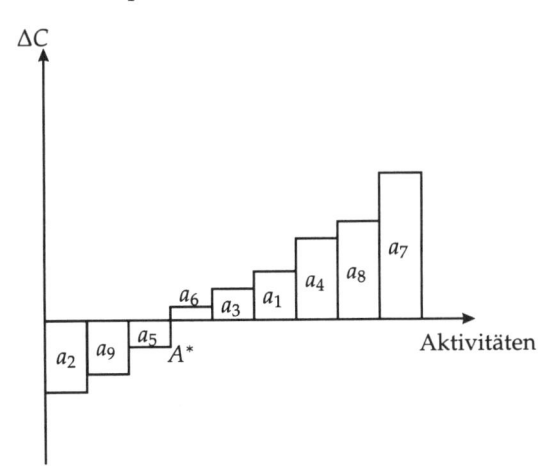

Abbildung 3.2: Der optimale Integrationsgrad bei unbeschränkten Kompetenzen und positiven Governancekosten

Lägen hingegen die Governancekosten bei null, würden allein die produktionstechnologischen Kompetenzen die Grenzen der Unternehmung bestimmen. In diesem Fall würden die Aktivitäten nach absteigender

---
[255] Vgl. Langlois (1992, 109-110).
[256] Langlois (1992, 110).

Ähnlichkeit geordnet, beginnend mit der Aktivität, deren Integration die größte Produktionskostendifferenz aufweist (vgl. Abbildung 3.3). In diesem Fall würde die Unternehmung die Aktivitäten a_5, a_3 und a_2 integrieren. Die Anzahl der integrierten Aktivitäten ist in beiden Beispielen nur zufällig gleich. So wie die integrierten Aktivitäten nicht dieselben sind, kann sich auch die optimale Anzahl der integrierten Aktivitäten unterscheiden.

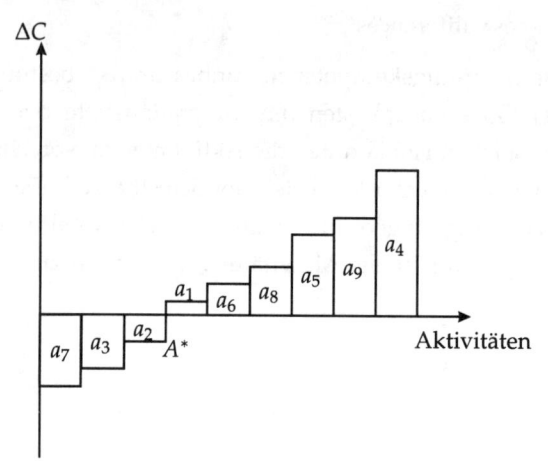

Abbildung 3.3: Der optimale Integrationsgrad bei beschränkten Kompetenzen und Governancekosten von null

Langlois vermutet nun, daß in der langen Frist die Governancekosten gegen null gehen, so daß allein die Kompetenzen die Unternehmungsgrenzen festlegen.[257] Das bedeutet: Langfristig zeichnet Abbildung 3.3 ein realitätsnahes Bild von der Integrationstiefe der Unternehmung. Die Aktivitäten a_7, a_3 und a_2 sind in die Unternehmung integriert, und die Produkte der restlichen Aktivitäten werden über den Markt beschafft.

Dieses langfristige Bild enthält auch eine Aussage über die relativen Lernfähigkeiten der Unternehmung und des Marktes:[258] Die Verbesserung der unternehmungsinternen Kompetenzen werde c.p. die ΔC-Kurve nach unten verschieben, was die Integration weiterer Aktivitäten nach

---

[257] Vgl. Langlois (1992, 110).
[258] Vgl. Langlois (1992, 111-112).

sich ziehe. Die Verbesserung der Kompetenzen des Marktes drücke c.p. die ΔC-Kurve nach oben, und die Unternehmung werde kleiner. Welcher der beiden Effekte überwiege, lasse sich nicht generell sagen:[259] Die Lernfähigkeit der Unternehmung hänge von ihrer internen Organisation ab, die Lernfähigkeit des Marktes von verschiedenen technischen und institutionellen Faktoren sowie von den Lernfähigkeiten der anderen Unternehmungen. Je nach relativer Lernfähigkeit werde die ΔC-Kurve weiter unten oder weiter oben liegen, werde also die Unternehmung größer oder kleiner sein.

In Langlois' (1992) Schema können also GKA bzw. PRA die Organisationsentscheidungen einer Unternehmung nur in der Gründungsphase erklären, nicht jedoch langfristig. Das Aussehen einer 'alten' Unternehmung, also einer Unternehmung, in der „enough learning has taken place", werde am besten durch den KA erklärt.

Dieser Ansatz zur Erklärung der kurz- und langfristigen Unternehmungsgrenzen liefert interessante neue Ideen. Allerdings täuscht sich Langlois (1992), wenn er meint, der GKA hätte zur Erklärung der langfristigen Integrationstiefe nichts zu sagen. Langlois unterstellt langfristig eine „stable environment". Daß in diesem Fall die unternehmungsinternen Transaktionskosten höher ausfallen können als Markttransaktionskosten, gehört zu den Standardaussagen des GKA. Dazu reicht es, die Williamsonsche Heuristik zur Bestimmung der optimalen Governanceform anzusehen:[260] In einer stabilen Umwelt, in der Erwartungen nicht enttäuscht werden (können), gibt es auch kein Hold-up-Risiko. Gibt es kein Hold-up-Risiko, ist der Markt die dominierende Governancestruktur. Williamson könnte also Langlois entgegnen, daß es in einem stabilen Umfeld ohne Überraschungen keine unternehmungsinternen Transaktionen geben wird, also auch keine vertikal integrierten Unternehmungen. Dies gilt allerdings nicht für den Fall einer stabilen Umwelt, die nicht zu prognostizieren ist.

---

[259] Vgl.Langlois (1992, 111-112).
[260] Vgl. dazu Abbildung 2.2 auf Seite 14.

Damit kommt man zum zweiten Kritikpunkt: Langlois muß erklären, warum die Unternehmung langfristig vertikal integriert sein soll, wenn Moral-Hazard-, Adverse-Selection- und Hold-up-Probleme vernachlässigbar sind. Er verweist dazu auf die produktionstechnologischen Kompetenzen, die langfristig die Gestalt der Unternehmung prägen würden: Ähnliche Aktivitäten würden langfristig von der Unternehmung integriert, unähnliche Aktivitäten nicht. Doch wie auch bei Richardson fehlt eine Antwort auf die Frage, warum und in welcher Weise die Ähnlichkeit von Aktivitäten eine hinreichende Bedingung für die Entscheidung zur Integration sein soll, warum also die ähnlichen Aktivitäten *nicht* von zwei eigenständigen Unternehmungen durchgeführt werden können. Was sind die Gründe, deretwegen eine Integration sinnvoll sein sollte?

Der letzte Kritikpunkt richtet sich gegen die Behauptung, daß sich die Moral-Hazard- und Hold-up-Probleme langfristig von allein erledigen werden: Die Stabilität der Umwelt allein muß keine Garantie dafür sein, daß die entscheidenden Annahmen des Hold-up-Modells an Bedeutung verlieren. Die Nichtverifizierbarkeit von Umweltzuständen kann auch dort Bestand haben, und auch Reputationsargumente vermögen nicht per se ein Hold-up zu verhindern: Wenn in einer Superspielsituation nämlich der Anreiz zum Abweichen vom effizienten Investitionsniveau hoch genug ist, beispielsweise aufgrund einer hohen Wahrscheinlichkeit eines Spielabbruchs oder einer starken Gegenwartspräferenz eines Spielers, wird das Hold-up-Problem weiterhin virulent bleiben.

Silver (1984) interpretiert in seinem Ansatz Transaktionskosten als Informationsübertragungs- und Überzeugungskosten. Daneben nutzt er jedoch auch das Richardsonsche Konzept der Ähnlichkeit von Aktivitäten. Er geht von folgender Situation aus: Ein Unternehmer habe eine neue Produktidee. Um sie umzusetzen, benötige er nichtstandardisierte Vorprodukte. Sein Problem bestehe nun darin, stromaufwärts liegende Produzenten zu einer Produktionsumstellung zu bewegen: „The price offered by the entrepreneur is attractive, but how can the prospective operations' producers be sure that once they have made the necessary investments that the buyer will be able to fulfill his commitments to them?"[261]

Der Unternehmer hat Silver zufolge nun verschiedene Optionen:[262] Er kann versuchen, seine Produktidee und ihr Potential den Produzenten zu erläutern und so eine Kooperationszusage zu erhalten. Diese Möglichkeit hält Silver jedoch aufgrund von „information impactedness"[263] für sehr kostspielig. Der Unternehmer könne stattdessen den Produzenten eine Risikoprämie für die Produktionsumstellung zahlen; oder er könne einen detaillierten Vertrag aufsetzen, der die Produzenten gegen Zahlungsausfälle absichert, oder einen Fonds als Zahlungsgarantie einrichten. Diese Maßnahmen machen zwar – so Silver – eine Produktionsumstellung wahrscheinlicher, doch verringern sie die Profitabilität der Innovation, erhöhen das Risiko des Unternehmers und schränken seine Möglichkeiten ein, auf unerwartete technische oder marktliche Veränderungen zu reagieren.[264] Der Königsweg könne es vor diesem Hintergrund sein, „to purchase or rent the capital equipment and labor services of the local producers and employ them to produce the desired operations within his own firm"[265].

Die vertikale Integration habe den Vorteil, daß der Unternehmer als *Arbeit*geber geringere Informationsübertragungskosten zu tragen habe als als *Auftrag*geber. Er könne feste Arbeitsprozeduren festschreiben, denen die Arbeitnehmer zu folgen hätten: „The key point is that this kind of communication – that is, communication regarding procedure – is less expensive than communication relating to a desired end result [...] In short, 'Do your job' is a parsimonious form of explanation."[266]

---

[261] Silver (1984, 13-14). Diesen Sachverhalt hat auch Teece (1986) vor Augen, wenn er zwischen systemischen Anpassungen – also Anpassungen, die mehrere Produktionsstufen gleichzeitig betreffen – und autonomen Anpassungen – also Anpassungen nur einer Produktionsstufe – unterscheidet.
[262] Vgl. Silver (1984, 14).
[263] Silver (1984, 14).
[264] Vgl. Silver (1984, 14-15).
[265] Silver (1984, 15).
[266] Silver (1984, 15).

Nachteilig seien an der vertikalen Integration die höheren Produktionskosten: Dem Unternehmer fehle das notwendige technische Fachwissen, so daß der Arbeitnehmer die Entdeckung von Drückebergerei weniger fürchten müsse, als wenn der Unternehmer mit allen Arbeitsgängen vertraut sei. Darüber hinaus stiegen die Kosten der Drückebergerei in dem Maß an, in dem sich die Unternehmung vertikal ausdehne: entweder in der Form stärkeren 'Shirkings' oder in der Form erhöhter Monitoring-Aufwendungen.[267] Über einen gewissen Bereich hinweg könnte die Reduktion in den Informationsübertragungskosten die 'shirking'-bedingte Erhöhung der Produktionskosten jedoch ausgleichen.[268]

Die Entscheidung über die optimale vertikale Integration veranschaulicht Abbildung 3.4 auf der nächsten Seite. Silver unterstellt hier, daß die Grenzkostendifferenz zwischen interner und externer Produktion positiv ist und mit steigendem Integrationsgrad zunimmt ($MIPC$-Kurve), die marginale Reduktion der Informationsübertragungskosten durch die Integration ebenfalls positiv ist, jedoch mit steigendem Integrationsgrad konstant bleibt ($MRITC$-Kurve).[269] Dort, wo die Zunahme der internen Produktionsgrenzkosten die Einsparung an Informationsübertragungskosten aufzehrt, liegt die optimale Integrationstiefe der Unternehmung, also im vorliegenden Fall an der Stelle A^*.

Aus dieser Argumentation schließt Silver, daß vertikale Integration aufgrund der Umsetzung einer neuen Produktidee ein nur kurzfristiges Phänomen sein kann:[270] Denn wenn das neue Produkt erst einmal etabliert sei, sinke das Risiko für selbständige Zuliefererunternehmungen, d.h. die Informationsübertragungskosten über den Markt fielen und die $MRITC$-Kurve verschiebe sich nach unten. Gleichzeitig verschiebe sich auch der Teil der $MIPC$-Kurve nach unten, der links von A^* liege, denn der Unternehmer baue mit zunehmender Produktionsmenge die Informationsdifferenz zwischen sich und den Angestellten ab und

---

[267] Vgl. Silver (1984, 16).
[268] Vgl. Silver (1984, 16-17).
[269] Vgl. Silver (1984, 44-45). $MIPC$ steht für „marginal increase of production costs", $MRITC$ für „marginal revenue of information transmission costs".
[270] Vgl. Silver (1984, 47-48).

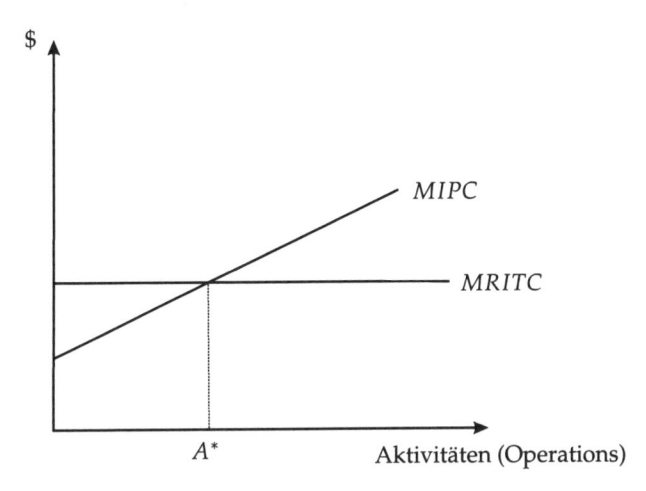

3.3. Die Entwicklungsstränge des KA als Kritik am GKA

Abbildung 3.4: Der optimale Integrationsgrad bei Silver (1984, 45)

könne daher Drückebergerei zu geringeren Kosten unterbinden. Folglich könne die optimale Unternehmungsgröße im Zeitablauf zwar konstant bleiben oder abnehmen, nicht aber zunehmen (vgl. Abbildung 3.5 auf der nächsten Seite).

Diese These relativiert er jedoch umgehend: Man müsse berücksichtigen, daß sich der Unternehmer in „quiet times" auch den Aktivitäten widmen könne, die rechts vom optimalen Integrationsgrad liegen: Die *MIPC*-Kurve verschiebe sich für *alle* Aktivitäten nach unten, die optimale Unternehmungsgröße könnte im Zeitablauf folglich doch auch zunehmen.[272]

Silvers (1984) Hauptargument ist interessant: Der alerte Unternehmer hat zwar eine innovative Idee, nicht aber die Mittel, sie umzusetzen. Er ist auf die Vorproduktproduzenten angewiesen. Sie jedoch lassen sich zu einer Produktionsumstellung nicht bewegen, weil der Unternehmer seine Idee nicht überzeugend vermitteln kann: Die „information impactedness" ist zu hoch. Silver sieht als Ausweg die Integration: Der Unternehmer müsse soviele Aktivitäten integrieren, bis eine weitere Einsparung an Informa-

---

[271] Aus: Silver (1984, 49).
[272] Vgl. Silver (1984, 50).

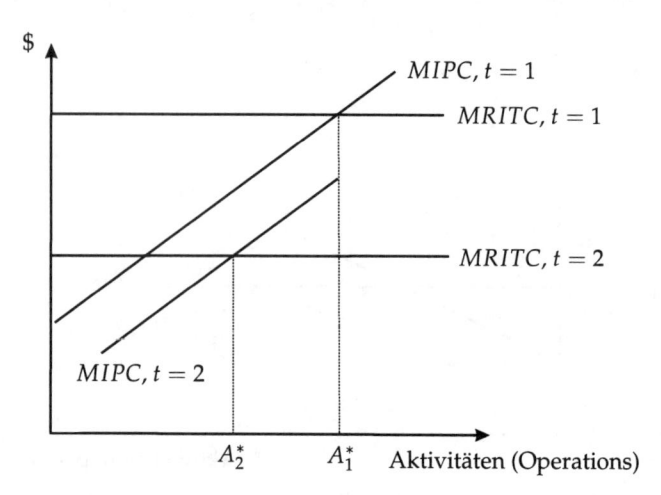

Abbildung 3.5: Veränderung des optimalen Integrationsgrads im Zeitablauf[271]

tionsübertragungskosten durch die Erhöhung der Produktionsgrenzkostendifferenz überkompensiert werde.

Wie ist Silvers Ansatz zu bewerten? Zunächst einmal fällt auf, daß er der Williamsonschen Forderung nicht nachkommt, jede Transaktion einzeln zu untersuchen. Für ihn gilt das Gleiche wie für Coase: Er unterstellt stetig verlaufende Grenzkosten- und Grenzerlöskurven und vernachlässigt dabei, „*[that] [i]n fact, nothing could be more diverse than the actual transactions which take place in our modern world.*"[273] Wie Coase unterstellt er, daß sich eine Integration einzig und allein auf vorgelagerte Produktionsstufen erstrecken wird. Daß dies keinesfalls so sein muß, bedarf kaum der Erwähnung.

Ebenfalls sehr eng fällt die Annahme der „information impactedness" aus: Eine Unternehmeridee kann auch einfach vermittelbar sein. Für diesen Fall würde Silver wahrscheinlich zu dem Schluß kommen, daß eine Integration nicht stattfindet, weil der Unternehmer keine Informationsübertragungskosten sparen würde. Allerdings – so läßt sich entgegnen – hat der Unternehmer vielleicht gerade aufgrund der

---

[273] Coase (1937/1988, 45, Hervorheb. JPS).

Kommunizierbarkeit der Idee Anlaß zur vertikalen Integration, weil er so eine Imitation kostengünstig verhindern kann.[274]

Ein weiteres Problem besteht darin, daß Silver den Informationsübertragungsvorteil der Unternehmung mit den geringeren (variablen) unternehmungsinternen Kommunikationskosten begründet. Dieser Vorteil ist jedoch nicht kostenlos zu haben: Der Unternehmer muß ein unternehmungsinternes Kommunikationsnetz erst aufbauen. Zum Zeitpunkt seiner Integrationsentscheidung sind diese Kosten variabel und entscheidungsrelevant und mithin in der Analyse zu berücksichtigen.

Der Hauptkritikpunkt an Silver (1984) ist jedoch der 'Deus-ex-machina'-Charakter der Informationsübertragungskosten: Sie treten beim Abschluß von Marktkontrakten über Zwischenprodukte auf, nicht jedoch beim Abschluß von Marktkontrakten über Produktionsfaktoren, und das scheint nicht plausibel: Die Vorproduktproduzenten stellen – so Silver – ihre Produktion nicht um, weil sie die Unternehmeridee nicht verstehen können und deshalb das Zahlungsausfallrisiko subjektiv zu hoch einschätzen. Es handelt sich oberflächlich betrachtet um ein Hold-up-Argument: Die Vorproduktproduzenten wollen eine spezifische Investition nicht durchführen, weil sie befürchten, daß der Unternehmer im Nachhinein sein Zahlungsversprechen nicht einhält. Ein zweiter Blick indes zeigt, daß es sich nicht um ein Hold-up-Argument handeln kann; Silver nimmt nämlich nicht an, daß die *rechtliche* Absicherung der Transaktion in Frage steht – und vom Unternehmer ex post opportunistisch ausgenutzt wird –, sondern die *faktische* Absicherung: Silver zufolge würde selbst eine Specific-performance-Vertragsstrafe nicht helfen, weil der Unternehmer nicht mehr zahlen kann, als er hat, und das ist möglicherweise weniger, als den Vorproduktproduzenten gemäß Vertrag zusteht. Eigentlich also müßte Silver die Möglichkeit der Risikokapitalbeschaffung ansprechen und darlegen, weshalb sie von der Integrationsentscheidung dominiert wird.

Diese Überlegung würde nämlich das eigentliche Dilemma der Silverschen Argumentation enthüllen: Sollte sich der Unternehmer für die

---

[274] Genau dies führt Foss (1996b, 11) als Argument *für* vertikale Integration an (s.o.).

Integration entscheiden, muß er den Eigentümern der betreffenden Produktionsstufen Angebote oberhalb der aktuellen Unternehmungsbarwerte unterbreiten. Letztere enthalten annahmegemäß nicht die zusätzlichen Einnahmen aus der neuen Idee des Unternehmers. Diese Angebote sind für die jeweiligen Eigentümer attraktiv und dem Unternehmer möglich, weil er sich des Gewinnsteigerungspotentials seiner Idee sicher ist. Doch damit ist das Informationsübertragungsproblem nur verlagert, nicht gelöst: So, wie er aufgrund von „information impactedness" die Vorproduktproduzenten nicht von der Vorteilhaftigkeit einer Produktionsumstellung überzeugen kann, wird er nun Schwierigkeiten haben, einen möglichen Kreditgeber von Unternehmungskaufpreisen zu überzeugen, die über den vermeintlichen Unternehmungsbarwerten liegen.

Nun kann man argumentieren, daß diese Probleme die Umsetzung der Unternehmeridee nicht verhindern müssen, sondern daß der Unternehmer lediglich mit höheren Kosten aufgrund von Risikoaufschlägen rechnen muß. Aber gerade diese Kosten sind es, die der Unternehmer – Silvers Argumentation zufolge – durch eine Integration einspart; und dies dürfte nicht der Fall sein.

Aus empirisch-faktischer Sicht ist die zunächst abgeleitete Hypothese Silvers fragwürdig, daß die optimale Unternehmungsgröße im Zeitablauf zwar konstant bleiben oder abnehmen, nicht aber zunehmen kann. Doch theoretisch fraglich ist zudem die Relativierung dieser Hypothese, nämlich daß Lernen in fremden Gebieten die Unternehmungsgrenzen auch nach außen schieben kann. Wenn nämlich auch die auf diesen Gebieten arbeitenden Unternehmungen lernen, muß die Grenzkostendifferenz zwischen Eigen- und Fremdstellung keineswegs sinken – was die *MIPC*-Kurve nach unten schöbe –, sondern kann sogar steigen. Eine eindeutige Aussage scheint nicht ableitbar.

Insgesamt ist Silvers Interpretation der Transaktionskosten als Informationsübertragungskosten nicht ausgereift. Allein sein – im Kern von Richardson übernommenes – Argument, eine Integration zusätzlicher und zunehmend unähnlicher Aktivitäten erhöhe die Produktionskosten, kann überzeugen. Dabei aber wiederum anzunehmen, daß Ähnlichkeit und Nachbarschaft positiv zusammenhängen korrelieren, leuchtet nicht unmittelbar ein.

3.3.4 Empirische Ergebnisse

Der KA ist empirisch bei weitem nicht so intensiv untersucht worden wie der GKA. Das dürfte neben seiner methodischen Randlage auch darauf zurückzuführen sein, daß er sich bisher nicht als klar abgestecktes Forschungsprogramm mit eindeutiger Zielsetzung profilieren konnte: Ihm fehlt in Methodik, Inhalt und Aussage der rote Faden, und das macht es schwer, 'typische kompetenzbasierte' Hypothesen abzuleiten und zu testen. Die wenigen einschlägigen empirischen Studien, die es gibt, entwickeln zumeist eine eigene Version des KA, konfrontieren diese anschließend mit Feldstudiendaten oder Fallstudien und testen in der Regel zum Vergleich den GKA.

Für Langlois/Robertson (1995) bildet Langlois (1992) die Basis einer dynamischen Theorie der Unternehmung, die – ergänzt um Elemente der Theorie modularer Systeme – neben kurz- und langfristigen Organisationsformen auch die Beziehung zwischen Organisationsform und Produktdesign erklären soll. Langlois' und Robertsons Fallstudien untersuchen die frühe amerikanische Automobilindustrie, die Stereoanlagenbranche und die Computerindustrie. Ihren Ergebnissen zufolge ergänzen sich GKA und 'ihr' KA in der Erklärung der vertikalen Integration. 'Primus inter Pares' ist jedoch der KA.

Argyres (1996) testet folgende kompetenzbasierte Hypothese zur vertikalen Integration:

> „Firms vertically integrate into those activities in which they have greater production experience and/or organizational skills (i.e., 'capabilities') than potential suppliers and outsource activities in which they have inferior capabilities, except in cases where explicit long-

run decisions are taken to incur the costs of developing in-house capabilities, all else constant."[275]

Zu diesem Zweck untersucht er mehrere Integrations- und Desintegrationsentscheidungen einer Unternehmung aus der Elektroindustrie. Dabei greift er jedoch nicht nur auf kompetenzbasierte, sondern auch auf transaktionskostentheoretische Argumente zurück. Seine Analyse bestätigt zum einen seine Ausgangshypothese, zum anderen partiell den GKA. In der Entscheidung der untersuchten Unternehmung, trotz geringer Transaktionskosten einen bestimmten Herstellungsschritt nicht auszulagern, sieht er einen Beleg für die Erklärungsstärke des KA.

Poppo/Zenger (1998) überprüfen in ihrer Feldstudie neben dem GKA und dem KA den meßkostentheoretischen Ansatz anhand von Daten aus 152 Unternehmungen. Ihre Ergebnisse stützen insbesondere die transaktionskostentheoretischen Voraussagen und die meßkostentheoretische Sicht; die kompetenzbasierten Hypothesen hingegen finden nur schwache Bestätigung. Poppo/Zenger schließen aus diesem Ergebnis auf einen Entwicklungsrückstand im KA und fordern die stärkere Berücksichtigung transaktionskostentheoretischer Konzepte.

Eine besonders nachhaltige Bestätigung findet der KA in der ökonometrischen Studie von Jacobides/Hitt (2001). Sie analysieren mit Hilfe von Paneldaten die Integrationsentscheidungen und die unterschiedlichen Größen nordamerikanischer Hypothekenbanken vor dem Hintergrund des GKA und des KA. Aus ihren Ergebnissen schließen sie, „that while TCE explanations of vertical scope are important, their impact is dwarfed by capability differences and by the desire of firms to leverage their capabilities and productive capacity by using the market."[276]

---

[275] Argyres (1996, 131).
[276] Jacobides/Hitt (2001, 3).

3.4 Ein Fazit zum Kompetenzansatz

Der KA speist sich aus verschiedenen Quellen: Schon die wegbereitenden Arbeiten können methodisch kaum unterschiedlicher sein. Während Penrose und Richardson eine große Nähe zu dynamischen, evolutionsökonomischen Ansätzen zeigen, argumentieren Coase und Demsetz neoklassisch. Auch in den Weiterentwicklungen des KA läßt sich diese methodische Vielfalt ausmachen: Sie ist ein Problem für empirische Tests des Ansatzes, denn *die* typischen kompetenzbasierten Voraussagen schlechthin gibt es einfach nicht. Die meisten Autoren interpretieren ihre Ergebnisse als Beleg für die Komplementarität von TKA und (ihrer Version des) KA. Da nun nicht nur die theoretischen Erwägungen, sondern auch die empirischen Studien die Einbindung des KA in den TKA nahelegen, bleibt zu fragen, welche Elemente des KA dafür geeignet sind.

Die rein evolutionsökonomische Richtung scheidet aus methodischen Gründen aus. Die zweite Richtung, die im Kern eine Kritik der Opportunismusannahme im GKA ist, hat ihr eigentliches Ziel nicht erreicht: Eine Theorie über die Existenz der Unternehmung und das Ausmaß der vertikalen Integration steht ohne die Annahme streng eigennützigen Verhaltens auf tönernen Füßen. Auch sie wird daher im folgenden nicht weiter berücksichtigt. Allein die im vorangegangenen Abschnitt dargestellten Arbeiten können mit dem Versuch überzeugen, die im TKA weitgehend ausgeblendete Frage nach der Beziehung zwischen Produktionstechnologie und Governanceform mit transaktionskostentheoretischen Überlegungen zu verbinden.

Dabei stützen sie sich ausnahmslos auf Richardson (1972). Seine Klassifizierung von Aktivitäten ist Dreh- und Angelpunkt theoretischer Erwägungen zur Interdependenz von Governanceform und Aktivität. Sie scheint daher am ehesten geeignet, den vom TKA herausgearbeiteten Zusammenhang zwischen Governanceform und Transaktion zu bereichern. Daneben wird auch die von Demsetz nachdrücklich betonte Unterscheidung von Autorität im Markt (Nutzungsanweisungen als

Nutzungsoptionen) und in der Unternehmung (Arbeitsanweisungen als verbindliche Befehle) eine wichtige Rolle spielen.

Kapitel 4

Transaktion, Kompetenz und Governanceformen

Um die Basisideen des KA in den GKA und den PRA einzuarbeiten, scheint es sinnvoll, die relevanten Ergebnisse noch einmal zusammenzutragen: *Richardson* betont, daß jede Aktivität in einer Ähnlichkeits- und Komplementaritätsbeziehung zu anderen Aktivitäten steht. Aktivitäten sind ähnlich, wenn sie dieselbe Kompetenz erfordern. Aktivitäten sind komplementär, wenn sie im Wertschöpfungsprozeß aufeinander folgen und qualitativ und quantitativ aufeinander abgestimmt werden müssen. Eine große Ähnlichkeit impliziert tendenziell eine unternehmungsinterne Koordination, Unähnlichkeit und Komplementarität eine enge Kooperation zwischen eigenständigen Unternehmungen und Unähnlichkeit und Nichtkomplementarität eine marktliche Koordination.

Demsetz betont die strukturellen Unterschiede zwischen Markt und Unternehmung im Hinblick auf die Möglichkeiten zur Autoritätsausübung: Autorität im Markt zeigt sich in Nutzungsanweisungen, die Optionscharakter haben, Autorität in der Unternehmung hingegen in verbindlichen Arbeitsanweisungen, wann, wo und wie Aufgaben zu erfüllen sind.

Coase zufolge werden die Entscheidungen eines Unternehmers um so schlechter, je mehr Transaktionen er integriert: Die internen Koordinationskosten steigen schneller als die externen Koordinationskosten, so daß früher oder später eine optimale Unternehmungsgröße erreicht ist.

Williamson identifiziert die Fundamentaleigenschaften jeder Transaktion und bestimmt daraus die optimale Governanceform: Liegt keine Spezifität vor, dann ist der Markt die optimale Governanceform, unabhängig vom Grad der Unsicherheit und der Transaktionshäufigkeit. Liegt ein mittlerer Spezifitätsgrad vor, sind bis zu einem mittleren Grad an Unsicherheit und unabhängig von der Häufigkeit Hybridformen optimal (zweiseitige bzw. dreiseitige Kontrolle), ab einem hohen Grad an Unsicherheit der Markt (tendenziell geringe Spezifität) oder die Unternehmung (tendenziell hohe Spezifität). Ist der Spezifitätsgrad hingegen hoch, ist unabhängig vom Grad der Unsicherheit und bei großer Transaktionshäufigkeit die Unternehmung die optimale Governanceform, bei nur gelegentlicher Durchführung der Transaktion kann auch die Hybridform der dreiseitigen Kontrolle optimal sein. Die Unternehmung hat aufgrund ihrer geringen Anreizintensitäten relativ hohe Bürokratiekosten und ist daher die „governance structure of last resort".

Im Zentrum des *Property-Rights-Ansatzes* steht das Hold-up-Problem. Er vermutet bei streng eigennützigen Investitionen den Abschluß von Kaufverträgen, bei kooperativen Investitionen prognostiziert er je nach unterstellter Nachverhandlungsstruktur Partnerschaften, Unternehmungen oder auch eine Marktkoordination.

Die beiden folgenden Abschnitte versuchen nun, die Überlegungen von Richardson und Demsetz in den GKA (Abschnitt 4.1) und den PRA (Abschnitt 4.2) einzubinden. Für die Modifikation des GKA ist der Gedanke entscheidend, daß die Ähnlichkeit der von einer möglichen Integration betroffenen Aktivitäten den Anstieg der Bürokratiekosten maßgeblich beeinflußt; das Eigenschaftsprofil der untersuchten Transaktion allein ist als Erklärungsmodell unzureichend. Zur Einbindung der Richardsonschen Idee in den PRA wird das GHM-Modell aus Kapitel 2 um eine unternehmerische Entscheidung ergänzt. Darüber ergibt sich eine Abhängigkeit der optimalen Integrationsform von der Ähnlichkeit der betroffenen Aktivitäten.

4.1 Kompetenzen und Aktivitäten im GKA

Der GKA konzentriert sich auf die Frage, welche Governanceform für eine bestimmte Transaktion optimal ist. Stellt man sich die Wertschöpfungskette eines Gutes als Abfolge von Transaktionen und Aktivitäten vor, wie in Abbildung 4.1 beispielhaft dargestellt, untersucht

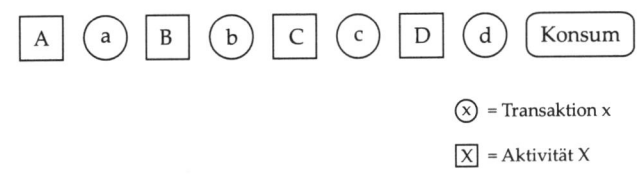

$$\boxed{A} \; \textcircled{a} \; \boxed{B} \; \textcircled{b} \; \boxed{C} \; \textcircled{c} \; \boxed{D} \; \textcircled{d} \; \boxed{\text{Konsum}}$$

$\textcircled{x}$ = Transaktion x

$\boxed{X}$ = Aktivität X

Abbildung 4.1: Transaktions-Aktivitäts-Folge einer Wertschöpfungskette

der GKA die Eigenschaften der Transaktionen $\textcircled{a}$ bis $\textcircled{d}$, ohne die Eigenschaften der betroffenen Aktivitäten $\boxed{A}$ bis $\boxed{D}$ zu beachten. Unterstellt man, daß die Transaktionen $\textcircled{a}$ und $\textcircled{b}$ nicht spezifisch, aber äußerst unsicher, die Transaktion $\textcircled{c}$ hingegen hochspezifisch und ebenfalls äußerst unsicher ist, ist der Markt für $\textcircled{a}$ und $\textcircled{b}$, die Unternehmung für $\textcircled{c}$ die optimale Governanceform.[277] Diese Governanceformen zeigt Abbildung 4.2.

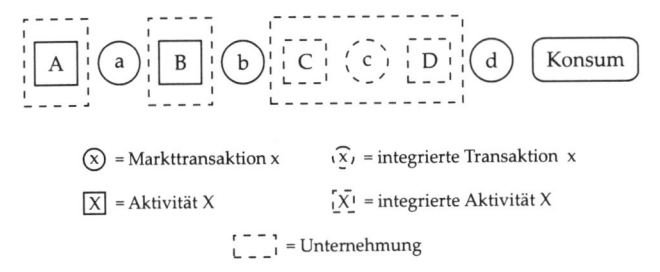

$\textcircled{x}$ = Markttransaktion x $\textcircled{\tilde{x}}$ = integrierte Transaktion x

$\boxed{X}$ = Aktivität X $\boxed{\tilde{X}}$ = integrierte Aktivität X

$\boxed{}$ = Unternehmung

Abbildung 4.2: Optimale Governanceformen im GKA

Gemäß der Williamsonschen Argumentation überwiegen bei hoher Spezifität prinzipiell die Integrationsgewinne, d.h. die Nachteile aufgrund des Anstiegs der Bürokratiekosten werden stets durch die Integrationsvorteile aufgewogen, die Ähnlichkeit der angrenzenden Aktivitäten

---
[277] Vgl. die Abbildungen 2.4 (S. 17) und 2.5 (S. 18).

spielt als Erklärungsvariable keine Rolle. Der GKA könnte nun aber an Erklärungsgehalt gewinnen, wenn er die Ähnlichkeit der Aktivitäten zur Erklärung von Bürokratiekostenänderungen heranzöge; und zwar läßt sich argumentieren, daß die Bürokratiekosten der Integration umso stärker steigen, je unähnlicher die zu integrierenden Aktivitäten sind, oder anders gesagt: je stärker sich die Kompetenzen unterscheiden, die zur Durchführung der Aktivitäten erforderlich sind.

Infolge der Integration hat der 'neue' Eigentümer das Recht zur Anweisungserteilung, der neue Angestellte die Pflicht zur Anweisungserfüllung. Der Eigentümer kann mithin festlegen, wo, wann und wie der Angestellte seine Aufgaben zu erledigen hat. Es ist für den Unternehmer mit Kosten verbunden, einen stimmigen Gesamtplan zu entwerfen, und zwar dürften diese Kosten von seinem Wissen über die unternehmungseigenen Aktivitäten und ihr Zusammenspiel abhängen. Je unähnlicher diese Aktivitäten nun sind, je unterschiedlicher die erforderlichen Kompetenzen also, desto teurer ist es für den Unternehmer, das für eine optimale Koordination erforderliche Knowhow aufzubauen. Mit zunehmender Unähnlichkeit der Aktivitäten – so läßt sich folgern – steigen aufgrund einer höheren Wahrscheinlichkeit von Fehlentscheidungen die Fehlanpassungskosten.

Die Kluft zwischen formaler Autorität, die der Unternehmenseigner qua Eigentümerschaft hat, und realer Autorität, die der Unternehmenseigner qua Kompetenz hat, wächst, die Unternehmungsmitarbeiter verfolgen mehr und mehr ihre individuellen Pläne, und der Gesamtplan bleibt auf der Strecke.[278] Entsprechend ist auch zu erwarten, daß mit größerer Unähnlichkeit der Aktivitäten die Meßkosten des Unternehmungseigners ansteigen werden: Es wird für den Angestellten leichter, Performance-Maßstäbe zu manipulieren oder sich einer wirksamen Effortkontrolle zu entziehen.[279] Insgesamt kann also der resultierende

---

[278] Vgl. zur Unterscheidung realer und formaler Autorität in Organisationen – allerdings ohne direkte Bezugnahme auf die Ideen des KA – bspw. Aghion/Tirole (1995) und Aghion/Tirole (1997).

[279] Vgl. dazu beispielsweise Holmström/Milgrom (1991, 1994) oder auch die leichter zugänglichen Modelle in Holmström (1999).

4.1. Kompetenzen und Aktivitäten im Governancekostenansatz 157

Kostenanstieg mögliche Effizienzgewinne der Integration übersteigen und die Integration unattraktiv machen.

Bezogen auf das Beispiel aus Abbildung 4.2 werden die Bürokratie- und Fehlentscheidungskosten also um so kräftiger zunehmen, je stärker sich die Aktivitäten $\boxed{C}$ und $\boxed{D}$ unterscheiden. Der erweiterte GKA würde nun bei großer Ähnlichkeit der Aktivitäten $\boxed{C}$ und $\boxed{D}$ die Voraussage einer Integration beibehalten. Mit zunehmender Unähnlichkeit der Aktivitäten jedoch *könnte* irgendwann ein Punkt erreicht werden, an dem der Zuwachs der Bürokratiekosten die Einsparung an Markttransaktionskosten überwiegt. In diesem Fall würde der GKA eine hybride Organisationsform oder den Markt als optimale Governancestruktur voraussagen (Abbildung 4.3). Das 'könnte' ist deshalb angebracht, weil m.E. nicht a priori klar ist, ob und wann die Bürokratiekostenzunahme aufgrund größerer Unähnlichkeit die Einsparung an Markttransaktionskosten aufgrund hoher Transaktionsspezifität betragsmäßig übersteigt. Doch genauso unklar ist a priori, ob die Einsparung an Markttransaktionskosten die Zunahme der Bürokratiekosten rechtfertigt, was ja Williamson bei hoher Faktorspezifität implizit annimmt.

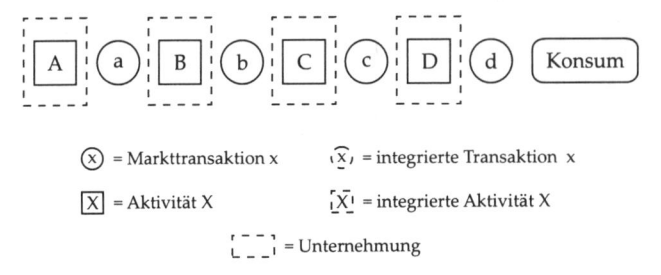

$\boxed{A} \; (a) \; \boxed{B} \; (b) \; \boxed{C} \; (c) \; \boxed{D} \; (d) \quad \boxed{\text{Konsum}}$

(x) = Markttransaktion x $\widetilde{(x)}$ = integrierte Transaktion x

$\boxed{X}$ = Aktivität X $\boxed{\widetilde{X}}$ = integrierte Aktivität X

$\boxed{}$ = Unternehmung

Abbildung 4.3: Optimale Governanceformen im modifizierten GKA

Williamsons Ansatz läßt sich demgemäß um Abbildung 4.4 auf der nächsten Seite ergänzen: Spezifität und Ähnlichkeit sind die erklärenden Variablen der optimalen Governanceform. Bei fehlender Spezifität ist tendenziell die Marktkontrolle die optimale Governanceform. Ist die Transaktion mittel- bis hochspezifisch und sind die betroffenen Aktivitäten ähnlich, erscheint die vereinheitlichte Kontrolle (Unternehmung) als optimale Governanceform. Weil die Aktivitäten ähnlich sind, vernichtet der Anstieg der Bürokratiekosten nicht den Wertzuwachs aufgrund geringerer Ex-post-Verhandlungskosten und abgeschwächter Hold-up-Probleme. Dies gilt jedoch nicht mehr, wenn die Unähnlichkeit der betroffenen Aktivitäten sehr hoch ist: Der Bürokratiekostenanstieg dominiert die Einsparungen. Es wird tendenziell wahrscheinlicher, daß die Transaktion zweiseitig oder dreiseitig kontrolliert wird, je nach Ausprägung der anderen erklärenden Variablen Häufigkeit und Unsicherheit.

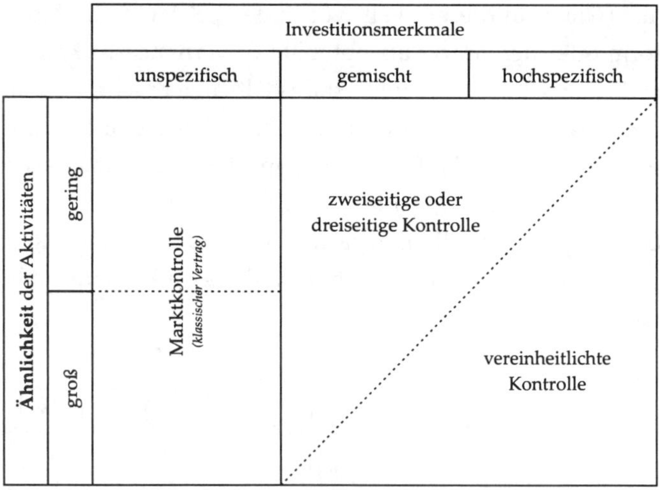

		Investitionsmerkmale		
		unspezifisch	gemischt	hochspezifisch
Ähnlichkeit der Aktivitäten	gering	Marktkontrolle *(klassischer Vertrag)*	zweiseitige oder dreiseitige Kontrolle	
	groß			vereinheitlichte Kontrolle

Abbildung 4.4: Die optimale Governanceform als Funktion von Spezifität und Ähnlichkeit

Ein Vorschlag für die empirische Forschung liegt demnach auf der Hand: Es scheint vielversprechend, die bisherigen 'Rätsel' vor dem Hintergrund dieses erweiterten Ansatzes erneut zu durchleuchten. Voraussichtlich wird der modifizierte GKA zumindest einige der offenen empirischen Befunde erklären können.

4.2 Kompetenzen und Aktivitäten im PRA

Daß die Integrationsform 'Unternehmung' Kosten mit sich bringt, die von der Ähnlichkeit der unternehmungsintern durchgeführten Aktivitäten abhängen, soll nun in einem Property-Rights-Modell formalisiert werden. Es integriert die Penrose-Richardsonsche Perspektive (Kompetenz, Aktivitäten), die Demsetzsche (Weisungsbefugnisse in der Unternehmung), die Williamsonsche (Spezifität als Entscheidungsvariable) und die Grossman-Hartsche (Abschwächung der Unterinvestitionsproblematik durch vertikale Integration) und bindet so die zentrale Idee des KA in den PRA ein. Das Modell konzentriert sich auf den Fall streng kooperativer Investitionen, da die Transaktionspartner im Fall streng eigennütziger Investitionen – wie bereits gezeigt – über den Abschluß eines Liefervertrags integrationsbedingte Bürokratiekosten relativ problemlos vermeiden können.

4.2.1 Modellüberblick

Das folgende Modell greift auf die Grundstruktur des Modells aus Abschnitt 2.3.4 zurück. Letzteres beschreibt eine Situation, in der Käufer B ein spezifisches Zwischenprodukt Z von Zulieferer S benötigt. S kann nun Ressourcen und Zeit aufwenden, um B die Weiterverarbeitung von Z zu erleichtern (spezifische Investition s). Das dabei gewonnene Knowhow hilft B allerdings auch, ein unspezifisches Zwischenprodukt vom Spotmarkt produktiver weiterzuverarbeiten. B seinerseits hat die Möglichkeit, S die Herstellung von Z zu vereinfachen (Investition b), wodurch die totalen und marginalen Produktionskosten von S bei der Herstellung von Z sowie bei der Herstellung eines unspezifischen Zwischenprodukts $\overline{Z}$ sinken.

Das Kernmerkmal der Unternehmung in diesem Grundmodell ist das Eigentum an physischen Produktionsfaktoren. Die damit verbundene Autorität des 'Unternehmungseigners' jedoch kommt in diesem Modell nur sehr verschwommen zum Ausdruck. Nun weist aber speziell Demsetz auf die Autoritätsausübung und den Charakter von Anweisungen als weiteres wesentliches Unterscheidungsmerkmal zwischen Markt und Unternehmung hin. Anweisungen sind im Markt unverbindlich, in der Unternehmung hingegen verbindlich. Dies berücksichtigt das folgende Modell explizit in einer Entscheidung der Transaktionspartner über die verwendeten Produktionstechnologien: S produziert Z, und dies kann er im Hinblick auf Ort, Zeit und Verfahren auf vielfältige Weise bewerkstelligen. Ebenso kann B bei der Produktion des Endprodukts zwischen verschiedenen Produktionsverfahren wählen. Im folgenden Modell erhält nun derjenige, der über die Kontrollrechte an beiden Produktionsfaktoren verfügt (der Unternehmungseigner also), ein Weisungsrecht hinsichtlich der Produktionstechnologie seines Transaktionspartners (der über keine Produktionsfaktoren verfügt und also als 'Angestellter' bezeichnet werden kann). Berücksichtigt man nun noch Richardsons Unterscheidung von ähnlichen und unähnlichen Aktivitäten, entsteht bei einer vertikalen Integration ein Tradeoff zwischen Unterinvestitionen und Technologiewahl.

Abbildung 4.5 zeigt den zeitlichen Ablauf der Transaktion zwischen B und S. In $t = 1$ unterzeichnen B und S einen Vertrag über die Aufteilung der

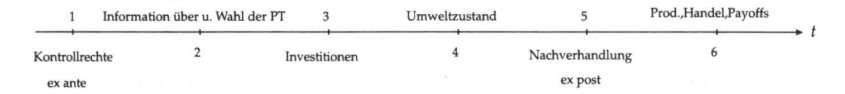

1	Information über u. Wahl der PT	3		Umweltzustand	5	Prod.,Handel,Payoffs
Kontrollrechte ex ante		2	Investitionen	4	Nachverhandlung ex post	6

Abbildung 4.5: Zeitlicher Aufbau des Modells

Kontrollrechte an den Produktionsfaktoren. Verfügt einer der beiden über beide Produktionsfaktoren, ist er dem Transaktionspartner gegenüber im Hinblick auf dessen Produktionstechnologie weisungsberechtigt, und dieses Weisungsrecht kann er in $t = 2$ ausüben. Für die einzelnen Integrationsformen bedeutet dies: Bei einer B-Integration kann B anordnen, welche Produktionstechnologie S verwenden muß. Umgekehrt kann S im Fall der S-Integration B eine Produktionstechnologie vorschreiben. Bleiben B und S selbständig (Nichtintegration), kann weder der eine noch der andere den Einsatz einer bestimmten Technologie anordnen. Gründen sie ein Joint-Venture, können sie über die Produktionstechnologien nur einstimmig entscheiden.

4.2. Kompetenzen und Aktivitäten im Property-Rights-Ansatz

Entscheidend ist nun, daß B und S in $t = 1$ über die Payoffkonsequenzen der einzelnen Produktionstechnologien des Transaktionspartners nicht informiert sind. Die Menge der Produktionstechnologien β, die B zur Verfügung stehen, wird mit $\mathfrak{S}_\beta = [0,1]$ bezeichnet, die Menge der Produktionstechnologien σ, die S verwenden kann, mit $\mathfrak{S}_\sigma = [0,1]$. In $t = 2$ können B und S Informationen einholen: Mit einer Wahrscheinlichkeit von $q^B \in [0,1]$ erhält B ausreichend Informationen, um die für ihn optimale σ-Produktionstechnologie bestimmen zu können, mit der Gegenwahrscheinlichkeit $(1 - q^B)$ bringt B dies nicht in Erfahrung. Seine Informationskosten h^B sind erstens abhängig von der Intensität der Informationssuche q^B und zweitens von der Unähnlichkeit Δ der Aktivitäten von B und S: $h^B \equiv h^B(q^B, \Delta)$. Analog kann sich S über die Payoffwirkungen der β-Technologien informieren. Die Wahrscheinlichkeit, daß seine Informationen umfassend sind, beträgt $q^S \in [0,1]$. Entsprechend erhält er mit der Gegenwahrscheinlichkeit $(1 - q^S)$ nur unzureichende bzw. falsche Informationen. Seine Informationskosten betragen $h^S(q^S, \Delta)$.

In $t = 3$ entscheiden B und S unabhängig voneinander über die Höhe ihrer kooperativen Humankapitalinvestitionen $b \in \mathbb{R}^+$ bzw. $s \in \mathbb{R}^+$ und verhandeln nach Auflösung der Unsicherheit ($t = 4$) in $t = 5$ über die Aufteilung des Gesamtpayoffs. In $t = 6$ finden Produktion und Tausch von Z statt, und die Payoffs werden ausgezahlt. Zudem wird unterstellt:

ANNAHME 1 Die Wirkungen der Produktionstechnologien β und σ und der Humankapitalinvestitionen b und s auf den Gesamtpayoff sind separabel. Es gilt:

$$\Phi(b,s;\beta,\sigma) = V(s;\beta) - C(b;\sigma) = \widehat{V}(s) + \widetilde{V}(\beta) - \widehat{C}(b) - \widetilde{C}(\sigma)$$

Analog sind die Wirkungen von Produktionstechnologien und Investitionen auf die jeweiligen No-Trade-Payoffs separabel:[280]

$$\psi_B(s;\beta;A_B) = v(s;\beta;A_B) - \overline{p} = \widehat{v}(s;A_B) + \widetilde{v}(\beta;A_B) - \overline{p}$$
$$\psi_S(b;\sigma;A_S) = \overline{p} - c(b;\sigma;A_S) = \overline{p} - \widehat{c}(b;A_S) - \widetilde{c}(\sigma;A_S) \qquad \odot$$

---
[280] $\overline{p}$ bezeichnet den Marktpreis für ein generisches Z.

ANNAHME 2   Handel ist *ex post* immer effizient:

$$\Phi(b,s;\beta,\sigma) > \psi_B(s;\beta;A_B) + \psi_S(b;\sigma;A_S) \geq 0$$

für alle $b,s;\beta,\sigma;A_B,A_S$. Außerdem gilt $A_B \cup A_S = \{a1,a2\}$ und $A_B \cap A_S = \emptyset$, d.h. B und S können zunächst keine BSV-Integration vereinbaren.   ⊚

ANNAHME 3   Die Produktionstechnologien lassen sich entsprechend ihrer Spezifität ordnen: Die Technologien $\beta = 0$ und $\sigma = 0$ sind vollkommen unspezifisch, die Technologien $\beta = 1$ und $\sigma = 1$ vollkommen spezifisch. Folglich gilt: $\widetilde{V}(0) = \widetilde{v}(0;A_B) > 0 \; \forall \, A_B$, und $\widetilde{C}(0) = \widetilde{c}(0;A_S) > 0 \; \forall \, A_S$.[281]   ⊚

ANNAHME 4   Der transaktionsinterne Grenzertrag einer höherspezifischen Technologie ist streng positiv, der transaktionsexterne negativ: Mit zunehmender Spezifität steigt also die Quasirente der Technologie. $V(s;\beta)$ ist streng konkav in β, $C(b;\sigma)$ ist streng konvex in σ, d.h. die Wirkung einer Spezifitätserhöhung nimmt mit zunehmendem Spezifitätsgrad ab: $V_\beta(s;\beta) > 0$, $V_{\beta\beta}(s;\beta) < 0$, $C_\sigma(b;\sigma) < 0$, $C_{\sigma\sigma}(b;\sigma) > 0$. Außerdem ist $v(s;\beta;A_B)$ linear fallend in β und $c(b;\sigma;A_S)$ linear steigend in σ: $v_\beta(s;\beta;A_B) \leq 0$, $v_{\beta\beta}(s;\beta;A_B) = 0$ und $c_\sigma(b;\sigma;A_S) \geq 0$, $c_{\sigma\sigma}(b;\sigma;A_S) = 0$.

Ein Mehrbesitz an Kontrollrechten senkt die transaktionsexternen marginalen Einbußen einer Spezifitätserhöhung: $v_\beta(s;\beta;a1,a2) \geq v_\beta(s;\beta;a1) \geq v_\beta(s;\beta;\emptyset)$ und $c_\sigma(b;\sigma;a1,a2) \leq c_\sigma(b;\sigma;a2) \leq c_\sigma(b;\sigma;\emptyset)$.   ⊚

ANNAHME 5   Im Fall identischer Aktivitäten ($\Delta = 0$) fallen keine Informationskosten an: $h^i(q^i,0) = 0 \; \forall \, q^i, i = B,S$. Die Informationsbeschaffungskosten sind hingegen nichtnegativ für den Fall unähnlicher Aktivitäten: $h^i(q^i,\Delta) \geq 0$, $\Delta > 0, i = B,S$. Sie sind stetig differenzierbar und streng konvex in q^i: $\frac{\partial h^i}{\partial q^i} \geq 0$, $\frac{\partial^2 h^i}{\partial (q^i)^2} > 0$ für $\Delta \geq 0$ mit $\lim_{\Delta \to \infty} \frac{\partial h^i}{\partial q^i} \to \infty$. Nimmt die Unähnlichkeit der Aktivitäten von B und S zu, d.h. steigt Δ, steigen auch die Grenzkosten der Informationsbeschaffung: $\frac{\partial^2 h^i}{\partial q^i \partial \Delta} > 0$. Außerdem gilt: $h^i(0,\Delta) = 0$.   ⊚

---

[281] Diese Annahme impliziert *nicht*, daß B (S) weiß, welche σ- (β-) Technologie die maximale Spezifität aufweist. Der Name einer Technologie sagt folglich nichts über ihren Spezifitätsgrad aus.

4.2. Kompetenzen und Aktivitäten im Property-Rights-Ansatz

ANNAHME 6   Der Grenzertrag einer Investition ist umso höher, je mehr Kontrollrechte derjenige hat, in dessen Humankapital investiert wird. Die Investitionen sind partiell humankapitalspezifisch in bezug auf B und S:
$V_s(s;\beta) > v_s(s;\beta;a1,a2) \geq v_s(s;\beta;a1) \geq v_s(s;\beta;\varnothing)$, $0 < s < \infty$, $\beta \in \mathfrak{S}_\beta$;
$-C_b(b;\sigma) > -c_b(b;\sigma;a1,a2) \geq -c_b(b;\sigma;a2) \geq -c_b(b;\sigma;\varnothing)$, $0 < b < \infty$, $\sigma \in \mathfrak{S}_\sigma$. ⊚

ANNAHME 7   Der Grenzertrag einer Investition ist (streng) positiv und nimmt mit steigendem Investitionsniveau ab: $V(s;\beta)$ ist streng konkav und $v(s;\beta)$ konkav in s, $C(b;\sigma)$ streng konvex und $c(b;\sigma)$ konvex in b: $V_s > 0$, $V_{ss} < 0$, $v_s \geq 0$, $v_{ss} \leq 0$, $0 < s < \infty$, und $-C_b > 0$, $-C_{bb} < 0$, $-c_b \geq 0$, $-c_{bb} \leq 0$, $0 < b < \infty$.[282] ⊚

ANNAHME 8   Die Niveaus von V, v, C, c sowie von b und s können von B und S beobachtet werden, sind aber nicht verifizierbar. Die Wahl der Produktionstechnologien β und σ ist verifizierbar. ⊚

Das Modell aus Abschnitt 2.3.4 untersucht das Investitionsverhalten in insgesamt vier Szenarien: Relativ unproduktive Investitionen, unabhängige Produktionsfaktoren, streng komplementäre Produktionsfaktoren sowie unverzichtbares Humankapital. Das um die Technologiewahl ergänzte Modell dieses Abschnitts geht einen Schritt weiter: Es analysiert nicht allein, wie die Investitionsanreize auf eine Änderung der Integrationsform reagieren, sondern auch, in welchem Zusammenhang Technologieentscheidungen, Ähnlichkeit der Aktivitäten und die Integrationsform stehen. Die Ergebnisse zeigen, daß in bestimmten Szenarien eine (vertikale) B- oder S-Integration die Unterinvestitionsproblematik verglichen mit der Nichtintegration entschärft, daß die technologischen Ineffizienzen jedoch gerade bei sehr unähnlichen Aktivitäten zunehmen.

4.2.2   Das First-best-Optimum

Wären die Informationen über die Technologien symmetrisch verteilt und könnte über die Höhe der Investitionsniveaus ein verifizierbarer Vertrag

---
[282] Außerdem gilt: $\lim_{s \to 0} V_s(s;\beta) \to \infty$, $\lim_{s \to \infty} V_s(s;\beta) \to 0^+$; $\lim_{b \to 0} C_b(b;\sigma) \to -\infty$, $\lim_{b \to \infty} C_b(b;\sigma) \to 0^-$.

geschlossen werden, ließe sich ein First-best-Optimum erreichen. In diesem Fall würden B und S vertraglich in $t = 1$ vereinbaren, im First-best-Umfang zu investieren, so daß ihr gemeinsamer Interim-Payoff in $t = 3$ bei gegebener Wahl der Produktionstechnologie maximal wird:

$$\Phi^{in}(b,s;\overline{\beta},\overline{\sigma}) = V(s;\overline{\beta}) - C(b;\overline{\sigma}) - b - s \to \max_{b,s}!$$

Für die First-best-Investitionsniveaus gilt folglich

$$-C_b(b^*;\overline{\sigma}) = 1 \quad \text{und} \tag{4.1}$$

$$V_s(s^*;\overline{\beta}) = 1. \tag{4.2}$$

Ebenso werden B und S im Anfangsvertrag vereinbaren, in $t = 2$ first-best-optimale Produktionstechnologien einzusetzen, um ihren gemeinsamen Ex-ante-Payoff zu maximieren:

$$\Phi^{in}(b^*,s^*;\beta,\sigma) = V(s^*;\beta) - C(b^*;\sigma) - b^* - s^* \to \max_{\beta,\sigma}!$$

Da die Technologiewahl nicht mit Kosten verbunden ist und höhere Spezifitäten gemäß Annahme 4 den Gesamtpayoff steigern, sind die First-best-Technologien vollkommen spezifisch: $\beta^* = 1$ und $\sigma^* = 1$. An diesem First-best-Optimum $(b^*,s^*;\beta^*,\sigma^*)$ werden im folgenden die verschiedenen Integrationsformen gemessen.

4.2.3 Die Investitionsentscheidungen

Da die Investitionsniveaus nun aber nicht verifizierbar sind und B und S über die Payoffkonsequenzen der Technologien asymmetrisch informiert sind, läßt sich ein solcher First-best-Vertrag nicht schließen. Vielmehr werden B und S die Investitionsniveaus und Technologien nichtkooperativ bestimmen. Über die Höhe der tatsächlich gewählten Investitionsniveaus läßt sich folgendes sagen: In $t = 5$ haben B und S die Aufteilung der Kontrollrechte an den Produktionsfaktoren vertraglich festgelegt, bestimmte Produktionstechnologien gewählt und investiert, d.h. $A_B = \overline{A_B}, A_S = \overline{A_S}, \beta = \overline{\beta}, \sigma = \overline{\sigma}, b = \overline{b}$ und $s = \overline{s}$. Unsicherheit besteht nun nicht mehr, so daß B und S über den Preis p für Z verhandeln können. Unterstellt man

4.2. Kompetenzen und Aktivitäten im Property-Rights-Ansatz

eine Nash-Verhandlung, teilen sich B und S hälftig den Teil des Gesamtpayoffs, der über die Summe der Drohpunkte hinausgeht. Ihre Ex-post-Payoffs belaufen sich dementsprechend auf[283]

$$\pi_B^{ep} = V - p = \frac{1}{2}[V - C + v + c] - \overline{p} \quad \text{und}$$

$$\pi_S^{ep} = p - C = \frac{1}{2}[V - C - v - c] + \overline{p}.$$

Der Preis für Z beträgt also

$$p = \overline{p} + \frac{1}{2}\left(V - v + C - c\right).$$

In $t = 3$ legen B und S ihre Investitionsniveaus bei gegebener Entscheidung über die Produktionstechnologien fest. Dabei maximieren sie ihre individuellen Interim-Payoffs in Höhe von

$$\pi_B^{in} = \frac{1}{2}\left[V(s;\overline{\beta}) - C(b;\overline{\sigma}) + v(s;\overline{\beta};\overline{A_B}) + c(b;\overline{\sigma};\overline{A_S})\right] - \overline{p} - b \to \max_{b}!$$

$$\pi_S^{in} = \frac{1}{2}\left[V(s;\overline{\beta}) - C(b;\overline{\sigma}) - v(s;\overline{\beta};\overline{A_B}) - c(b;\overline{\sigma};\overline{A_S})\right] + \overline{p} - s \to \max_{s}!$$

Die notwendigen Maximierungsbedingungen für die Integrationsform vom Typ $l \in \{0, 1, 2\}$ lauten:[284]

$$\frac{1}{2}\left[-C_b(b_l;\overline{\sigma}) + c_b(b_l;\overline{\sigma};\overline{A_S})\right] = 1 \qquad (4.3)$$

$$\frac{1}{2}\left[V_s(s_l;\overline{\beta}) - v_s(s_l;\overline{\beta};\overline{A_B})\right] = 1 \qquad (4.4)$$

Aus der Gegenüberstellung der Gleichungen 4.3 und 4.1 sowie 4.4 und 4.2 in Verbindung mit den Annahmen 6 und 7 ist zu erkennen, daß unabhängig von der gewählten Integrationsform ein hold-up-bedingtes Unterinvestitionsproblem vorliegt, d.h. $b_l < b^*$ und $s_l < s^*$; $l \in \{0, 1, 2\}$.[285]

---

[283] Die folgenden Gleichungen führen nicht explizit auf, daß V und C von b, s, β und σ und v und c zudem von A_B und A_S abhängen.

[284] Die Subscripta an den Entscheidungsgrößen bezeichnen die Integrationsform: Die Nichtintegration ist vom Typ 0, die B-Integration vom Typ 1 und die S-Integration vom Typ 2.

[285] Vgl. auch Ergebnis 5 (S. 76).

Für die Investitionsniveaus gilt im einzelnen: B's Investitionsanreize steigen von der S- über die Nicht- hin zur B-Integration, weil S's No-Trade-Payoff Schritt für Schritt abnimmt (Annahme 6). Umgekehrt steigen S's Investitionsanreize von der B- über die Nicht- hin zur S-Integration:

$$b^* > b_1 \geq b_0 \geq b_2$$
$$s^* > s_2 \geq s_0 \geq s_1.$$

4.2.4 Die Wahl der Technologien

In $t = 2$ informieren sich B und S über die Produktionstechnologie des anderen und treffen anschließend je nach Integrationsform Entscheidungen über die Produktionstechnologien. Wer welche Entscheidungsrechte hat, hängt von der Aufteilung der Kontrollrechte an den Produktionsfaktoren $a1$ und $a2$ ab: Im Fall der Nichtintegration hat weder B S gegenüber noch S B gegenüber ein Weisungsrecht; folglich treffen sie die Entscheidung über die Produktionstechnologien selbstbestimmt. Im Fall der B-Integration kann B sowohl seine eigene Technologie als auch die Technologie von S festlegen; bei der S-Integration ist es umgekehrt.

Unabhängig von der Integrationsform werden B und S wegen der Verifizierbarkeit der Technologien immer dann vertraglich den Einsatz der First-best-Technologie β^* oder σ^* vereinbaren, wenn sie beide vollständig über die β- oder die σ-Technologien informiert sind. Damit ein solcher Vertrag für beide vorteilhaft ist, kann eine von der Integrationsform l abhängige Transferzahlung t_l^k mit $k \in \{\beta^*, \sigma^*\}$ und $l \in \{0, 1, 2\}$ erforderlich sein. Ein $t_l^k \geq 0$ bedeutet eine Zahlung von B an S, ein $t_l^k < 0$ eine Zahlung von S an B. Bleiben B oder S über die Technologien des Transaktionspartners uninformiert, können sie den Einsatz von β^* oder σ^* nicht vertraglich vereinbaren.

Insgesamt lassen sich vier Informationsszenarien unterscheiden: (I) Weder ist B über die σ-Technologien informiert noch S über die β-Technologien; dieses Szenario tritt mit der Wahrscheinlichkeit $(1 - q^B)(1 - q^S)$ ein. (II) B ist informiert, S nicht; dies ist mit Wahrscheinlichkeit $q^B(1 - q^S)$ der Fall. (III) B ist nicht informiert, aber S ist informiert; die Wahrscheinlichkeit für

4.2. Kompetenzen und Aktivitäten im Property-Rights-Ansatz

dieses Szenario beträgt $(1-q^B)q^S$. (IV) Sowohl B als auch S ist informiert; die Wahrscheinlichkeit dafür beträgt $q^B q^S$. Die vier Informationsszenarien mit ihren Auftrittswahrscheinlichkeiten gibt Tabelle 4.1 zusammenfassend wieder.

Jedes Szenario ist für B und S zur Bestimmung ihrer jeweiligen optimalen Informationsniveaus in den einzelnen Integrationsformen von Bedeutung: Gegeben eine bestimmte Integrationsform werden B und S zunächst ermitteln, in welchem Informationsszenario welche Technologien zum Einsatz kommen; anschließend können sie ihre jeweiligen Erwartungspayoffs ableiten und über das Niveau der Informationsbemühungen maximieren.

	Informationsszenario	Wahrscheinlichkeit
I	B nicht informiert, S nicht informiert	$(1-q^B)(1-q^S)$
II	B informiert, S nicht informiert	$q^B(1-q^S)$
III	B nicht informiert, S informiert	$(1-q^B)q^S$
IV	B informiert, S informiert	$q^B q^S$

Tabelle 4.1: Mögliche Informationsszenarien

4.2.4.1 Die Nichtintegration

Im Fall der *Nichtintegration* ist im Informationsszenario I weder B über die σ-Technologien noch S über die β-Technologien informiert. Ein Vertrag über den Einsatz von β^* und σ^* ist daher nicht möglich. B wird folglich die β-Technologie wählen, die folgenden Payoff maximiert:[286]

$$\pi^I_{B,0} = \frac{1}{2}\Big[V(s_0;\beta) - C(b_0;\sigma) + v(s_0;\beta;a1) + c(b_0;\sigma;a2)\Big]$$
$$-\bar{p} - b_0 \to \max_{\beta}!$$

Die payoffmaximierende Technologie β_0 erfüllt also folgende notwendige Bedingung:

$$V_\beta(s_0;\beta_0) = -v_\beta(s_0;\beta_0;a1) \qquad (4.5)$$

---
[286] $\pi^I_{B,0}$ steht für den Payoff von B bei Nichtintegration *(Typ 0)* im Informationsszenario *I*.

Da der transaktionsinterne Wert $V(s_0;\beta)$ mit zunehmender Technologiespezifität steigt, der transaktionsexterne Wert $v(s_0;\beta;a1)$ jedoch sinkt, ist der positive Grenzertrag einer Spezifitätserhöhung gegen die negative Wirkung auf den No-Trade-Payoff aufzurechnen. Die payoffmaximierende Technologie β_0 bringt die marginalen Wirkungen zum Ausgleich.

Analog wird S unabhängig von B seine individuell-rationale Technologie σ bestimmen. Dabei maximiert er:

$$\pi_{S,0}^I = \frac{1}{2}\Big[V(s_0;\beta) - C(b_0;\sigma) - v(s_0;\beta;a1) - c(b_0;\sigma;a2)\Big]$$
$$+ \overline{p} - s_0 \to \max_{\sigma}!$$

Die payoffmaximierende Technologie σ_0 erfüllt also die notwendige Bedingung

$$C_\sigma(b_0;\sigma_0) = -c_\sigma(b_0;\sigma_0;a2). \tag{4.6}$$

Da die transaktionsinternen Produktionskosten mit zunehmender Technologiespezifität sinken, die transaktionsexternen Kosten jedoch steigen, muß S die positive Grenzwirkung einer Spezifitätserhöhung mit der negativen marginalen Wirkung auf den No-Trade-Payoff verrechnen.

Im Informationsszenario I bei Nichtintegration werden B und S folglich die Technologien β_0 und σ_0 einsetzen. Die entsprechenden Payoffs belaufen sich (ohne Berücksichtigung der Informationskosten) auf

$$\pi_{B,0}^I = \frac{1}{2}\Big[V(s_0;\beta_0) - C(b_0;\sigma_0) + v(s_0;\beta_0;a1) + c(b_0;\sigma_0;a2)\Big]$$
$$- \overline{p} - b_0 \quad \text{und}$$
$$\pi_{S,0}^I = \frac{1}{2}\Big[V(s_0;\beta_0) - C(b_0;\sigma_0) - v(s_0;\beta_0;a1) - c(b_0;\sigma_0;a2)\Big]$$
$$+ \overline{p} - s_0.$$

Im Informationsszenario II ist S nicht über die β-Technologien informiert, B jedoch über die σ-Technologien. Entsprechend wird B seine individuell-rationale Technologie β_0 wählen und mit S über den Einsatz von σ^* einen Vertrag schließen. Die Payoffs im Informationsszenario II belaufen sich

4.2. Kompetenzen und Aktivitäten im Property-Rights-Ansatz

folglich auf

$$\pi_{B,0}^{II} = \frac{1}{2}\Big[V(s_0;\beta_0) - C(b_0;\sigma^*) + v(s_0;\beta_0;a1) + c(b_0;\sigma^*;a2)\Big]$$
$$- t_0^{\sigma^*} - \overline{p} - b_0 \quad \text{und}$$
$$\pi_{S,0}^{II} = \frac{1}{2}\Big[V(s_0;\beta_0) - C(b_0;\sigma^*) - v(s_0;\beta_0;a1) - c(b_0;\sigma^*;a2)\Big]$$
$$+ t_0^{\sigma^*} + \overline{p} - s_0.$$

Über Zahlungsrichtung und Höhe des Transfers $t_0^{\sigma^*}$ läßt sich folgendes sagen: Wäre B über die σ-Technologien nicht informiert, würde S die Technologie σ_0 einsetzen. Da nun $\sigma^* = 1$, kann für σ_0 nur gelten: $\sigma_0 \leq \sigma^*$. Das wiederum bedeutet gemäß Annahme 4, daß S's No-Trade-Payoff beim Einsatz von σ^* nicht größer sein kann als beim Einsatz von σ_0. B wird also eine Seitenzahlung dafür leisten müssen, daß S von der individuell-rationalen Technologie σ_0 abrückt, also ist $t_0^{\sigma^*} \geq 0$. Gleichzeitig darf $t_0^{\sigma^*}$ nicht so hoch sein, daß B das Interesse am Einsatz der First-best-Technologie σ^* verliert. Für $t_0^{\sigma^*}$ muß damit gelten:

$$\frac{1}{2}\Big[C(b_0;\sigma^*) + c(b_0;\sigma^*;a2) - C(b_0;\sigma_0) - c(b_0;\sigma_0;a2)\Big] \leq t_0^{\sigma^*}$$
$$\leq \frac{1}{2}\Big[C(b_0;\sigma_0) - c(b_0;\sigma_0;a2) - C(b_0;\sigma^*) + c(b_0;\sigma^*;a2)\Big]$$

Diese Bedingungen sind erfüllbar, solange $C(b_0;\sigma_0) \geq C(b_0;\sigma^*)$, was Annahme 4 garantiert. Unterstellt man beispielsweise eine Nash-Verhandlung über den Einsatz von σ^*, beläuft sich die Transferzahlung auf $t_0^{\sigma^*} = \frac{1}{2}[c(b_0;\sigma^*;a2) - c(b_0;\sigma_0;a2)] \geq 0$; sie ist von der Wahl der β-Technologie unabhängig. Rechnet man diese Transferzahlung in die obigen Ausdrücke ein, erhält man im Informationsszenario II folgende Payoffs:

$$\pi_{B,0}^{II} = \frac{1}{2}\Big[V(s_0;\beta_0) - C(b_0;\sigma^*) + v(s_0;\beta_0;a1) + c(b_0;\sigma_0;a2)\Big]$$
$$- \overline{p} - b_0 \quad \text{und}$$
$$\pi_{S,0}^{II} = \frac{1}{2}\Big[V(s_0;\beta_0) - C(b_0;\sigma^*) - v(s_0;\beta_0;a1) - c(b_0;\sigma_0;a2)\Big]$$
$$+ \overline{p} - s_0.$$

Die Transferzahlung hebt also S's No-Trade-Payoff auf das Niveau, das bei einem Einsatz von σ_0 resultieren würde, und gleicht somit das Absinken des No-Trade-Payoffs aufgrund der Wahl von σ^* aus.

Das Informationsszenario III ist das Spiegelbild vom zweiten: S ist über die β-Technologien informiert, B jedoch nicht über die σ-Technologien. Entsprechend wird S nun unabhängig von B seine individuell-rationale Technologie σ_0 wählen und mit B einen Vertrag über den Einsatz von β^* schließen. Die Payoffs im Informationsszenario III belaufen sich folglich auf

$$\pi_{B,0}^{III} = \frac{1}{2}\Big[V(s_0;\beta^*) - C(b_0;\sigma_0) + v(s_0;\beta^*;a1) + c(b_0;\sigma_0;a2)\Big]$$
$$- t_0^{\beta^*} - \overline{p} - b_0 \quad \text{und}$$
$$\pi_{S,0}^{III} = \frac{1}{2}\Big[V(s_0;\beta^*) - C(b_0;\sigma_0) - v(s_0;\beta^*;a1) - c(b_0;\sigma_0;a2)\Big]$$
$$+ t_0^{\beta^*} + \overline{p} - s_0.$$

In diesem Fall geht der Transfer von S an B, also $t_0^{\beta^*} \leq 0$. Damit B und S an dem Vertrag über den Einsatz von β^* interessiert sind, muß für $t_0^{\beta^*}$ gelten, daß

$$\frac{1}{2}\Big[V(s_0;\beta_0) + v(s_0;\beta_0;a1) - V(s_0;\beta^*) - v(s_0;\beta^*;a1)\Big] \leq |t_0^{\beta^*}|$$
$$\leq \frac{1}{2}\Big[V(s_0;\beta^*) - v(s_0;\beta^*;a1) - V(s_0;\beta_0) + v(s_0;\beta_0;a1)\Big],$$

was erfüllbar ist, solange $V(s_0;\beta^*) \geq V(s_0;\beta_0)$; und dies wiederum ist durch Annahme 4 gesichert. Unterstellt man wie in Informationsszenario II eine Nash-Verhandlung über den Einsatz von β^*, beläuft sich die Transferzahlung auf $t_0^{\beta^*} = \frac{1}{2}[v(s_0;\beta^*;a1) - v(s_0;\beta_0;a1)] \leq 0$; sie ist von der Wahl der σ-Technologie unabhängig. Unter Berücksichtigung dieser Transferzahlung belaufen sich die Payoffs von B und S im Informationsszenario III auf:

$$\pi_{B,0}^{III} = \frac{1}{2}\Big[V(s_0;\beta^*) - C(b_0;\sigma_0) + v(s_0;\beta_0;a1) + c(b_0;\sigma_0;a2)\Big]$$
$$- \overline{p} - b_0 \quad \text{und}$$
$$\pi_{S,0}^{III} = \frac{1}{2}\Big[V(s_0;\beta^*) - C(b_0;\sigma_0) - v(s_0;\beta_0;a1) - c(b_0;\sigma_0;a2)\Big]$$
$$+ \overline{p} - s_0.$$

4.2. Kompetenzen und Aktivitäten im Property-Rights-Ansatz

Auch hier ist zu sehen, daß die Transferzahlung das auf den Einsatz von β^* zurückgehende Absinken von B's No-Trade-Payoff gerade ausgleicht.

Im Informationsszenario IV sind B und S vollständig über die Technologien ihres Transaktionspartners informiert. Sie werden folglich einen Vertrag über den Einsatz von β^* und σ^* schließen. Ihre Payoffs belaufen sich auf

$$\pi_{B,0}^{IV} = \frac{1}{2}\Big[V(s_0;\beta^*) - C(b_0;\sigma^*) + v(s_0;\beta^*;a1) + c(b_0;\sigma^*;a2)\Big]$$
$$- t_0^{\beta^*} - t_0^{\sigma^*} - \overline{p} - b_0 \quad \text{bzw.}$$
$$\pi_{S,0}^{IV} = \frac{1}{2}\Big[V(s_0;\beta^*) - C(b_0;\sigma^*) - v(s_0;\beta^*;a1) - c(b_0;\sigma^*;a2)\Big]$$
$$+ t_0^{\beta^*} + t_0^{\sigma^*} + \overline{p} - s_0.$$

Die Bedingungen für die Transferzahlungen $t_0^{\beta^*}$ und $t_0^{\sigma^*}$ entsprechen denjenigen der Informationsszenarien II bzw. III. Unterstellt man auch hier wieder die Nash-Verhandlungslösung für den Einsatz von β^* und σ^*, betragen die Transferzahlungen wie oben $t_0^{\beta^*} = \frac{1}{2}[v(s_0;\beta^*;a1) - v(s_0;\beta_0;a1)] \leq 0$ und $t_0^{\sigma^*} = \frac{1}{2}[c(b_0;\sigma^*;a2) - c(b_0;\sigma_0;a2)] \geq 0$. Die Payoffs in Informationsszenario IV betragen entsprechend

$$\pi_{B,0}^{IV} = \frac{1}{2}\Big[V(s_0;\beta^*) - C(b_0;\sigma^*) + v(s_0;\beta_0;a1) + c(b_0;\sigma_0;a2)\Big]$$
$$- \overline{p} - b_0 \quad \text{bzw.}$$
$$\pi_{S,0}^{IV} = \frac{1}{2}\Big[V(s_0;\beta^*) - C(b_0;\sigma^*) - v(s_0;\beta_0;a1) - c(b_0;\sigma_0;a2)\Big]$$
$$+ \overline{p} - s_0.$$

Bei der Informationsbeschaffung in $t = 2$ wird B im Fall der Nichtintegration mithin folgenden Ex-ante-Payoff maximieren:

$$\pi_{B,0}^{ea} = (1-q^B)(1-q^S)\pi_{B,0}^{I} + q^B(1-q^S)\pi_{B,0}^{II} + (1-q^B)q^S\pi_{B,0}^{III} + q^Bq^S\pi_{B,0}^{IV}$$
$$- h^B(q^B, \Delta) \quad \underset{q^B}{\to} \max!$$

Ganz analog wird sich S in $t = 2$ informieren und dabei folgenden Exante-Payoff maximieren:

$$\pi_{S,0}^{ea} = (1-q^B)(1-q^S)\pi_{S,0}^{I} + q^B(1-q^S)\pi_{S,0}^{II} + (1-q^B)q^S\pi_{S,0}^{III} + q^Bq^S\pi_{S,0}^{IV}$$
$$- h^S(q^S, \Delta) \rightarrow \max_{q^S}!$$

Die payoffmaximierenden Informationsniveaus bei Nichtintegration, q_0^B und q_0^S, erfüllen damit die folgenden notwendigen Bedingungen:

$$\frac{1}{2}\Big[-C(b_0; \sigma^*) + C(b_0; \sigma_0)\Big] = \frac{\partial h^B(q^B, \Delta)}{\partial q^B}\bigg|_{q^B = q_0^B} \quad (4.7)$$

$$\frac{1}{2}\Big[V(s_0; \beta^*) - V(s_0; \beta_0)\Big] = \frac{\partial h^S(q^S, \Delta)}{\partial q^S}\bigg|_{q^S = q_0^S}. \quad (4.8)$$

Der Grenzertrag des Informierens (linke Seite der Gleichungen) besteht darin, die Wahrscheinlichkeit für den Einsatz der First-best-Technologie des Transaktionspartners zu erhöhen. Die Grenzkosten des Informierens (rechte Seite der Gleichungen) ergeben sich aus den Informationsbemühungen.

4.2.4.2 Die B-Integration

Im Fall der *B-Integration* kann B nicht nur über die eigene Produktionstechnologie entscheiden, sondern auch über die von S. Im Informationsszenario I ist weder B über die σ-Technologien noch S über die β-Technologien informiert. Ein Vertrag über den Einsatz von First-best-Technologien ist daher nicht möglich. Bei der Entscheidung über die β-Technologie wird B den folgenden Payoff maximieren:

$$\pi_{B,1}^{I} = \frac{1}{2}\Big[V(s_1; \beta) - C(b_1; \sigma) + v(s_1; \beta; a1, a2) + c(b_1; \sigma; \varnothing)\Big]$$
$$- \overline{p} - b_1 \rightarrow \max_{\beta}!$$

Die payoffmaximierende Technologie β_1 erfüllt die notwendige Bedingung

$$V_\beta(s_1; \beta_1) = -v_\beta(s_1; \beta_1; a1, a2). \quad (4.9)$$

4.2. Kompetenzen und Aktivitäten im Property-Rights-Ansatz

Da der transaktionsinterne Wert $V(s_1;\beta)$ mit zunehmender Technologiespezifität steigt, der transaktionsexterne Wert $v(s_1;\beta;a1,a2)$ jedoch sinkt, ist der positive Grenzertrag einer Spezifitätserhöhung gegen die negative Wirkung auf den No-Trade-Payoff aufzurechnen. Allerdings ist die negative Wirkung einer höherspezifischen Technologie im Fall der B-Integration weniger stark als im Fall der Nichtintegration (Annahme 4), d.h. $\beta_1 \geq \beta_0$.

Über die σ-Technologien ist B nicht informiert. Delegiert er nun die Technologieentscheidung an S, wird dieser unabhängig von B seine individuell-rationale Technologie σ bestimmen. Dabei maximiert er:

$$\pi_{S,1}^I = \frac{1}{2}\Big[V(s_1;\beta) - C(b_1;\sigma) - v(s_1;\beta;a1,a2) - c(b_1;\sigma;\varnothing)\Big]$$
$$+ \overline{p} - s_1 \to \max_{\sigma}!$$

Die payoffmaximierende Technologie σ_1' erfüllt die notwendige Bedingung

$$C_\sigma(b_1;\sigma_1') = -c_\sigma(b_1;\sigma_1';\varnothing).^{287} \qquad (4.10)$$

Da die transaktionsinternen Produktionskosten mit zunehmender Technologiespezifität sinken, die transaktionsexternen Kosten jedoch steigen, muß S die positive Grenzwirkung einer Spezifitätserhöhung gegen die negative marginale Wirkung auf den No-Trade-Payoff aufrechnen. Allerdings ist die negative Wirkung einer höherspezifischen Technologie im Fall der B-Integration stärker als im Fall der Nichtintegration (Annahme 4), d.h. $\sigma_1' \leq \sigma_0$. B's Payoff würde sich bei Entscheidungsdelegation folglich auf

$$\pi_{B,1}^I = \frac{1}{2}\Big[V(s_1;\beta_1) - C(b_1;\sigma_1') + v(s_1;\beta_1;a1,a2) + c(b_1;\sigma_1';\varnothing)\Big]$$
$$- \overline{p} - b_1$$

belaufen.

---

[287] Das Apostroph soll kenntlich machen, daß diese Technologieentscheidung *nicht* auf den eigentlichen Entscheidungsbefugten zurückgeht.

Delegiert B die Technologieentscheidung nun aber nicht, sondern trifft uninformiert eine eigene Entscheidung, beträgt sein erwarteter Payoff

$$\tilde{\pi}_{B,1}^I = \frac{1}{2}\Big[V(s_1;\beta_1) + v(s_1;\beta_1;a1,a2) + \int_0^1 [-C(b_1;\sigma) + c(b_1;\sigma;\varnothing)]d\sigma\Big]$$
$$- \overline{p} - b_1.$$

Die Delegationsfrage wird B anhand dieser Payoffs beantworten: Solange $\tilde{\pi}_{B,1}^I \geq \pi_{B,1}^I$ bzw. solange $\int_0^1 [-C(b_1;\sigma) + c(b_1;\sigma;\varnothing)]d\sigma \geq -C(b_1;\sigma_1') + c(b_1;\sigma_1';\varnothing)$, wird B die Entscheidung über die σ-Technologie selbst treffen.

Entsprechend beträgt im Informationsszenario I S's Payoff, wenn B die Technologieentscheidung delegiert,

$$\pi_{S,1}^I = \frac{1}{2}\Big[V(s_1;\beta_1) - C(b_1;\sigma_1') - v(s_1;\beta_1;a1,a2) - c(b_1;\sigma_1';\varnothing)\Big]$$
$$+ \overline{p} - s_1$$

und

$$\tilde{\pi}_{S,1}^I = \frac{1}{2}\Big[V(s_1;\beta_1) - v(s_1;\beta_1;a1,a2) - \int_0^1 [C(b_1;\sigma) + c(b_1;\sigma;\varnothing)]d\sigma\Big]$$
$$+ \overline{p} - s_1,$$

wenn B die Entscheidung nicht delegiert.

Im Informationsszenario II ist S nicht über die β-Technologien informiert, aber B über die σ-Technologien. Entsprechend wird B seine individuell-rationale Technologie β_1 wählen. Anders als bei der Nichtintegration kann B nun die Verwendung einer bestimmten σ-Technologie ohne Transferzahlung an S anordnen. Vor diesem Hintergrund maximiert er folgenden Payoff:

$$\pi_{B,1}^{II} = \frac{1}{2}\Big[V(s_1;\beta) - C(b_1;\sigma) + v(s_1;\beta;a1,a2) + c(b_1;\sigma;\varnothing)\Big]$$
$$- \overline{p} - b_1 \to \max_{\sigma}!$$

Die notwendige Bedingung lautet

$$C_\sigma(b_1;\sigma) - c_\sigma(b_1;\sigma;\varnothing) = 0. \tag{4.11}$$

4.2. Kompetenzen und Aktivitäten im Property-Rights-Ansatz

Da gemäß Annahme 4 $C_\sigma(b;\sigma) < 0$ und $c_\sigma(b;\sigma;\varnothing) \geq 0$, wird B's Payoff durch die Randlösung σ^* maximiert. B wird also den Einsatz der Firstbest-Technologie σ^* anordnen und keine Transferzahlung leisten: $t_1^{\sigma*} = 0$. Die Payoffs im Informationsszenario II belaufen sich folglich auf

$$\pi_{B,1}^{II} = \frac{1}{2}\Big[V(s_1;\beta_1) - C(b_1;\sigma^*) + v(s_1;\beta_1;a1,a2) + c(b_1;\sigma^*;\varnothing)\Big]$$
$$- \overline{p} - b_1 \quad \text{und}$$
$$\pi_{S,1}^{II} = \frac{1}{2}\Big[V(s_1;\beta_1) - C(b_1;\sigma^*) - v(s_1;\beta_1;a1,a2) - c(b_1;\sigma^*;\varnothing)\Big]$$
$$+ \overline{p} - s_1.$$

Im Informationsszenario III ist zwar S über die β-Technologien informiert, aber B nicht über die σ-Technologien. Entsprechend wird B mit S einen Vertrag über den Einsatz von β^* schließen und die Entscheidung über die σ-Technologie analog zum Informationsszenario I entweder an S delegieren oder uninformiert selbst treffen. Berücksichtigt man, daß die Transferzahlung im Fall einer Nash-Verhandlung $t_1^{\beta^*} = \frac{1}{2}[v(s_1;\beta^*;a1,a2) - v(s_1;\beta_1;a1,a2)] \leq 0$ beträgt,[288] ergeben sich die Payoffs im Informationsszenario III bei Entscheidungsdelegation folglich zu

$$\pi_{B,1}^{III} = \frac{1}{2}\Big[V(s_1;\beta^*) - C(b_1;\sigma_1') + v(s_1;\beta_1;a1,a2) + c(b_1;\sigma_1';\varnothing)\Big]$$
$$- \overline{p} - b_1 \quad \text{und}$$
$$\pi_{S,1}^{III} = \frac{1}{2}\Big[V(s_1;\beta^*) - C(b_1;\sigma_1') - v(s_1;\beta_1;a1,a2) - c(b_1;\sigma_1;\varnothing)\Big]$$
$$+ \overline{p} - s_1$$

---

[288] Allgemeiner formuliert muß $t_1^{\beta^*}$ folgenden Ungleichungen gehorchen:

$$\frac{1}{2}\Big[V(s_1;\beta_1) + v(s_1;\beta_1;a1,a2) - V(s_1;\beta^*) - v(s_1;\beta^*;a1,a2)\Big] \leq |t_1^{\beta^*}|$$
$$\leq \frac{1}{2}\Big[V(s_1;\beta^*) - v(s_1;\beta^*;a1,a2) - V(s_1;\beta_1) + v(s_1;\beta_1;a1,a2).$$

Diese Bedingungen sind erfüllbar, solange $V(s_1;\beta^*) \geq V(s_1;\beta_1)$, und dies ist durch Annahme 4 sichergestellt.

und bei Nichtdelegation der Entscheidung zu

$$\tilde{\pi}_{B,1}^{III} = \frac{1}{2}\Big[V(s_1;\beta^*) + v(s_1;\beta_1;a1,a2) + \int_0^1 [-C(b_1;\sigma) + c(b_1;\sigma;\varnothing)]d\sigma\Big]$$
$$- \overline{p} - b_1 \quad \text{und}$$
$$\tilde{\pi}_{S,1}^{III} = \frac{1}{2}\Big[V(s_1;\beta^*) - v(s_1;\beta_1;a1,a2) - \int_0^1 [C(b_1;\sigma) + c(b_1;\sigma;\varnothing)]d\sigma\Big]$$
$$+ \overline{p} - s_1.$$

Im Informationsszenario IV sind B und S vollständig über die Technologien ihres Transaktionspartners informiert. Folglich wird B die Verwendung von σ^* anordnen und mit S einen Vertrag über die Verwendung von β^* schließen. Ihre Payoffs belaufen sich unter Berücksichtigung von $t_1^{\beta^*} = \frac{1}{2}[v(s_1;\beta^*;a1,a2) - v(s_1;\beta_1;a1,a2)]$ auf

$$\pi_{B,1}^{IV} = \frac{1}{2}\Big[V(s_1;\beta^*) - C(b_1;\sigma^*) + v(s_1;\beta_1;a1,a2) + c(b_1;\sigma^*;\varnothing)\Big]$$
$$- \overline{p} - b_1 \quad \text{bzw.}$$
$$\pi_{S,1}^{IV} = \frac{1}{2}\Big[V(s_1;\beta^*) - C(b_1;\sigma^*) - v(s_1;\beta_1;a1,a2) - c(b_1;\sigma^*;\varnothing)\Big]$$
$$+ \overline{p} - s_1.$$

Bei der Informationsbeschaffung in $t = 2$ wird B im Fall der B-Integration mithin folgenden Ex-ante-Payoff maximieren:

$$\pi_{B,1}^{ea} = (1-q^B)(1-q^S)\max\left(\pi_{B,1}^I, \tilde{\pi}_{B,1}^I\right) + q^B(1-q^S)\pi_{B,1}^{II}$$
$$+ (1-q^B)q^S \max\left(\pi_{B,1}^{III}, \tilde{\pi}_{B,1}^{III}\right) + q^B q^S \pi_{B,1}^{IV}$$
$$- h^B(q^B, \Delta) \to \max_{q^B}!$$

Analog wird sich S in $t = 2$ informieren. Bei Delegation der Technologieentscheidung wird S den Ex-ante-Payoff

$$\pi_{S,1}^{ea} = (1-q^B)(1-q^S)\pi_{S,1}^I + q^B(1-q^S)\pi_{S,1}^{II} + (1-q^B)q^S \pi_{S,1}^{III} + q^B q^S \pi_{S,1}^{IV}$$
$$- h^S(q^S, \Delta) \to \max_{q^S}!$$

4.2. Kompetenzen und Aktivitäten im Property-Rights-Ansatz

maximieren und bei Nichtdelegation der Technologieentscheidung den Ex-ante-Payoff

$$\tilde{\pi}_{S,1}^{ea} = (1-q^B)(1-q^S)\tilde{\pi}_{S,1}^{I} + q^B(1-q^S)\tilde{\pi}_{S,1}^{II} + (1-q^B)q^S\tilde{\pi}_{S,1}^{III} + q^Bq^S\tilde{\pi}_{S,1}^{IV}$$
$$- h^S(q^S, \Delta) \rightarrow \max_{q^S}!$$

Die payoffmaximierenden Informationsniveaus bei B-Integration, q_1^B und q_1^S, erfüllen für den Fall, daß B die Technologieentscheidung nicht delegiert, die folgenden notwendigen Bedingungen:

$$\frac{1}{2}\left[-C(b_1;\sigma^*) + c(b_1;\sigma^*;\varnothing) + \int_0^1 [C(b_1;\sigma) - c(b_1;\sigma;\varnothing)]d\sigma\right]$$
$$= \left.\frac{\partial h^B(q^B, \Delta)}{\partial q^B}\right|_{q^B=q_1^B} \quad (4.12)$$

und

$$\frac{1}{2}\left[V(s_1;\beta^*) - V(s_1;\beta_1)\right] = \left.\frac{\partial h^S(q^S, \Delta)}{\partial q^S}\right|_{q^S=q_1^S}. \quad (4.13)$$

Bei Delegation der Technologieentscheidung ändert sich das Informationskalkül von B zu

$$\frac{1}{2}\left[-C(b_1;\sigma^*) + c(b_1;\sigma^*;\varnothing) + C(b_1;\sigma_1') - c(b_1;\sigma_1';\varnothing)\right]$$
$$= \left.\frac{\partial h^B(q^B, \Delta)}{\partial q^B}\right|_{q^B=q_{1'}^B}.$$

Das Informationskalkül von S hingegen ändert sich nicht.

4.2.4.3 Die S-Integration

Die *S-Integration* ist das Gegenstück zur *B-Integration*: S kann nicht nur über die eigene Produktionstechnologie entscheiden, sondern auch über die von B. Im Informationsszenario I – weder B noch S sind informiert – ist daher ein Vertrag über den Einsatz von First-best-Technologien nicht möglich: S wird die für ihn individuell-rationale Technologie σ_2 wählen und die Entscheidung über β entweder B überlassen oder uninformiert selbst treffen. Bei der Entscheidung über die σ-Technologie maximiert S den folgenden Payoff:

$$\pi^I_{S,2} = \frac{1}{2}\Big[V(s_2;\beta) - C(b_2;\sigma) - v(s_2;\beta;\varnothing) - c(b_2;\sigma;a1,a2)\Big]$$
$$+ \overline{p} - s_2 \to \max_{\sigma}!$$

Die payoffmaximierende Technologie σ_2 erfüllt die notwendige Bedingung

$$C_\sigma(b_2;\sigma_2) = -c_\sigma(b_2;\sigma_2;a1,a2) \qquad (4.14)$$

und ist aufgrund von Annahme 4 spezifischer als die bei Nichtintegration gewählte Technologie σ_0: $\sigma_2 \geq \sigma_0$.

Über die β-Technologien ist S nicht informiert. Delegiert er die Entscheidung an B, wird B den folgenden Payoff maximieren:

$$\pi^I_{B,2} = \frac{1}{2}\Big[V(s_2;\beta) - C(b_2;\sigma) + v(s_2;\beta;\varnothing) + c(b_2;\sigma;a1,a2)\Big]$$
$$+ \overline{p} - b_2 \to \max_{\beta}!$$

Die payoffmaximierende Technologie β'_2 erfüllt die notwendige Bedingung

$$V_\beta(b_2;\beta'_2) = -v_\beta(s_2;\beta'_2;\varnothing). \qquad (4.15)$$

Da $v(s;\beta;\varnothing)$ mit zunehmender Technologiespezifität sinkt, $V(s;\beta)$ jedoch steigt, muß S die positive Grenzwirkung einer Spezifitätserhöhung gegen die negative marginale Wirkung auf den No-Trade-Payoff aufrechnen. Allerdings ist die negative Wirkung einer höherspezifischen Technologie im Fall der S-Integration stärker als im Fall der Nichtintegration (Annahme 4), d.h. $\beta'_2 \leq \beta_0$.

Die Payoffs im Informationsszenario I belaufen sich folglich bei Delegation der Technologieentscheidung an B auf

$$\pi^I_{B,2} = \frac{1}{2}\Big[V(s_2;\beta'_2) - C(b_2;\sigma_2) + v(s_2;\beta'_2;\varnothing) + c(b_2;\sigma_2;a1,a2)\Big]$$
$$- \overline{p} - b_2 \quad \text{und}$$
$$\pi^I_{S,2} = \frac{1}{2}\Big[V(s_2;\beta'_2) - C(b_2;\sigma_2) - v(s_2;\beta'_2;\varnothing) - c(b_2;\sigma_2;a1,a2)\Big]$$
$$+ \overline{p} - s_2$$

4.2. Kompetenzen und Aktivitäten im Property-Rights-Ansatz

und auf

$$\tilde{\pi}_{B,2}^I = \frac{1}{2}\Big[\int_0^1 [V(s_2;\beta) + v(s_1;\beta;\varnothing)]d\beta - C(b_2;\sigma_2) + c(b_2;\sigma_2;a1,a2)\Big]$$
$$- \overline{p} - b_2 \quad \text{und}$$
$$\tilde{\pi}_{S,2}^I = \frac{1}{2}\Big[\int_0^1 [V(s_2;\beta) - v(s_2;\beta;\varnothing)]d\beta - C(b_2;\sigma_2) - c(b_2;\sigma_2;a1,a2)\Big]$$
$$+ \overline{p} - s_2,$$

wenn S die Entscheidung nicht delegiert. S wird die Technologieentscheidung selbst treffen, wenn $\tilde{\pi}_{S,2}^I \geq \pi_{S,2}^I$ oder $\int_0^1 [V(s_2;\beta) - v(s_2;\beta;\varnothing)]d\beta \geq V(s_2;\beta_2') - v(s_2;\beta_2';\varnothing)$.

Im Informationsszenario II ist B über die σ-Technologien, nicht aber S über die β-Technologien informiert. Entsprechend wird S mit B einen Vertrag über den Einsatz von σ^* schließen und die Entscheidung über die β-Technologie wie im Informationsszenario I entweder an B delegieren oder uninformiert selbst treffen. Berücksichtigt man, daß die Transferzahlung bei Nash-Verhandlung $t_2^{\sigma^*} = \frac{1}{2}[c(b_2;\sigma^*;a1,a2) - c(b_2;\sigma_2;a1,a2)]$ beträgt,[289] belaufen sich die Payoffs bei Entscheidungsdelegation folglich auf

$$\pi_{B,2}^{II} = \frac{1}{2}\Big[V(s_2;\beta_2') - C(b_2;\sigma^*) + v(s_2;\beta_2';\varnothing) + c(b_2;\sigma_2;a1,a2)\Big]$$
$$- \overline{p} - b_2 \quad \text{und}$$
$$\pi_{S,2}^{II} = \frac{1}{2}\Big[V(s_2;\beta_2') - C(b_2;\sigma^*) - v(s_2;\beta_2';\varnothing) - c(b_2;\sigma_2;a1,a2)\Big]$$
$$+ \overline{p} - s_2$$

---

[289] Allgemeiner formuliert muß $t_2^{\sigma^*}$ folgenden Ungleichungen gehorchen:

$$\frac{1}{2}\Big[C(b_2;\sigma^*) + c(b_2;\sigma^*;a1,a2) - C(b_2;\sigma_2) - c(b_2;\sigma_2;a1,a2)\Big] \leq t_2^{\sigma^*}$$
$$\leq \frac{1}{2}\Big[C(b_2;\sigma_2) - c(b_2;\sigma_2;a1,a2) - C(b_2;\sigma^*) + c(b_2;\sigma^*;a1,a2)\Big]$$

Diese Bedingungen sind erfüllbar, solange $C(b_2;\sigma_2) \geq C(b_2;\sigma^*)$, und das garantiert wiederum Annahme 4.

und bei Nichtdelegation auf

$$\tilde{\pi}_{B,2}^{II} = \frac{1}{2}\left[\int_0^1 [V(s_2;\beta) + v(s_1;\beta;\varnothing)]d\beta - C(b_2;\sigma^*) + c(b_2;\sigma_2;a1,a2)\right]$$
$$- \overline{p} - b_2 \quad \text{und}$$
$$\tilde{\pi}_{S,2}^{II} = \frac{1}{2}\left[\int_0^1 [V(s_2;\beta) - v(s_2;\beta;\varnothing)]d\beta - C(b_2;\sigma^*) - c(b_2;\sigma_2;a1,a2)\right]$$
$$+ \overline{p} - s_2.$$

Im Informationsszenario III ist zwar S über die β-Technologien informiert, aber B nicht über die σ-Technologien. Entsprechend wird S seine individuell-rationale Technologie σ_2 wählen. Anders als bei der Nichtintegration kann S nun den Einsatz einer bestimmten β-Technologie ohne Transferzahlung an B anordnen. Dabei maximiert er folgenden Payoff:

$$\pi_{S,2}^{III} = \frac{1}{2}\left[V(s_2;\beta) - C(b_2;\sigma_2) - v(s_2;\beta;\varnothing) - c(b_2;\sigma_2;a1,a2)\right]$$
$$- \overline{p} - s_2 \underset{\beta}{\rightarrow} \max!$$

Die notwendige Bedingung lautet

$$V_\beta(s_2;\beta) - v_\beta(s_2;\beta;\varnothing) = 0. \qquad (4.16)$$

Da gemäß Annahme 4 $V_\beta(s;\beta) > 0$ und $v_\beta(s;\beta;\varnothing) \leq 0$, maximiert die Technologie mit der höchsten Spezifität β^* S's Payoff. S wird folglich den Einsatz der Technologie β^* anordnen und keine Transferzahlung an B leisten: $t_2^{\beta^*} = 0$. Vor diesem Hintergrund ergeben sich im Informationsszenario III folgende Payoffs:

$$\pi_{B,2}^{III} = \frac{1}{2}\left[V(s_2;\beta^*) - C(b_2;\sigma_2) + v(s_2;\beta^*;\varnothing) + c(b_2;\sigma_2;a1,a2)\right]$$
$$- \overline{p} - b_2 \quad \text{und}$$
$$\pi_{S,2}^{III} = \frac{1}{2}\left[V(s_2;\beta^*) - C(b_2;\sigma_2) - v(s_2;\beta^*;\varnothing) - c(b_2;\sigma_2;a1,a2)\right]$$
$$+ \overline{p} - s_2.$$

Im Informationsszenario IV sind B und S vollständig über die Technologien ihres Transaktionspartners informiert. Folglich wird S die Verwendung von β^* anordnen und mit B einen Vertrag über die Verwendung

4.2. Kompetenzen und Aktivitäten im Property-Rights-Ansatz 181

von σ^* schließen. Ihre Payoffs belaufen sich unter Berücksichtigung von
$t_2^{\sigma^*} = \frac{1}{2}[c(b_2; \sigma^*; a1, a2) - c(b_2; \sigma_2; a1, a2)]$ auf

$$\pi_{B,2}^{IV} = \frac{1}{2}\Big[V(s_2; \beta^*) - C(b_2; \sigma^*) + v(s_2; \beta^*; \varnothing) + c(b_2; \sigma_2; a1, a2)\Big]$$
$$- \overline{p} - b_2 \quad \text{und}$$
$$\pi_{S,2}^{IV} = \frac{1}{2}\Big[V(s_2; \beta^*) - C(b_2; \sigma^*) - v(s_2; \beta^*; \varnothing) - c(b_2; \sigma_2; a1, a2)\Big]$$
$$+ \overline{p} - s_2.$$

In $t = 2$ informiert sich B über die σ-Technologien. Bei Delegation der Technologieentscheidung maximiert B folgenden Ex-ante-Payoff

$$\pi_{B,2}^{ea} = (1-q^B)(1-q^S)\pi_{B,2}^{I} + q^B(1-q^S)\pi_{B,2}^{II} + (1-q^B)q^S\pi_{B,2}^{III} + q^B q^S \pi_{B,2}^{IV}$$
$$- h^B(q^B, \Delta) \underset{q^B}{\rightarrow} \max!$$

und bei Nichtdelegation der Technologieentscheidung den Ex-ante-Payoff

$$\widetilde{\pi}_{B,2}^{ea} = (1-q^B)(1-q^S)\widetilde{\pi}_{B,2}^{I} + q^B(1-q^S)\widetilde{\pi}_{B,2}^{II} + (1-q^B)q^S\pi_{B,2}^{III} + q^B q^S \pi_{B,2}^{IV}$$
$$- h^B(q^B, \Delta) \underset{q^B}{\rightarrow} \max!$$

S seinerseits wird in $t = 2$ folgenden Ex-ante-Payoff maximieren:

$$\pi_{S,2}^{ea} = (1-q^B)(1-q^S)\max\left(\pi_{S,2}^{I}, \widetilde{\pi}_{S,2}^{I}\right) + q^B(1-q^S)\max\left(\pi_{S,2}^{II}, \widetilde{\pi}_{S,2}^{II}\right)$$
$$+ (1-q^B)q^S \pi_{S,2}^{III} + q^B q^S \pi_{S,2}^{IV} - h^S(q^S, \Delta) \underset{q^S}{\rightarrow} \max!$$

Die payoffmaximierenden Informationsniveaus bei S-Integration, q_2^B und q_2^S, erfüllen für den Fall, daß S die Technologieentscheidung nicht delegiert, folgende notwendige Bedingungen:

$$\frac{1}{2}\Big[-C(b_2;\sigma^*) + C(b_2;\sigma_2)\Big] = \frac{\partial h^B(q^B, \Delta)}{\partial q^B}\bigg|_{q^B = q_2^B} \qquad (4.17)$$

$$\frac{1}{2}\Big[V(s_2;\beta^*) - v(s_2;\beta^*;\varnothing) - \int_0^1 [V(s_2;\beta) - v(s_2;\beta;\varnothing)]d\beta\Big]$$
$$= \frac{\partial h^S(q^S, \Delta)}{\partial q^S}\bigg|_{q^S = q_2^S} \qquad (4.18)$$

Im Unterschied dazu gilt bei Delegation der Technologieentscheidung im Informationsbeschaffungsoptimum von S

$$\frac{1}{2}\left[V(s_2;\beta^*) - v(s_2;\beta^*;\varnothing) - V(s_2;\beta_2') + v(s_2;\beta_2';\varnothing)\right]$$
$$= \left.\frac{\partial h^S(q^S,\Delta)}{\partial q^S}\right|_{q^S=q_{2'}^S}.$$

Das Informationskalkül von B ändert sich nicht.

4.2.5 Optimale Integrationsformen

B und S werden in $t = 1$ die Integrationsform wählen, die den Erwartungswert des Gesamtpayoffs maximiert. Für die Wahl entscheidend ist die zugrundeliegende Situation, denn die Investitionsniveaus und die Technologieentscheidungen hängen ganz maßgeblich von der Frage ab, ob die Produktionsfaktoren unabhängig sind oder streng komplementär, ob eine der spezifischen Investitionen relativ unproduktiv ist oder ob es unverzichtbares Humankapital gibt. Im folgenden wird nun formaltheoretisch die Situation *unabhängiger Produktionsfaktoren* untersucht. Anschließend wird die Modellogik verbal auf die anderen Szenarien übertragen.

DEFINITION 1   Die Produktionsfaktoren *a*1 und *a*2 sind unabhängig, wenn $c_b(b;\sigma;a1,a2) \equiv c_b(b;\sigma;a2)$, $v_s(s;\beta;a1,a2) \equiv v_s(s;\beta;a1)$, $v_\beta(s;\beta;a1,a2) \equiv v_\beta(s;\beta;a1)$ und $c_\sigma(b;\sigma;a1,a2) \equiv c_\sigma(b;\sigma;a2)$. ✱

Die Unabhängigkeit der Produktionsfaktoren *a*1 und *a*2 bedeutet also erstens, daß die Grenzproduktivität der Investition *b* (*s*) nicht steigt, wenn S (B) zusätzlich zu den Kontrollrechten am Produktionsfaktor *a*2 (*a*1) auch noch die Kontrollrechte an *a*1 (*a*2) erhält. Sie impliziert zweitens, daß die negative Wirkung einer höheren Technologiespezifität auf die No-Trade-Payoffs von B und S durch einen Mehrbesitz an Kontrollrechten nicht abgeschwächt wird.

Um nun genauere Aussagen über die Technologieentscheidungen in den einzelnen Integrationsformen machen zu können, ist Annahme 4

4.2. Kompetenzen und Aktivitäten im Property-Rights-Ansatz

zu präzisieren. Im folgenden wird bezüglich der Wirkung der Technologien auf die Höhe der transaktionsinternen Payoffs V und C und der No-Trade-Payoffs v und c folgendes unterstellt: Die Wahl einer spezifischeren β-Technologie senkt B's No-Trade-Payoff bei S-Integration $v(s;\beta;\varnothing)$ stärker, als sie $V(s;\beta)$ erhöht. Bei Nichtintegration hingegen steigt bis zu einem bestimmten Spezifitätsgrad $\check{\beta}$ der transaktionsinterne Wert $V(s;\beta)$ stärker als der No-Trade-Payoff $v(s;\beta;a1)$ und ab diesem Spezifitätsgrad weniger stark. Weil $a1$ und $a2$ unabhängig sind, gilt dies auch bei B-Integration. Eine analoge Annahme gilt für die Wirkung der σ-Technologie auf die transaktionsinternen und transaktionsexternen Produktionskosten $C(b;\sigma)$ und $c(b;\sigma;A_S)$. Formal ausgedrückt bedeuten diese Annahmen:

ANNAHME 9 (Unabhängige Produktionsfaktoren)
Für B gilt: $|v_\beta(s;\beta;\varnothing)| > V_\beta(s;\beta)$ für $\beta \in [0,1]$,
$|v_\beta(s;\beta;a1)| = |v_\beta(s;\beta;a1,a2)| \leq V_\beta(s;\beta)$ für $\beta \leq \check{\beta}$ und
$|v_\beta(s;\beta;a1)| = |v_\beta(s;\beta;a1,a2)| > V_\beta(s;\beta)$ für $\beta > \check{\beta}$
mit $V(s;\check{\beta}) > \int_0^1 V(s;\beta)d\beta$ und $\check{\beta} < 1$.

Entsprechend gilt für S:
$c_\sigma(b;\sigma;\varnothing) > |C_\sigma(b;\sigma)|$ für $\sigma \in [0,1]$,
$c_\sigma(b;\sigma;a2) = c_\sigma(b;\sigma;a1,a2) \leq |C_\sigma(b;\sigma)|$ für $\sigma \leq \check{\sigma}$ und
$c_\sigma(b;\sigma;a2) = c_\sigma(b;\sigma;a1,a2) > |C_\sigma(b;\sigma)|$ für $\sigma > \check{\sigma}$
mit $C(b;\check{\sigma}) < \int_0^1 C(b;\sigma)d\sigma$ und $\check{\sigma} < 1$. ◎

Wichtige Implikationen dieser Annahme sind folgende Lemmata:

LEMMA 1.
Im Fall der B-Integration wird S die generische Technologie $\sigma'_1 = 0$ einsetzen, wenn B nicht über die σ-Technologien informiert ist und die entsprechende Technologieentscheidung an S delegiert. Analog wird B im Fall einer S-Integration die generische Technologie $\beta'_2 = 0$ einsetzen, wenn S nicht über die β-Technologien informiert ist und die entsprechende Technologieentscheidung an B delegiert.

BEWEIS Dieses Resultat folgt aus den jeweiligen notwendigen Bedingungen für payoffmaximale Technologien bei Entscheidungsdelegation (Gleichungen 4.10, S. 173, und 4.15, S. 178): Bei B-Integration senkt jede Technologie mit positiver Spezifität S's Payoff im Vergleich zur generischen

Technologie $\sigma_1' = 0$ aufgrund der stark wachsenden Abhängigkeit von B. Analog senkt im Fall einer S-Integration eine β-Technologie mit positiver Spezifität B's Payoff gegenüber der generischen Technologie $\beta_2' = 0$. Folglich wählt bei Entscheidungsdelegation S bei B-Integration $\sigma_1' = 0$ und B bei S-Integration $\beta_2' = 0$. ∎

Aus Lemma 1 folgt unmittelbar:

LEMMA 2.
Im Fall der B-Integration wird B die Entscheidung über die σ-Technologie nicht an S delegieren, und analog wird S im Fall der S-Integration die Entscheidung über die β-Technologie nicht an B delegieren.

BEWEIS Ist B im Fall der B-Integration über die σ-Technologien informiert, wird er entsprechend der notwendigen Bedingung 4.11 (S. 174) den Einsatz von σ^* anordnen. Ist B hingegen nicht informiert, entscheidet er sich bei B-Integration gegen die Delegation, wenn $\int_0^1 [-C(b_1;\sigma) + c(b_1;\sigma;\emptyset)]d\sigma \geq -C(b_1;\sigma_1') + c(b_1;\sigma_1';\emptyset)$. Aus Annahme 4 (S. 162) folgt in Verbindung mit Annahme 3 (S. 162), daß die linke Seite dieser Ungleichung strikt positiv ist, und aus Lemma 1 folgt in Verbindung mit Annahme 3 (S. 162), daß die rechte Seite null ist. Folglich zieht B bei B-Integration der Entscheidungsdelegation die uninformierte eigene Entscheidung vor. Mit einem analogen Argument läßt sich zeigen, daß im Fall der S-Integration S die Technologieentscheidung nicht an B delegieren wird. ∎

LEMMA 3.
Sind die Produktionsfaktoren unabhängig und ist S nicht über die β-Technologien informiert, wird B sowohl im Fall der Nichtintegration als auch im Fall der B-Integration die β-Technologie mit dem Spezifitätsgrad $\check{\beta}$ wählen. Analog wird S, sollte B nicht über die σ-Technologien informiert sein, bei unabhängigen Produktionsfaktoren sowohl im Fall der Nichtintegration als auch im Fall der S-Integration die σ-Technologie mit dem Spezifitätsgrad $\check{\sigma}$ wählen.

BEWEIS Die notwendige Bedingung für die payoffmaximierende Technologie lautet für B im Fall der Nichtintegration:

$$V_\beta(s_0;\beta_0) = -v_\beta(s_0;\beta_0;a1) \qquad (4.5^*)$$

4.2. Kompetenzen und Aktivitäten im Property-Rights-Ansatz

Gemäß Annahme 9 in Verbindung mit Annahme 4 erfüllt die Technologie mit der Spezifität $\breve{\beta}$ diese notwendige Bedingung. Folglich wird B im Fall der Nichtintegration $\beta_0 = \breve{\beta}$ wählen. Die notwendige Bedingung für ein Payoffmaximum im Fall der B-Integration lautet:

$$V_\beta(s_1; \beta_1) = -v_\beta(s_1; \beta_1; a1, a2) \qquad (4.9^*)$$

Weil die Produktionsfaktoren unabhängig sind, ist $v_\beta(s; \beta; a1) \equiv v_\beta(s; \beta; a1, a2)$, so daß bei B-Integration ebenfalls die Technologie mit dem Spezifitätsgrad $\breve{\beta}$ B's Payoff maximiert. Es gilt also: $\beta_0 = \beta_1 = \breve{\beta}$. Eine analoge Argumentation zeigt, daß die σ-Technologie mit dem Spezifitätsgrad $\breve{\sigma}$ S's Ex-ante-Payoff sowohl bei der Nicht- als auch bei der S-Integration maximiert, d.h. $\sigma_0 = \sigma_2 = \breve{\sigma}$. ∎

Für die Bestimmung der optimalen Integrationsform bei unabhängigen Produktionsfaktoren sind nun die jeweiligen Gesamtpayoffs zu ermitteln. Bei *Nichtintegration* beläuft sich der erwartete Gesamtpayoff – unter Berücksichtigung obiger Lemmata – auf

$$\begin{aligned}\Phi_0^{ea} &= \pi_{B,0}^{ea} + \pi_{S,0}^{ea} \\ &= q_0^S V(s_0; \beta^*) - q_0^B C(b_0; \sigma^*) + (1 - q_0^S) V(s_0; \breve{\beta}) \\ &\quad - (1 - q_0^B) C(b_0; \breve{\sigma}) - b_0 - s_0 - h^S(q_0^S, \Delta) - h^B(q_0^B, \Delta),\end{aligned}$$

bei B-Integration auf

$$\begin{aligned}\Phi_1^{ea} &= \pi_{B,1}^{ea} + \widetilde{\pi}_{S,1}^{ea} \\ &= q_1^S V(s_1; \beta^*) - q_1^B C(b_1; \sigma^*) + (1 - q_1^S) V(s_1; \breve{\beta}) \\ &\quad - (1 - q_1^B) \int_0^1 C(b_1; \sigma) d\sigma - b_1 - s_1 - h^S(q_1^S, \Delta) - h^B(q_1^B, \Delta)\end{aligned}$$

und bei S-Integration entsprechend auf

$$\begin{aligned}\Phi_2^{ea} &= \widetilde{\pi}_{B,2}^{ea} + \pi_{S,2}^{ea} \\ &= q_2^S V(s_2; \beta^*) - q_2^B C(b_2; \sigma^*) + (1 - q_2^S) \int_0^1 V(s_2; \beta) d\beta \\ &\quad - (1 - q_2^B) C(b_2; \breve{\sigma}) - b_2 - s_2 - h^S(q_2^S, \Delta) - h^B(q_2^B, \Delta).\end{aligned}$$

Das Grundmodell aus Abschnitt 2.3.4 prognostiziert als optimale Integrationsform bei unabhängigen Produktionsfaktoren die *B*- oder die *S*-Integration: Denn ausgehend von der Nichtintegration erhöht eine *B*- bzw. *S*-Integration die Investitionsanreize von *B* bzw. *S*, ohne die Investitionsanreize von *S* bzw. *B* zu beeinträchtigen; die Unterinvestitionsproblematik wird insgesamt entschärft. Im erweiterten Modell, in dem der integrierende Transaktionspartner auch die Produktionstechnologie des integrierten Akteurs festlegen kann, muß dieser Vorteil der vertikalen Integration bei großer Unähnlichkeit der Aktivitäten mit möglicherweise höheren Informationskosten und ineffizienteren Produktionstechnologien im integrierten Unternehmungsteil erkauft werden. Dies soll durch einen Vergleich der Nichtintegration mit der *S*-Integration gezeigt werden, und zwar werden als Benchmarks die Extremfälle identischer Aktivitäten (die Aktivitäten erfordern dieselbe Kompetenz) und sehr unähnlicher Aktivitäten (die Aktivitäten erfordern unterschiedliche Kompetenzen) analysiert. Daraus lassen sich Schlüsse für die optimale Integrationsform bei mittlerer Ähnlichkeit ziehen. Die Argumentation gilt mutatis mutandis auch für die *B*-Integration.

Für eine optimale Integrationsentscheidung vergleichen *B* und *S* den Gesamtpayoff bei Nichtintegration Φ_0^{ea} mit dem Gesamtpayoff bei *S*-Integration Φ_2^{ea} und untersuchen also, ob

$$\begin{aligned} & q_0^S V(s_0; \beta^*) - q_0^B C(b_0; \sigma^*) + (1 - q_0^S) V(s_0; \check{\beta}) \\ & \quad - (1 - q_0^B) C(b_0; \check{\sigma}) - b_0 - s_0 - h^S(q_0^S, \Delta) - h^B(q_0^B, \Delta) \\ \overset{?}{\lessgtr} \ & q_2^S V(s_2; \beta^*) - q_2^B C(b_2; \sigma^*) + (1 - q_2^S) \int_0^1 V(s_2; \beta) d\beta \\ & \quad - (1 - q_2^B) C(b_2; \check{\sigma}) - b_2 - s_2 - h^S(q_2^S, \Delta) - h^B(q_2^B, \Delta). \quad (4.19) \end{aligned}$$

Im Fall identischer Aktivitäten folgt:

ERGEBNIS 8.
Sind die Produktionsfaktoren a1 und a2 unabhängig und die Aktivitäten von B und S identisch ($\Delta = 0$), ist die S- oder die B-Integration optimal.

BEWEIS Aufgrund der Gleichartigkeit der Aktivitäten ($\Delta = 0$) sind sowohl bei der Nichtintegration als auch bei der *S*-Integration *B* und *S*

4.2. Kompetenzen und Aktivitäten im Property-Rights-Ansatz

vollständig informiert: $q_0^B = q_0^S = q_2^B = q_2^S = 1$; dies ergibt sich aus den notwendigen Bedingungen der Informationsoptima: Bei der Nichtintegration beschreiben die Gleichungen 4.7 und 4.8 die notwendigen Bedingungen für payoffmaximierende Informationsstände. Sie lassen sich unter Berücksichtigung von Lemma 3 schreiben als

$$\frac{1}{2}\left[-C(b_0;\sigma^*) + C(b_0;\check{\sigma})\right] = \left.\frac{\partial h^B(q^B,\Delta)}{\partial q^B}\right|_{q^B=q_0^B} \quad (4.7^*)$$

$$\frac{1}{2}\left[V(s_0;\beta^*) - V(s_0;\check{\beta})\right] = \left.\frac{\partial h^S(q^S,\Delta)}{\partial q^S}\right|_{q^S=q_0^S}. \quad (4.8^*)$$

Weil $\Delta = 0$, sind gemäß Annahme 5 die Informationskosten und die Informationsgrenzkosten null: $h^i(q^i,0) = 0$ und $\frac{\partial h^i(q^i,0)}{\partial q^i} = 0$, $i = B, S$. Im Informationsoptimum werden sich B und S folglich umfassend informieren, wenn die Investitionsgrenzerträge (linke Seite der notwendigen Bedingungen) strikt positiv sind: Gemäß Annahme 9 ist $\check{\beta} < \beta^*$ und $\check{\sigma} < \sigma^*$, so daß aufgrund von Annahme 4 die linken Seiten der notwendigen Bedingungen strikt positiv sind. Folglich gilt $q_0^B = q_0^S = 1$.

Für die S-Integration gelten im Informationsoptimum die notwendigen Bedingungen

$$\frac{1}{2}\left[-C(b_2;\sigma^*) + C(b_2;\check{\sigma})\right] = \left.\frac{\partial h^B(q^B,\Delta)}{\partial q^B}\right|_{q^B=q_2^B} \quad (4.17^*)$$

und

$$\frac{1}{2}\left[V(s_2;\beta^*) - v(s_2;\beta^*;\varnothing) - \int_0^1 [V(s_2;\beta) - v(s_2;\beta;\varnothing)]d\beta\right]$$
$$= \left.\frac{\partial h^S(q^S,\Delta)}{\partial q^S}\right|_{q^S=q_2^S}. \quad (4.18^*)$$

Wie bei der Nichtintegration übersteigen auch hier die Informationsgrenzerträge (linke Seiten der Gleichungen) die Informationsgrenzkosten (rechte Seiten der Gleichungen): Letztere betragen wegen $\Delta = 0$ null. Wie schon bei der Nichtintegration ist B's Informationsgrenzertrag strikt größer als null. Der Informationsgrenzertrag von S ist ebenfalls strikt größer null: Gemäß Annahme 4 ist $V(s_2;\beta^*) > \int_0^1 V(s;\beta)d\beta$

und $\int_0^1 v(s_2;\beta;\varnothing)d\beta > v(s_2;\beta^*;\varnothing)$. Da nun sowohl B's als auch S's Informationsgrenzertrag strikt größer als null ist, informieren sich B und S umfassend: $q_2^B = q_2^S = 1$.

Berücksichtigt man nun noch, daß B's Investitionsanreize bei Nichtintegration und bei S-Integration aufgrund der Unabhängigkeit der Produktionsfaktoren gleich sind (Beweis zum Ergebnis 6.2, S. 77), d.h. $b_0 = b_2$, läßt sich die Frage 4.19 folgendermaßen formulieren:

$$V(s_2;\beta^*) - s_2 \overset{?}{\underset{\geq}{\leq}} V(s_0;\beta^*) - s_0$$

Noch komprimierter schreibt sich die entscheidende Ungleichung unter Berücksichtigung von Annahme 1 wie folgt:

$$\widehat{V}(s_2) - s_2 \overset{?}{\underset{\geq}{\leq}} \widehat{V}(s_0) - s_0.$$

Wie der Beweis des Ergebnisses 6.2 (S. 77) zeigt, gilt wegen der höheren Investitionsanreize von S bei der S-Integration

$$\widehat{V}(s_2) - s_2 \geq \widehat{V}(s_0) - s_0.$$

Folglich wird die Nichtintegration bei ähnlichen Aktivitäten und unabhängigen Produktionsfaktoren von der S-Integration dominiert. Eine analoge Argumentation zeigt, daß die Nichtintegration auch von der B-Integration dominiert wird. ∎

Dieses Ergebnis ist intuitiv nachvollziehbar: Aufgrund der Identität der Aktivitäten haben B und S keine Schwierigkeiten, die Payoffwirkungen der Produktionstechnologien des Transaktionspartners zu ermitteln. Folglich werden sie sich unabhängig von der zugrundeliegenden Integrationsform auf den Einsatz von First-best-Technologien einigen. Damit geht es bei der Frage nach der optimalen Integrationsform allein um die Lösung der Unterinvestitionsproblematik, und in diesem Punkt dominiert die S- (resp. B-) Integration die Nichtintegration: Sie verstärkt die Investitionsanreize von S (resp. B), ohne die Investitionsanreize von B (resp. S) abzuschwächen, so daß der Gesamtpayoff bei S- (resp. B-) Integration größer als bei Nichtintegration ist.

4.2. Kompetenzen und Aktivitäten im Property-Rights-Ansatz 189

Bei maximaler Unähnlichkeit der Aktivitäten muß dies nicht sein:

ERGEBNIS 9.
Sind die Produktionsfaktoren unabhängig und die Aktivitäten von B und S sehr unähnlich ($\Delta \to \infty$) und ist überdies die erwartete Ineffizienz der β- und σ-Produktionstechnologien hinreichend hoch, wählen B und S die Nichtintegration.

BEWEIS Gemäß Annahme 5 gehen die Informationsgrenzkosten bei sehr großer Unähnlichkeit der Aktivitäten ($\Delta \to \infty$) gegen unendlich. Folglich gehen die payoffmaximierenden Informationsbemühungen q_0^B, q_0^S, q_2^B und q_2^S gegen null (vgl. für die notwendigen Bedingungen die Gleichungen 4.7, S. 172, und 4.8, S. 172, im Fall der Nichtintegration und die Gleichungen 4.17, S. 181, und 4.18, S. 181, im Fall der S-Integration): $q_0^B, q_0^S, q_2^B, q_2^S \to$ 0 für $\Delta \to \infty$. Dies impliziert unter Berücksichtigung von Annahme 5, daß die Informationskosten bei Nicht- und bei S-Integration gegen null gehen: $\lim_{q^i \to 0} h^i(q^i, \Delta) \to 0, i = B, S$.

Überdies sind aufgrund der Unabhängigkeit der Produktionsfaktoren einerseits die Investitionsanreize von B bei Nicht- und bei S-Integration gleich, d.h. $b_0 = b_2$ (Beweis zum Ergebnis 6.2, S. 77), andererseits aber wegen der Unabhängigkeit der Produktionsfaktoren auch die σ-Technologieentscheidungen von S, d.h. $\sigma_0 = \sigma_2 = \breve{\sigma}$ (Lemma 3).

Insgesamt läßt sich die Frage nach der optimalen Integrationsform dann schreiben als
$$\int_0^1 V(s_2; \beta) d\beta - s_2 \stackrel{?}{\lessgtr} V(s_0; \breve{\beta}) - s_0$$
oder unter Berücksichtigung von Annahme 1 als
$$\widehat{V}(s_2) - s_2 - \left[\widehat{V}(s_0) - s_0\right] \stackrel{?}{\lessgtr} \widetilde{V}(\breve{\beta}) - \int_0^1 \widetilde{V}(\beta) d\beta.$$

Die linke Seite der Ungleichung beschreibt die Abschwächung des Unterinvestitionsproblems beim Übergang von der Nichtintegration zur S-Integration, die rechte Seite der Ungleichung die erwartete technologiebedingte Effizienzminderung. Für eine hinreichend große erwartete technologische Ineffizienz, d.h. für $\Lambda_\beta \equiv \widetilde{V}(\breve{\beta}) - \int_0^1 \widetilde{V}(\beta) d\beta \geq \widehat{V}(s_2) - s_2 -$

$\left[\widehat{V}(s_0) - s_0\right]$ dominiert die Nichtintegration die S-Integration. Ein analoges Argument zeigt, daß auch die B-Integration für eine hinreichend große erwartete technologische Ineffizienz Λ_σ in der Wahl der σ-Technologie von der Nichtintegration dominiert wird. ∎

Auch dieses Ergebnis ist plausibel: Eine große Unähnlichkeit macht es B und S praktisch unmöglich, sich über die Technologien des Transaktionspartners zu informieren. Im Fall einer vertikalen Integration, sei es nun die B- oder die S-Integration, wird folglich B bzw. S die Technologieentscheidung uninformiert treffen, weil er weiß, daß eine Entscheidungsdelegation einen geringeren individuellen Payoff nach sich ziehen würde. Die aus der erwarteten technologischen Ineffizienz resultierende Gesamtpayoffeinbuße muß nun gegen die Abschwächung der Unterinvestitionsproblematik abgewogen werden, und wiegt erstere schwerer, ist die Nichtintegration sowohl der B- als auch der S-Integration überlegen.

Aus den Ergebnissen 8 und 9 läßt sich schließen:

KOROLLAR 3.
Für jeden hinreichend hohen erwarteten technologischen Ineffizienzgrad Λ_β (Λ_σ) läßt sich eine kritische Unähnlichkeit Δ_β^{krit} (Δ_σ^{krit}) bestimmen: Liegt die tatsächliche Unähnlichkeit darunter ($\Delta < \Delta_\beta^{krit}$ bzw. $\Delta < \Delta_\sigma^{krit}$), wählen B und S die S- bzw. die B-Integration, liegt sie darüber, wählen B und S die Nichtintegration.

BEWEIS Der erwartete technologische Ineffizienzgrad ist hinreichend hoch, wenn

$$\Lambda_\beta > \widehat{V}(s_2) - s_2 - \left[\widehat{V}(s_0) - s_0\right], \tag{4.20}$$

d.h. wenn erwartet werden kann, daß der Gesamtpayoff infolge von S's uninformierter Entscheidung über die Produktionstechnologie von B stärker sinkt, als er durch die Abschwächung des Hold-up-Problems steigt. B und S sind zwischen Nichtintegration und S-Integration indifferent, wenn in der Bedingung 4.19 (S. 186) ein Gleichheitszeichen steht.

Bei hinreichend großer Ineffizienz gilt für $\Delta = 0$ in Bedingung 4.19 das Größerzeichen (die S-Integration ist der Nichtintegration vorzu-

4.2. Kompetenzen und Aktivitäten im Property-Rights-Ansatz 191

ziehen), für $\Delta \to \infty$ das Kleinerzeichen (die Nichtintegration ist der S-Integration vorzuziehen). Da die gleichgewichtigen Informationsniveaus q_{l}^{i}, $i = B, S$, $l \in \{0, 1, 2\}$, stetig in Δ sind, existiert ein Δ_{β}^{krit}, so daß in Bedingung 4.19 das Gleichheitszeichen gilt. Liegt die tatsächliche Unähnlichkeit der Aktivitäten unter ihrem kritischen Wert, werden B und S die S-Integration wählen, liegt sie darüber, werden sie sich für die Nichtintegration entscheiden. Mit Hilfe einer analogen Argumentation läßt sich zeigen, daß für einen hinreichenden erwarteten Ineffizienzgrad Λ_σ eine kritische Unähnlichkeit Δ_{σ}^{krit} existiert, bei der B und S indifferent zwischen der B- und der Nichtintegration sind. ∎

Dieses Resultat belegt, daß die Wahl der optimalen Integrationsform nicht allein im Hinblick auf die Abschwächung der Unterinvestitionsproblematik getroffen werden sollte. Vielmehr müssen auch die Möglichkeit und die Wahrscheinlichkeit ineffizienter unternehmerischer Entscheidungen mitbedacht werden.

Die vorangegangenen Ausführungen lassen sich nun auf Situationen mit relativ produktiven Investitionen, unverzichtbarem Humankapital und auch komplementären Produktionsfaktoren nahtlos übertragen. Allerdings soll die Modellogik nur verbal skizziert, und nicht detailliert nachvollzogen werden. Zunächst einmal aber ist Annahme 9 zu modifizieren: Weil $a1$ und $a2$ nicht mehr als unabhängig, sondern als komplementär unterstellt werden, wird sich eine Spezifitätsvariation unterschiedlich auf die marginalen No-Trade-Payoffs bei Nichtintegration und B- bzw. S-Integration auswirken. Es wird folgendes angenommen:

ANNAHME 9 (Komplementäre Produktionsfaktoren)
Für B gilt: $|v_\beta(s; \beta; \varnothing)| > V_\beta(s; \beta)$ für $\beta \in [0, 1]$,
$|v_\beta(s; \beta; a1)| \leq V_\beta(s; \beta)$ für $\beta \leq \check{\beta}$ und
$|v_\beta(s; \beta; a1)| > V_\beta(s; \beta)$ für $\beta > \check{\beta}$ mit $V(s; \check{\beta}) > \int_0^1 V(s; \beta) d\beta$ und $\check{\beta} < 1$
$|v_\beta(s; \beta; a1, a2)| < V(s; \beta)$ für $\beta \in [0, 1]$.

Entsprechend gilt für S:
$c_\sigma(b; \sigma; \varnothing) > |C_\sigma(b; \sigma)|$ für $\sigma \in [0, 1]$,
$c_\sigma(b; \sigma; a2) \leq |C_\sigma(b; \sigma)|$ für $\sigma \leq \check{\sigma}$ und

$c_\sigma(b;\sigma;a2) > |C_\sigma(b;\sigma)|$ für $\sigma > \check{\sigma}$ mit $C(b;\check{\sigma}) < \int_0^1 C(b;\sigma)d\sigma$ und $\check{\sigma} < 1$
$c_\sigma(b;\sigma;a1,a2) > |C_\sigma(b;\sigma)|$ für $\sigma \in [0,1]$. ⊚

Diese Annahmenmodifikation wirkt sich ausschließlich auf B's β-Technologieentscheidung im Fall der B-Integration und auf S's σ-Technologieentscheidung im Fall der S-Integration aus. Diese neue Annahme impliziert, daß B's bzw. S's No-Trade-Payoff bei B- bzw. S-Integration betragsmäßig weniger stark auf eine Veränderung der Technologiespezifität reagiert als die transaktionsinterne Variable V bzw. C.

Daraus folgt:

LEMMA 4.
Auch wenn B und S nicht wechselseitig über ihre Technologien informiert sind, wird B im Fall der B-Integration bei komplementären Produktionsfaktoren die First-best-Technologie mit maximaler Spezifität β^* einsetzen und S bei S-Integration die First-best-Technologie mit maximaler Spezifität σ^*.

BEWEIS In den notwendigen Bedingungen für die payoffmaximierende Technologiewahl (Gleichungen 4.9, S. 172, und 4.14, S. 178) übersteigt der Grenzertrag der Spezifitätserhöhung über den gesamten Definitionsbereich die entsprechenden Grenzkosten. Folglich wird B bei der B-Integration die Technologie mit maximaler Spezifität β^* einsetzen und S bei der S-Integration seine höchstspezifische Technologie σ^*. ∎

Ist die *spezifische Investition von B (S) relativ unproduktiv*, trägt b (s) relativ wenig zum Gesamtpayoff bei. Dies läßt sich folgendermaßen abbilden:

DEFINITION 2 Die Investition von B ist relativ unproduktiv, wenn $\widehat{C}(b)$ ersetzt wird durch $\rho\widehat{C}(b) - (1-\rho)b$ und $\widehat{c}(b;A_S)$ durch $\rho\widehat{c}(b;A_S) - (1-\rho)b \; \forall \; A_S$, wobei $\rho > 0$ klein ist.

Die Investition von S ist relativ unproduktiv, wenn $\widehat{V}(s)$ ersetzt wird durch $\rho\widehat{V}(s) + (1-\rho)s$ und $\widehat{v}(s;A_B)$ durch $\rho\widehat{v}(s;A_B) + (1-\rho)s \; \forall \; A_B$, wobei $\rho > 0$ klein ist. ⊛

4.2. Kompetenzen und Aktivitäten im Property-Rights-Ansatz

Nimmt man nun den Fall einer relativ unproduktiven Investition von B, sagt das einfache Hold-up-Modell eine S-Integration voraus: Weil die Investition von B relativ wenig zum Gesamtpayoff beiträgt, müssen die Investitionsanreize von S möglichst hoch sein. Das ist bei einer S-Integration der Fall. Das payoffmaximierende Investitionsniveau s_2 erfüllt folgende notwendige Bedingung:

$$\frac{1}{2}\left[V_s(s_2;\overline{\beta}) - v_s(s_2;\overline{\beta};\varnothing)\right] = 1$$

Wie unschwer zu erkennen ist, würde jede andere Integrationsform S's Investitionsanreize abschwächen: B's No-Trade-Payoff nämlich würde bei jeder anderen Integrationsform auf einem höheren liegen, die 'Grenzkosten' der Investition, also $v_s(s_2;\overline{\beta};\cdot)$, wären höher und S's payoffmaximales Investitionsniveau läge unter dem Niveau bei S-Integration und folglich auch der Gesamtpayoff. Im erweiterten Modell sind jedoch auch die Wirkungen der Integrationsform auf die Technologiewahl zu berücksichtigen: Bei identischen Aktivitäten ($\Delta = 0$) werden B und S unabhängig von der vorliegenden Integrationsform die First-best-Technologien β^* und σ^* einsetzen. Die Integrationsformen unterscheiden sich also allein im Hinblick auf das Ausmaß an Unterinvestitionen. Folglich werden B und S wie im Grundmodell die S-Integration wählen.

Ist die Unähnlichkeit der Aktivitäten hingegen maximal, hat die S-Integration gegenüber der Nichtintegration zwei Vorteile: Erstens sind bei der S-Integration wie im Grundmodell S's Investitionsanreize am höchsten, und zweitens wählt S bei der S-Integration gemäß Lemma 4 seine First-best-Technologie σ^*, während er bei der Nichtintegration die Technologie $\check{\sigma} < \sigma^*$ wählen würde. Allerdings liegt der Nachteil der S- gegenüber der Nichtintegration darin, daß der erwartete Ineffizienzgrad der β-Technologie von $\widetilde{V}(\beta^*) - \widetilde{V}(\check{\beta})$ auf $\widetilde{V}(\beta^*) - \int_0^1 \widetilde{V}(\beta)d\beta$ zunimmt: Denn bei Nichtintegration wählt B die Technologie mit der Spezifität β_0 (Gleichung 4.9, S. 172), bei S-Integration wählt S jedoch gemäß Lemma 2 uninformiert eine β-Technologie, und deren erwartete Spezifität liegt unterhalb von $\check{\beta}$. Wenn nun aber die Spezifität der β-Technologie für den Gesamtpayoff wichtiger ist als die Investitions- und die σ-Technologieentscheidung von S zusammengenommen, kann sich auch hier die Nichtintegration als optimale Integrationsform erweisen.

Ist B's *Humankapital unverzichtbar,* sind die Investitionsgrenzerträge in den No-Trade-Payoffs der einzelnen Integrationsformen identisch. Formal ausgedrückt gilt:

DEFINITION 3 B's Humankapital (bzw. das von S) ist unverzichtbar, wenn $c_b(b;\sigma;a1,a2) \equiv c_b(b;\sigma;\varnothing)$ (bzw. $v_s(s;\beta;a1,a2) \equiv v_s(s;\beta;\varnothing)$). ✱

Betrachtet man den Fall, daß B's Humankapital unverzichtbar ist, werden B und S bei isolierter Betrachtung des Unterinvestitionsproblems die S-Integration wählen: B's Investitionsanreize sind von der Integrationsform unabhängig, weil die No-Trade-Payoffs von S bei jeder Eigentumsstruktur in gleicher Weise auf die Investition von B reagieren. S's Investitionsanreize hingegen variieren mit der Integrationsform, und zwar sind sie bei S-Integration maximal, weil dann die investitionsdämpfende Wirkung von B's No-Trade-Payoff minimal ist. Folglich ist die S-Integration optimal, betrachtet man allein das Unterinvestitionsproblem. Die S-Integration bleibt auch unter Berücksichtigung der Technologieentscheidungen optimal, wenn die Aktivitäten von B und S identisch sind: Dann nämlich werden unabhängig von der Integrationsform stets die First-best-Technologien eingesetzt.

Sind die Aktivitäten von B und S jedoch sehr unähnlich, ist folgendes einzurechnen: Die S-Integration verstärkt nicht nur, wie oben beschrieben, S's Investitionsanreize, sondern führt gemäß Lemma 4 auch zum Einsatz der First-best-Technologie σ^*. Diesen Vorteilen steht allerdings ein Nachteil gegenüber: Aufgrund der geringeren erwarteten Spezifität der eingesetzten β-Technologie sinkt der entsprechende Gesamtpayoffbeitrag von $V(s;\breve{\beta})$ auf $\int_0^1 V(s;\beta)d\beta$. Bei bestimmten Parameterkonstellationen kann sich also auch hier die Nichtintegration als optimale Governanceform erweisen. Dies gilt entsprechend modifiziert ebenso für den Fall, daß S's Humankapital unverzichtbar ist.

4.2. Kompetenzen und Aktivitäten im Property-Rights-Ansatz

Eine *strenge Komplementarität von Produktionsfaktoren* bedeutet für B (S), daß die No-Trade-Payoffs bei Nicht- und bei S- (B)-Integration identisch sind. Formal ausgedrückt gilt:

DEFINITION 4   Die Produktionsfaktoren $a1$ und $a2$ sind streng komplementär, wenn entweder $c_b(b;\sigma;a2) \equiv c_b(b;\sigma;\varnothing)$ und $c_\sigma(b;\sigma;a2) \equiv c_\sigma(b;\sigma;\varnothing)$ oder $v_s(s;\beta;a1) \equiv v_s(s;\beta;\varnothing)$ und $v_\beta(s;\beta;a1) \equiv v_\beta(s;\beta;\varnothing)$. ✳

LEMMA 5.

(1) Sind die Produktionsfaktoren streng komplementär und sind B und S nicht wechselseitig über ihre Technologien informiert, wird B bei Nichtintegration die generische Technologie mit $\beta = 0$ einsetzen und S bei Nichtintegration die generische Technologie mit $\sigma = 0$.

(2) Im Fall der B-Integration wird B seine First-best-Technologie mit β^* einsetzen und S im Fall der S-Integration seine First-best-Technologie mit σ^*.

BEWEIS (1) In den notwendigen Bedingungen für die payoffmaximierende Technologiewahl (Gleichungen 4.5, S. 167, und 4.6, S. 168) übersteigen die Grenzkosten der Spezifitätserhöhung über den gesamten Definitionsbereich die entsprechenden Grenzerträge. Folglich wird B bei der Nichtintegration die generische Technologie mit $\beta = 0$ einsetzen und S bei der Nichtintegration seine generische Technologie mit $\sigma = 0$.

(2) Für die No-Trade-Payoffs im Fall der B- bzw. S-Integration gilt weiterhin $|v_\beta(s;\beta;a1,a2)| < V(s;\beta)$ für $\beta \in [0,1]$ sowie $c_\sigma(b;\sigma;a1,a2) > |C_\sigma(b;\sigma)|$ für $\sigma \in [0,1]$. In den notwendigen Bedingungen für die payoffmaximierende Technologiewahl (Gleichungen 4.9, S. 172, und 4.14, S. 178) übersteigt der Grenzertrag der Spezifitätserhöhung über den gesamten Definitionsbereich die entsprechenden Grenzkosten. Folglich wird B bei der B-Integration die Technologie mit maximaler Spezifität β^* einsetzen und S bei der S-Integration seine höchstspezifische Technologie σ^*. ■

Bei einer isolierten Betrachtung des Unterinvestitionsproblems ist in diesem Fall die Nichtintegration optimal: Dies läßt sich aus den folgenden notwendigen Bedingungen für payoffmaximierende Investitionsniveaus bei Nichtintegration erkennen:

$$\frac{1}{2}\left[-C_b(b_0;\overline{\sigma})+c_b(b_0;\overline{\sigma};a2)\right]=1 \quad (4.3^*)$$

$$\frac{1}{2}\left[V_s(s_0;\overline{\beta})-v_s(s_0;\overline{\beta};a1)\right]=1 \quad (4.4^*)$$

Erhält nun beispielsweise B zusätzlich zu $a1$ die Kontrolle über $a2$, bleiben zwar B's Investitionsanreize unverändert (erste notwendige Bedingung in Verbindung mit Definition 4), jedoch sinken S's Investitionsanreize, weil B's höherer marginaler No-Trade-Payoff S's Investitionsanreize schwächt. Nimmt man die Entscheidung über die Produktionstechnologien hinzu, bleibt bei Identität der Aktivitäten die Optimalität der Nichtintegration bestehen, weil B und S unabhängig von der Integrationsform die First-best-Technologien einsetzen werden.

Bei großer Unähnlichkeit der Aktivitäten jedoch kann sich die Voraussage ändern: Denn in diesem Fall hat die Nichtintegration den Nachteil, daß B und S die generischen Produktionstechnologien $\beta_0 = 0$ und $\sigma_0 = 0$ einsetzen (Lemma 1, S. 183, in Verbindung mit Definition 4). Vereinbaren B und S statt der Nichtintegration hingegen eine B-Integration, wird zwar das Investitionsniveau von S sinken, jedoch wird B gemäß Lemma 4 erstens die First-best-Technologie β^* wählen und zweitens den Einsatz einer σ-Technologie mit einer Spezifität strikt größer null anordnen. Insgesamt also dürfte bei maximaler Unähnlichkeit der Aktivitäten die Nichtintegration von der B-Integration dominiert werden. Ein analog aufgebautes Argument belegt die mögliche Vorteilhaftigkeit der S-Integration gegenüber der Nichtintegration.

Abschließend bleibt noch zu fragen, wie sich die *BSV-Integration* auf die Technologieentscheidungen auswirkt. Bei einer *BSV*-Integration üben B und S gemeinsam und einstimmig die Kontrollrechte über die Produktionsfaktoren aus: Weder B noch S hat die Möglichkeit, ohne Zustimmung des anderen $a1$ oder $a2$ außerhalb der Transaktionsbeziehung einzusetzen. Für die Investitionsgrenzerträge in den No-Trade-Payoffs bedeutet dies

$$c_b(b;\sigma;\overline{a1,a2}) \equiv c_b(b;\sigma;\varnothing)$$
$$v_s(s;\beta;\overline{a1,a2}) \equiv v_s(s;\beta;\varnothing)$$

4.2. Kompetenzen und Aktivitäten im Property-Rights-Ansatz

und für die marginale Wirkung einer Spezifitätsvariation auf die No-Trade-Payoffs

$$c_\sigma(b;\sigma;\overline{a1,a2}) \equiv c_\sigma(b;\sigma;\varnothing) \quad (4.21)$$
$$v_\beta(s;\beta;\overline{a1,a2}) \equiv v_\beta(s;\beta;\varnothing). \quad (4.22)$$

Im Grundmodell dominiert die BSV-Integration die anderen Integrationsformen unabhängig vom zugrundeliegenden Szenario, weil die *grenzkostenerhöhende* Wirkung der Investitionen minimiert wird:

$$-\frac{1}{2}\Big[C_b(b_3) - c_b(b_3;\varnothing)\Big] = 1,$$
$$\frac{1}{2}\Big[V_s(s_3) - v_s(s_3;\varnothing)\Big] = 1.$$

Diese positive Wirkung bleibt auch im erweiterten Modell erhalten. Sie ist für die Entscheidung über die optimale Integrationsform jedoch nur solange allein ausschlaggebend, wie die Aktivitäten von B und S identisch sind, denn in diesem Fall werden B und S stets die First-best-Technologien β^* und σ^* einsetzen.

Sind jedoch ihre Aktivitäten sehr unähnlich, steht den positiven Wirkungen der BSV-Integration auf die Investitionsniveaus ein gravierender negativer Effekt gegenüber: Das Vetorecht führt dazu, daß B und S gemäß Lemma 1 in Verbindung mit den relevanten Identitätsgleichungen 4.21 (S. 197) und 4.22 (S. 197) die generischen Technologien $\beta = 0$ und $\sigma = 0$ wählen. Je nach betrachtetem Szenario kann dadurch der Gesamtpayoff der BSV-Integration hinter den Gesamtpayoffs anderer Integrationsformen zurückbleiben.

4.2.6 Kritische Diskussion

Das um Technologiefragen erweiterte Hold-up-Modell demonstriert die Brisanz einer Integrationsentscheidung, die allein vor dem Hintergrund der Unterinvestitionsproblematik gefällt wird: Sie läßt nämlich wichtige andere Kostenquellen außer acht, wie z.B. die Möglichkeit ineffizienter unternehmerischer Entscheidungen. Letztere wirken sich insbesondere dann nachteilig aus, wenn die Durchführung der in Frage stehenden Aktivitäten sehr unterschiedliche Kompetenzen erfordert.

Daneben entschärft das Modell eine ernstzunehmende Kritik am Grundmodell, indem es – jedenfalls mit Blick auf die Technologie – die Spezifität zu einer Entscheidungsvariablen macht. Die diesbezüglichen Annahmen führen überdies zu einer formalen Abbildung der Williamsonschen Überlegung, daß eine vertikale Integration hochspezifische Transaktionen besonders gut absichert: Im Modell wird der Integrierende im Regelfall die höchstspezifische Technologie wählen, und zwar, weil er durch seine Eigentümerposition gegen Hold-up-Risiken relativ gut abgesichert ist. Dieser Schutz ist bei Nichtintegration schwächer, und folglich werden die Transaktionspartner nicht die höchstspezifische Technologie wählen. Ist schließlich einer der Transaktionspartner integriert – hat er also keine Kontrollrechte an irgendeinem Produktionsfaktor –, sind die Hold-up-Risiken so hoch, daß er eine generische Technologie wählen würde, könnte er die Entscheidung denn unabhängig treffen. Relativ geschützt ist er in diesem Fall nur dann, wenn sich seine Kompetenzen von den Kompetenzen des Unternehmenseigners signifikant unterscheiden.

Trotz dieser größeren Spannweite erfaßt auch das erweiterte Modell nicht alle erklärenden Variablen. Ausgeblendet bleiben beispielsweise alle marktstrategischen Überlegungen, die für eine vertikale Integration sprechen könnten. Auch lassen sich einige Modellierungselemente kritisieren: Plausibler wäre beispielsweise eine Informationssuche, in der q^i den von i untersuchten Anteil an den Produktionstechnologien angibt. Da für i alle Produktionstechnologien des Transaktionspartners a priori identisch sind, kann man annehmen, daß er den untersuchten Anteil q^i zufällig bestimmt. Folglich liegt die Wahrscheinlichkeit, daß sich in dem untersuchten Anteil die für ihn payoffmaximale Produktionstechnologie befindet bzw. nicht befindet, bei q^i bzw. $(1 - q^i)$. Sollte sich die 'beste' Technologie nicht unter den analysierten befinden, wird i entweder die beste der bereits untersuchten Technologien wählen oder aber zufällig eine der nicht untersuchten. Wofür er sich entscheidet, hängt von den jeweils zu erwartenden Payoffs ab. Zwar wäre eine solche

Modellierung realitätsnäher, allerdings würde der zu erwartende relativ geringe Erkenntnisgewinn den mathematischen Mehraufwand nicht rechtfertigen. Außerdem ist zu fragen, ob die Wahl einer Produktionstechnologie nicht auch Auswirkungen auf die Produktivität der Humankapitalinvestitionen haben kann. Ein solcher Zusammenhang scheint durchaus plausibel. Indes würde ein derart modifiziertes Modell den Tradeoff zwischen Unterinvestitionsproblem und Technologieentscheidung nicht mehr schärfstmöglich erfassen können. Als erster Schritt zur Verbindung kompetenzbasierter und transaktionskostentheoretischer Überlegungen scheinen die unterstellten Payoffunktionen daher recht geeignet.

4.3 Ein Fazit zum erweiterten TKA

Der erweiterte TKA versucht, die wichtigen Ideen des KA – Ähnlichkeit von Aktivitäten und Autorität in der Unternehmung – in den GKA und den PRA einzuarbeiten. Die Kosten der Integration – Bürokratie- und Fehlentscheidungskosten – werden von der Ähnlichkeit der betroffenen Aktivitäten und damit von der Unterschiedlichkeit der jeweiligen Kompetenzen abhängig gemacht. In dieser Weise erweitert gewinnt der GKA m.E. an Erklärungsbandbreite und Plausibilität. Auch wenn experimentelle oder empirische Überprüfungen seiner Prognosequalität noch ausstehen, dürfte er – unter den in Kapitel 2 gemachten Einschränkungen – in empirischer Hinsicht dem Williamsonschen GKA ebenbürtig, wenn nicht sogar leicht überlegen sein, da er die Kernelemente der Williamsonschen Argumentation nicht antastet.

Die modellmäßige Integration des KA in den PRA ergänzt das Holdup-Modell aus Kapitel 2 um eine unternehmerische Entscheidung. Es interpretiert die Ähnlichkeit der von einer möglichen Integration betroffenen Aktivitäten als Ausmaß an Informationsasymmetrie über die Technologiemöglichkeiten des Transaktionspartners, das auch nach intensiven Erkundigungen noch besteht. Ziel des Modells ist es, den Tradeoff zwischen einer integrationsbedingten Abschwächung der Unterinvestitionsproblematik und einer integrationsbedingten Verschärfung des Fehlallokationsproblems darzustellen. Mit der Hinzunahme dieser unternehmerischen Entscheidung weitet sich das Anwendungsspektrum des Modells: Es erhält einerseits für den Extremfall identischer Aktivitäten die Ergebnisse des Grundmodells, formuliert aber andererseits neue Hypothesen für Situationen, in denen die Aktivitäten nicht identisch sind.

Kapitel 5

Zusammenfassung und Ausblick

Weder der Markt noch die Unternehmung ist unübertroffen in der Koordination ökonomischer Aktivitäten und in der Allokation knapper Ressourcen: Dies zeigen sowohl der Transaktionskostenansatz als auch der Kompetenzansatz.

Kapitel 2 stellt die Positionen des TKA dar: Coase schenkt als erster den „costs of using the price mechanism" Beachtung. Auf sie stützt er seine Erklärung der Existenz und Größe hierarchisch organisierter Unternehmungen. Die weiteren Ausformulierungen, der Governancekostenansatz Williamsons und der Property-Rights-Ansatz, arbeiten unterschiedliche Aspekte dieser Markttransaktionskosten aus: Williamson betont – zumindest anfangs – Ex-post-Transaktionskosten als Ursache für vertikale Integrationen und identifiziert drei Determinanten dieser Kosten: Spezifität, Unsicherheit und Häufigkeit. Von besonderer Bedeutung für die Bestimmung optimaler Governancestrukturen ist dabei die Spezifität. Der PRA rückt die Hold-up-Problematik ins Zentrum seiner Ausführungen: Die aus der Unvollständigkeit von Verträgen resultierenden Ex-post-Transaktionskosten können Ex-ante-Transaktionskosten in der Form suboptimaler spezifischer Investitionen nach sich ziehen. Der Charakter dieser Investitionen ist für die Prognose der optimalen Governanceform von erheblicher Bedeutung: Handelt es sich um eigennützige

Investitionen, kann ein Kaufvertrag Anreiz genug sein, in effizientem Umfang zu investieren. Handelt es sich um kooperative Investitionen, kommen vertikale Integrationen oder eine gemeinsame Eigentümerschaft in Betracht, um die Unterinvestitionsproblematik abzuschwächen. Diese Ergebnisse des TKA sind empirisch intensiver untersucht worden als jeder andere Ansatz zur vertikalen Integration: Die Bestätigungsquote ist zwar relativ hoch, die Zweifel am methodischen Vorgehen jedoch nicht unerheblich. Insgesamt läßt sich der Schluß ziehen, daß der TKA mit vielen Überlegungen den Nerv des Problems trifft, aber an einigen Stellen umgearbeitet werden muß. Diese Arbeit macht den Vorschlag, Ideen des Kompetenzansatzes in den Transaktionskostenansatz zu übernehmen.

Dazu stellt das dritte Kapitel grundlegende Beiträge des Kompetenzansatzes vor: Von besonderer Wichtigkeit ist die Forderung Richardsons, Wertschöpfungsaktivitäten nach Komplementarität und Ähnlichkeit zu unterscheiden. Während das Konzept der Komplementarität Parallelen zum Konzept der Spezifität aufweist, ist das Konzept der Ähnlichkeit im TKA nicht zu finden. Ähnlich sind zwei Aktivitäten, deren Durchführung dieselbe Kompetenz („capability") erfordert. Nach Richardsons Auffassung wird eine Unternehmung allein komplementäre und ähnliche Aktivitäten integrieren, komplementäre und unähnliche Aktivitäten jedoch sind typisch für eine Unternehmungskooperation.

Die weiterführenden Arbeiten des KA lassen sich anhand ihrer Einstellung zum TKA grob in drei Klassen einteilen: In die 'methodenkritische' Klasse, die das neoklassische Gleichgewichtsdenken prinzipiell verwirft, die 'annahmenkritische' Klasse, die die Opportunismusannahme des GKA für überflüssig hält, und die 'integrative' Klasse, die eine Verbindung von TKA und KA anstrebt. Die Analyse repräsentativer Arbeiten macht deutlich: Mit den 'Methodenkritikern' kann man den TKA nicht auf einen Nenner bringen, so plausibel ihre Argumentation in einem evolutionsökonomischen Rahmen auch sein mag. Die 'Annahmenkritiker' stranden mit dem Versuch, vertikale Integration ohne Opportunismus zu erklären: In einigen Fällen argumentieren sie mit einem beschnittenen Unternehmungsbild, in anderen Fällen kommt das Ökonomische in der

Argumentation zu kurz. Unter den 'Integrateuren' finden sich Vorschläge zur Zusammenführung von Kompetenz- und Transaktionskostenansatz, die in ihrer Argumentation zwar nicht immer überzeugen, aber bei der Suche nach einem tragfähigen Fundament für die Verbindung der Ansätze hilfreich sind.

Transaktionscharakteristika	GKA	Mod. GKA
hohe Spezifität + hohe Unsicherheit + *große Ähnlichkeit*	vert. Integration	vert. Integration
hohe Spezifität + hohe Unsicherheit + *geringe Ähnlichkeit*	vert. Integration	Kooperation
Szenarien mit gr. Ähnlichk.	**PRA**	**Mod. PRA**
rel. unprod. Inv.	vert. Integration	wie PRA
unabh. Prod.faktoren	vert. Integration	wie PRA
kompl. Prod.faktoren	Nichtintegration	wie PRA
unverzichtb. Humankap.	vert. Integration	wie PRA
Szenarien mit ger. Ähnlichk.		
rel. unprod. Inv.	vert. Integration	Nichtintegration
unabh. Prod.faktoren	vert. Integration	Nichtintegration
kompl. Prod.faktoren	Nichtintegration	vert. Integration
unverzichtb. Humankap.	vert. Integration	Nichtintegration

Tabelle 5.1: Ergebnissynopse

Eine solche Basis entwickelt Kapitel vier: Es stellt die zumindest im Property-Rights-Ansatz beherrschende Rolle der Unterinvestitionsproblematik bei der Entscheidung über eine vertikale Integration in Frage, indem es – ausgehend von den Ergebnissen des zweiten und dritten Kapitels – zeigt, daß die Bürokratie- und Fehlentscheidungskosten infolge einer vertikalen Integration von der Ähnlichkeit der in der Unternehmung durchgeführten Aktivitäten abhängen: Höhere Bürokratie- und Fehlentscheidungskosten infolge einer großen Unähnlichkeit der betroffenen Aktivitäten können realisierbare Integrationsgewinne aufzehren, so daß eine enge Kooperation zwischen zwei eigenständigen Unternehmungen die optimale Governancestruktur darstellt. In gleicher Weise zeigt ein erweitertes Hold-up-Modell, daß eine vertikale Integration sehr unähnlicher Aktivitäten Fehlentscheidungskosten nach sich ziehen kann, die die Gewinne aus einer Abschwächung der Unterinvestitionsprobleme übersteigen. Eine Synopse der zentralen Unterschiede in den theoretischen Voraussagen von GKA und modifiziertem GKA sowie von PRA und modifiziertem PRA bietet Tabelle 5.1 auf der vorherigen Seite.

Sowohl die formal-theoretische als auch die verbale Ausformulierung dieser Idee stehen erst am Anfang. Das in Kapitel 4 entwickelte Hold-up-Modell könnte durch eine stärkere Einbindung meßkostentheoretischer Überlegungen an Plausibilität zulegen. Gleichwohl ist bereits jetzt eine Basis für erste empirische Studien mit Experimental- oder Felddaten geschaffen.

Literaturverzeichnis

Aghion, Philippe/Mathias Dewatripont/Patrick Rey (1994): Renegotiation Design with Inverifiable Information. *Econometrica*, 62, 257–282.

Aghion, Philippe/Jean Tirole (1995): Some implications of growth for organizational form and ownership structure. *European Economic Review*, 39, 440–455.

—— (1997): Formal and Real Authority in Organizations. *Journal of Political Economy*, 105, 1–29.

Alchian, Armen A. (1984): Specificity, Specialization, and Coalitions. *Journal of Institutional and Theoretical Economics*, 140, 34–49.

Alchian, Armen A./Harold Demsetz (1972): Production, Information Costs, and Economic Organization. *American Economic Review*, 62, 777–795.

Alchian, Armen A./Susan Woodward (1987): Reflections on the Theory of the Firm. *Journal of Institutional and Theoretical Economics*, 143, 110–136.

—— (1988): The Firm is Dead. Long Live the Firm. A Review of Oliver E. Williamson's 'The Economic Institutions of Capitalism'. *Journal of Economic Literature*, 26, 65–79.

Argyres, Nicholas (1996): Evidence on the Role of Firm Capabilities in Vertical Integration Decisions. *Strategic Management Journal*, 17, 129–150.

Argyres, Nicholas/Julia Porter Liebeskind (2000): The Role of Prior Commitment in Governance Choice. In: Nicolai Foss/Volker Mahnke, eds.,

Competence, governance, and entrepreneurship: Advances in economic strategy research, 232–249. Oxford.

Baker, George/Robert Gibbons/Kevin J. Murphy (2002): Relational Contracts and the Theory of the Firm. *Quarterly Journal of Economics*, 116, 39–84.

Baker, George P./Thomas N. Hubbard (2001): Empirical Strategies in Contract Economics: Information and the Boundary of the Firm. *AEA Papers and Proceedings*, 91, 189–194.

Barzel, Yoram (1982): Measurement Cost and the Organization of Markets. *Journal of Law and Economics*, 25, 27–48.

―――― (1989): Economic Analysis of Property Rights. Cambridge u.a.O.

Binmore, Kenneth/Ariel Rubinstein/Asher Wolinsky (1986): The Nash Bargaining Solution in Economic Modeling. *Rand Journal of Economics*, 17, 176–188.

Binmore, Kenneth/Avner Shaked/John Sutton (1989): An Outside Option Experiment. *Quarterly Journal of Economics*, 104, 753–770.

Boerner, Christopher S./Jeffrey T. Macher (2001): Transaction Cost Economics: An Assessment of Empirical Research in the Social Sciences. *mimeo*.

Bolton, Gary/Axel Ockenfels (2000): A Theory of Equity, Reciprocity, and Competition. *American Economic Review*, 90, 166–193.

Brosig, Jeannette/Axel Ockenfels/Joachim Weimann (1999): The Effects of Communication Media on Cooperation. *mimeo (forthcoming in: German Economic Review)*.

―――― (2002a): Information and Communication in Sequential Bargaining. *mimeo*.

Brosig, Jeannette/Joachim Weimann/Chun-Lei Yang (2001): The Effects of Bargaining Power and Communication. An Experimental Study of Simple Sequential Games. *mimeo*.

―――― (2002b): Communication, Reputation and Bargaining Power in Simple Sequential Bargaining Experiments. *mimeo*.

Cai, Hongbin (2003): Renegotiation of Asset Ownership. *mimeo*.

Carter, Richard (2002): Empirical work in transaction cost economics: Critical assessments and alternative interpretations. Cambridge.

Che, Yeon-Koo (2000): Theory of Incomplete Contracts: Lecture Transcripts. *unpublished*.

Che, Yeon-Koo/Donald B. Hausch (1999): Cooperative Investments and the Value of Contracting. *American Economic Review*, 89, 125–147.

Chiappori, P. A./B. Salanié (2002): Testing Contract Theory: A Survey of Some Recent Work. *mimeo*.

Chiu, Stephen (1998): Noncooperative Bargaining, Hostages, and Optimal Asset Ownership. *American Economic Review*, 88, 882–901.

Chung, Tai-Yeong (1991): Incomplete Contracts, Specific Investment, and Risk Sharing. *Review of Economic Studies*, 58, 1031–1042.

Coase, Ronald H. (1937/1988): The Nature of the Firm. In: Ronald H. Coase, ed., *The Firm, the Market, and the Law*, 33–55. Chicago u.a.O.

—— (1960/1988): The Problem of Social Cost. In: Ronald H. Coase, ed., *The Firm, the Market, and the Law*, 95–156. Chicago u.a.O.

—— (1988): The Nature of the Firm: Influence. *Journal of Law, Economics, and Organization*, 4, 33–47.

Conner, Kathleen R. (1991): A Historical Comparison of Resource-Based Theory and Five Schools of Thought Within Industrial Organization Economics: Do We Have a New Theory of the Firm? *Journal of Management*, 17, 121–154.

Conner, Kathleen R./C. K. Prahalad (1996): A Resource-Based Theory of the Firm: Knowledge versus Opportunism. *Organization Science*, 7, 477–501.

Crocker, Keith/Scott E. Masten (1988): Mitigating Contractual Hazards: Unilateral Options and Contract Length. *Rand Journal of Economics*, 19, 327–343.

—— (1991): Pretia Ex Machina? Prices and Process in Long-term Contracts. *Journal of Law and Economics*, 34, 69–99.

—— (1996): Regulation and administered contracts revisited: Lessons from transaction-cost economics for public utility regulation. *Journal of Regulatory Economics*, 8, 5–39.

Crocker, Keith/K. Reynolds (1993): The Efficiency of Incomplete Contracts: An Empirical Analysis of Air Force Engine Procurement. *Rand Journal of Economics*, 24, 126–146.

Dahlman, Carl J. (1979): The Problem of Externality. *Journal of Law and Economics*, 22, 141–162.

deMeza, David/Ben Lockwood (1998): Does Asset Ownership Always Motivate Managers? Outside Options and the Property Rights Theory of the Firm. *Quarterly Journal of Economics*, 113, 361–386.

Demsetz, Harold (1988): The Theory of the Firm Revisited. *Journal of Law, Economics, and Organization*, 4, 141–163.

—— (1997a): The Economics of the Business Firm. Seven Critical Commentaries. Cambridge.

—— (1998): Review: Oliver Hart, "Firms, Contracts, and Financial Structure". *Journal of Political Economy*, 106, 446–52.

Dosi, Giovanni/Luigi Marengo (2000): On the Tangled Discourse Between Transaction Cost Economics and Competence-Based Views of the Firm. In: Nicolai Foss/Volker Mahnke, eds., *Competence, governance, and entrepreneurship: Advances in economic strategy research*, 80–92. Oxford.

Dye, R. A. (1985): Costly Contract Contingencies. *International Economic Review*, 26, 233–250.

Edlin, Aaron S./Stefan Reichelstein (1996): Holdups, Standard Breach Remedies, and Optimal Investment. *American Economic Review*, 86, 478–501.

Erlei, Mathias (1998): Institutionen, Märkte und Marktphasen. Allgemeine Transaktionskostentheorie unter spezieller Berücksichtigung der Entwicklungsphasen von Märkten. Schriften zur angewandten Wirtschaftsforschung; 79. Tübingen.

—— (2002): Experimentelle Ökonomik: Was folgt für die Theorie der Institutionen? *Diskussionspapier, TU Clausthal*.

Erlei, Mathias/Martin Leschke/Dirk Sauerland (1999): Neue Institutionenökonomik. Stuttgart.

Foss, Kirsten/Nicolai J. Foss (2001): Assets, Attributes and Ownership. *International Journal of the Economics of Business*, 8, 19–37.

Foss, Nicolai J. (1996b): Capabilities and the Theory of the Firm. *Revue d'Economie Industrielle*, 77, 7–28.

——— (1996c): Knowledge-Based Approaches to the Theory of the Firm: Some Critical Comments. *Organization Science*, 7, 470–476.

——— (1996d): More Critical Comments on Knowledge-based Theories of the Firm. *Organization Science*, 7, 519–523.

——— (1998): Edith Penrose and the Penrosians – or, why there is still so much to learn from The Theory of the Growth of the Firm. *mimeo*.

——— (1999b): Incomplete Contracts and Economic Organization: Brian Loasby and the Theory of the Firm. In: Sheila C. Dow/Peter Earl, eds., *Economic Organization and Economic Knowledge: Essays in Honour of Brian J. Loasby*, chap. 3, 40–66. Cheltenham u.a.O.

Foss, Nicolai J./Paul L. Robertson, eds. (2000): Resources, Technology and Strategy. Explorations in the resource-based perspective. London u.a.O.

Garvey, Gerald T. (1995): Why Reputation Favors Joint Ventures over Vertical and Horizontal Integration. A Simple Model. *Journal of Economic Behavior and Organization*, 28, 387–397.

Ghoshal, Sumantra/Peter Moran (1996): Bad for Practice: A Critique of the Transaction Cost Theory. *Academy of Management Review*, 21, 13–47.

Goldberg, Victor P. (1976): Regulation and Administered Contracts. *Bell Journal of Economics*, 7, 426–452.

Grant, Robert M. (1996): Toward a Knowledge-based Theory of the Firm. *Strategic Management Journal*, 17 (Winter Special Issue), 109–122.

Grossman, Sanford J./Oliver D. Hart (1986): The Costs and Benefits of Ownership: A Theory of Vertical and Lateral Integration. *Journal of Political Economy*, 94, 691–719.

Grout, Paul A. (1984): Investment and Wages in the Absence of Binding Contracts: A Nash Bargaining Approach. *Econometrica*, 52, 449–460.

Halonen, Maija (2002): Reputation and The Allocation of Ownership. *Economic Journal*, 112, 539–558.

Hart, Oliver D. (1995): Firms, Contracts, and Financial Structure. Oxford.

Hart, Oliver D./Bengt Holmström (1987): The Theory of Contracts. In: Truman F. Bewley, ed., *Advances in Economic Theory: 5th World Congress*. Cambridge.

Hart, Oliver D./John Moore (1990): Property Rights and the Nature of the Firm. *Journal of Political Economy*, 98, 1119–1158.

——— (1999): Foundations of Incomplete Contracts. *Review of Economic Studies*, 66, 115–138.

Hayek, Friedrich A. von (1945): The Use of Knowledge in Society. *American Economic Review*, 35, 519–530.

Hodgson, Geoffrey M. (1998a): Competence and Contract in the Theory of the Firm. *Journal of Economic Behavior and Organization*, 35, 179–201.

——— (1998c): Evolutionary and Competence-Based Theories of the Firm. *Journal of Economic Studies*, 25, 25–56.

——— (1999): Evolution and Institutions. On Evolutionary Economics and the Evolution of Economics. Cheltenham u.a.O.

Holler, Manfred J./Gerhard Illing (1993): Einführung in die Spieltheorie. Berlin u.a.O., 2., verb. u. erw. edn.

Holmström, Bengt (1999): The Firm as a Subeconomy. *Journal of Law, Economics, & Organization*, 15, 74–102.

Holmström, Bengt/Paul Milgrom (1991): Multitask Principal-Agent Analyses: Incentive Contracts, Asset Ownership, and Job Design. *Journal of Law, Economics, & Organization*, 7, 24–52.

——— (1994): The Firm as an Incentive System. *American Economic Review*, 84, 972–991.

Holmström, Bengt/John Roberts (1998): The Boundaries of the Firm Revisited. *Journal of Economic Perspectives*, 12, 73–94.

Hubbard, Thomas N. (1999): How Wide is the Scope of Hold-Up-Based Theories? Contractual Form and Market Thickness in Trucking. UCLA mimeo.

Jacobides, Michael G./Lorin M. Hitt (2001): Vertical Scope Revisited: Transaction Costs vs Capabilities Profit Opportunities in Mortgage Banking.

Joskow, Paul (1987): Contract Duration and Relationship-Specific Investments: Empirical Evidence from Coal Markets. *American Economic Review*, 77, 168–185.

Klein, Benjamin/Robert A. Crawford/Armen A. Alchian (1978): Vertical Integration, Appropriable Rents, and the Competitive Contracting Process. *Journal of Law and Economics*, 21, 297–326.

Knight, Frank H. (1921): Risk, Uncertainty and Profit. Boston, MA. Repr. 1971 Chicago edition.

Kogut, Bruce/Udo Zander (1992): Knowledge of the Firm, Combinative Capabilities, and the Replication of Technology. *Organization Science*, 3, 383–397.

────── (1996): What Firms Do? Coordination, Identity, and Learning. *Organization Science*, 7, 502–523.

Kreps, David M. (1990a): A Course in Microeconomic Theory. New York u.a.O.

────── (1990b): Corporate Culture and Economic Theory. In: J. Alt/K. Shepsle, eds., *Perspectives on Positive Political Economy*. Cambridge.

Langlois, Richard N. (1988): Economic Change and the Boundaries of the Firm. *Journal of Institutional and Theoretical Economics*, 144, 635–657.

────── (1992): Transaction-Cost Economics in Real Time. *Industrial and Corporate Change*, 1, 99–127.

Langlois, Richard N./Nicolai J. Foss (1999): Capabilities and Governance: The Rebirth of Production in the Theory of Economic Organization. *Kyklos*, 52, 201–218.

Langlois, Richard N./Paul L. Robertson (1995): Firms, Markets and Economic Change. A Dynamic Theory of Business Institutions. London u.a.O.

Liebeskind, Julia (1996): Knowledge, Strategy, and the Theory of the Firm. *Strategic Management Journal*, 17 (Winter, Special Issue), 93–107.

Loasby, Brian J. (1998a): The Organisation of Capabilities. *Journal of Economic Behavior and Organization*, 35, 139–160.

―――― (1999a): The Significance of Edith Penrose's Theory for the Development of Economics. *Contributions to Political Economy*, 18, 31–45.

―――― (1999b): Marshall's Theory of the Firm. In: Roger Backhouse/John Creedy, eds., *From classical economics to the theory of the firm: Essays in honour of D. P. O'Brien*, 175–193. Cheltenham u.a.O.

―――― (1999c): Uncertainty, Intelligence and Imagination: George Shackle's Guide to Human Progress. In: John Groenewegen, ed., *Institutions and the evolution of capitalism: implications of evolutionary economics*, 92–108. Cheltenham u.a.O.

―――― (1999d): Explaining Firms. *mimeo*.

―――― (1999e): Knowledge, Institutions and Evolution in Economics. The Graz Schumpeter Lectures. London u.a.O.

―――― (2000b): Decision Premises, Decision Cycles and Decomposition. *Industrial and Corporate Change*, 9, 709–731.

Lyons, Bruce (1996): Empirical relevance of efficient contract theory: Interfirm contracts. *Oxford Review of Economic Policy*, 12, 27–52.

MacNeil, Ian R. (1974): The Many Futures of Contracts. *Southern California Law Review*, 47, 691–816.

―――― (1978): Contracts: Adjustments of Long-Term Economic Relations Under Classical, Neoclassical and Relational Contract Law. *Northwestern University Law Review*, 72, 854–906.

Madhok, Anoop (1996): The Organization of Economic Activity: Transaction Costs, Firm Capabilities, and the Nature of Governance. *Organization Science*, 7, 577–590.

Mas-Colell, Andreu/Michael D. Whinston/Jerry R. Green (1995): Microeconomic Theory. New York u.a.O.

Maskin, Eric (2001): On Indescribable Contingencies and Incomplete Contracts. *mimeo*.

―――― (2002): On indescribable contingencies and incomplete contracts. *European Economic Review*, 46, 725–733.

Maskin, Eric/John Moore (1999): Implementation and Renegotiation. *Review of Economic Studies*, 66, 39–56.

Maskin, Eric/Jean Tirole (1999a): Unforeseen Contingencies and Incomplete Contracts. *Review of Economic Studies*, 66, 83–114.

—— (1999b): Two Remarks on the Property-Rights Literature. *Review of Economic Studies*, 66, 139–149.

Masten, Scott E. (2002): Modern Evidence on the Firm. *AEA Papers and Proceedings*, 92, 428–432.

Matouschek, Nico (2001): Information and the Optimal Ownership Structure of Firms. *USC Center for Law, Economics & Organization Research Paper No. C02-11.*

Milgrom, Paul J./John D. Roberts (1992): Economics, Organization, and Management. New York.

Monteverde, Kirk/David J. Teece (1982): Supplier Switching Costs and Vertical Integration in the Automobile Industry. *Bell Journal of Economics*, 13, 206–213.

Moore, John/Rafael Repullo (1988): Subgame Perfect Implementation. *Econometrica*, 56, 1191–1220.

Nash, John F. (1950): The Bargaining Problem. *Econometrica*, 18, 155–162.

Nöldeke, Georg/Klaus M. Schmidt (1995): Option Contracts and Renegotiation: A Solution to the Hold-Up Problem. *Rand Journal of Economics*, 26, 163–179.

Nooteboom, Bart (2002): Governance and Competence: How can they be combined? *mimeo.*

Osborne, Martin J./Ariel Rubinstein (1990): Bargaining and Markets. London.

Penrose, Edith (1959/1995): The Theory of the Growth of the Firm. Oxford, 3rd edn.

Peteraf, Margaret A. (1993): The Cornerstones of Competitive Advantage: A Resource-Based View. *Strategic Management Journal*, 14, 179–191.

Poppo, Laura/Todd Zenger (1998): Testing Alternative Theories of the Firm: Transaction Cost, Knowledge-Based, and Measurement Explanations for Make-or-Buy Decisions in Information Services. *Strategic Management Journal*, 19, 853–877.

Prahalad, C. K./Gary Hamel (1990): The Core Competences of the Corporation. *Harvard Business Review*, May-June, 79–91.

Rajan, Raghuram G./Luigi Zingales (1998): Power in a Theory of the Firm. *Quarterly Journal of Economics*, 113, 387–432.

Rasmusen, Eric (2001): A Model of Negotiation Not Bargaining: Explaining Incomplete Contracts. *Harvard John M. Olin Discussion Paper*, No. 324.

Richardson, Georg B. (1960/1990): Information and Investment. A Study in the Working of the Competitive Economy. Oxford.

—— (1972): The Organisation of Industry. *Economic Journal*, 82, 883–896.

—— (1998): The Economics of Imperfect Knowledge. Cheltenham u.a.O.

Rindfleisch, Aric/Jan Heide (1997): Transaction cost analysis: Past, present, and future applications. *Journal of Marketing*, 61, 30–54.

Rogerson, William P. (1992): Contractual Solutions to the Hold-Up Problem. *Review of Economic Studies*, 59, 777–794.

Rosenkranz, Stephanie/Patrick W. Schmitz (1999): Know-how disclosure and incomplete contracts. *Economics Letters*, 63, 181–185.

Rubinstein, Ariel (1982): Perfect Equilibrium in a Bargaining Model. *Econometrica*, 50, 97–111.

Rumelt, Richard P. (1974): Strategy, Structure and Economic Performance. Cambridge.

—— (1984): Towards a Strategic Theory of the Firm. In: R. B. Lamb, ed., *Competitive Strategic Management*, 56–70. Englewood Cliffs.

—— (1987): Theory, Strategy, and Entrepreneurship. In: D. Teece, ed., *The Competitive Challenge*, 137–158. Cambridge.

Schmitz, Patrick W. (2001): The Hold-Up Problem and Incomplete Contracts: A Survey of Recent Topics in Contract Theory. *Bulletin of Economic Research*, 53, 1–17.

Schmitz, Patrick W./Dirk Sliwka (2001): On synergies and vertical integration. *International Journal of Industrial Organization*, 19, 1281–1295.

Segal, Ilya (1999): Complexity and Renegotiation: A Foundation for Incomplete Contracts. *Review of Economic Studies*, 66, 57–82.

Segal, Ilya/Michael D. Whinston (2002): The Mirrlees Approach to Mechanism Design with Renegotiation (with Applications to Hold-Up and Risk-Sharing). *Econometrica*, 70, 1–45.

Shelanski, Howard/Peter Klein (1995): Empirical research in transaction cost economics: A review and assessment. *Journal of Law, Economics, & Organization*, 11, 335–361.

Silver, Morris (1984): Enterprise and the Scope of the Firm. The role of vertical integration. London.

Simon, Herbert A. (1957): Models of Man. New York.

Sonnemans, Joep/Hessel Oosterbeek/Randolph Sloof (2001): On the Relation between Asset Ownership and Specific Investments. *Economic Journal*, 111, 791–820.

Spender, J.-C. (1996): Making Knowledge the Basis of a Dynamic Theory of the Firm. *Strategic Management Journal*, 17 (Winter Special Issue), 45–62.

Sykuta, Michael E. (2001): Empirical Research on the Economics of Organization and the Role of the Contracting and Organizations Research Institute (CORI). *mimeo*.

Tadelis, Steven (2002): Complexity, Flexibility, and the Make-or-Buy Decision. *AEA Papers and Proceedings*, 92, 433–437.

Teece, David J. (1980): Economies of Scope and the Scope of the Enterprise. *Journal of Economic Behavior and Organization*, 1, 223–247.

────── (1982): Towards an Economic Theory of the Multiproduct Firm. *Journal of Economic Behavior and Organization*, 3, 39–63.

────── (1986): Profiting from Technological Innovation: Implications for Integration, Collaboration, Licensing, and Public Policy. *Research Policy*, 15, 285–305.

Teece, David J./Gary Pisano/Amy Shuen (1997): Dynamic Capabilities and Strategic Management. *Strategic Management Journal*, 18, 509 – 533.

Tirole, Jean (1986): Procurement and Renegotiation. *Journal of Political Economy*, 94, 235–259.

——— (1999): Incomplete Contracts: Where Do We Stand? *Econometrica*, 67, 741–781.

Wernerfelt, Birger (1984): A Resource-based View of the Firm. *Strategic Management Journal*, 5, 171–180.

Whinston, Michael D. (2001): Assessing the Property Rights and Transaction-Cost Theories of Firm Scope. *AEA Papers and Proceedings*, 91, 184–188.

——— (2002): On the Transaction Cost Determinants of Vertical Integration. *mimeo*.

Williamson, Oliver E. (1975): Markets and Hierarchies: Analysis and Antitrust Implications. New York.

——— (1979): Transaction Cost Economics: The Governance of Contractual Relations. *Journal of Law and Economics*, 22, 233–261.

——— (1985): The Economic Institutions of Capitalism. New York.

——— (1991a): Comparative Economic Organization: The Analysis of Discrete Structural Alternatives. *Administrative Science Quarterly*, 36, 269–296.

——— (1991b): Economic Institutions: Spontaneous and Intentional Governance. *Journal of Law, Economics, & Organization*, 7 (special issue), 159–187.

——— (1996): The Mechanisms of Governance. New York.

——— (1998): Transaction Cost Economics: How it Works; Where it is Headed. *De Economist*, 146, 23–58.

——— (2000a): Strategy Research: Governance and Competence Perspective. In: Nicolai Foss/Volker Mahnke, eds., *Competence, governance, and entrepreneurship: Advances in economic strategy research*, 21–54. Oxford.

——— (2000b): The New Institutional Economics: Taking Stock, Looking Ahead. *Journal of Economic Literature*, 38, 595–613.

——— (2002a): The Lens of Contract: Private Ordering. *AEA Papers and Proceedings*, 92, 438–443.

——— (2002b): The Theory of the Firm as Governance Structure: From Choice to Contract. *Journal of Economic Perspectives*, 16, 171–195.

Winter, Sidney G. (1982): An Essay on the Theory of Production. In: S.H. Hymans, ed., *Economics and the World Around It*, 55–91. Ann Arbor, MI.

—— (1988): On Coase, Competence, and the Corporation. *Journal of Law, Economics, & Organization*, 4, 163–180.

Zingales, Luigi (2000): In Search of New Foundations. *Journal of Finance*, 55, 1623–1653.

Deutscher Universitäts-Verlag
Ihr Weg in die Wissenschaft

Der Deutsche Universitäts-Verlag ist ein Unternehmen der GWV Fachverlage, zu denen auch der Gabler Verlag und der Vieweg Verlag gehören. Wir publizieren ein umfangreiches wirtschaftswissenschaftliches Monografien-Programm aus den Fachgebieten

- ✓ Betriebswirtschaftslehre
- ✓ Volkswirtschaftslehre
- ✓ Wirtschaftsrecht
- ✓ Wirtschaftspädagogik und
- ✓ Wirtschaftsinformatik

In enger Kooperation mit unseren Schwesterverlagen wird das Programm kontinuierlich ausgebaut und um aktuelle Forschungsarbeiten erweitert. Dabei wollen wir vor allem jüngeren Wissenschaftlern ein Forum bieten, ihre Forschungsergebnisse der interessierten Fachöffentlichkeit vorzustellen. Unser Verlagsprogramm steht solchen Arbeiten offen, deren Qualität durch eine sehr gute Note ausgewiesen ist. Jedes Manuskript wird vom Verlag zusätzlich auf seine Vermarktungschancen hin geprüft.

Durch die umfassenden Vertriebs- und Marketingaktivitäten einer großen Verlagsgruppe erreichen wir die breite Information aller Fachinstitute, -bibliotheken und -zeitschriften. Den Autoren bieten wir dabei attraktive Konditionen, die jeweils individuell vertraglich vereinbart werden.

Besuchen Sie unsere Homepage: *www.duv.de*

Deutscher Universitäts-Verlag
Abraham-Lincoln-Str. 46
D-65189 Wiesbaden